Karin Feuerstein-Praßer
Friedrich der Große und seine Schwestern

PIPER

Zu diesem Buch

Es gab nicht nur die berühmte Wilhelmine von Bayreuth
(1709–1758), die meist als „Lieblingsschwester" Friedrichs des Großen bezeichnet wird. Der Preußenkönig
hatte noch fünf weitere Schwestern, die unterschiedliche
Spuren in der Geschichte hinterlassen haben: Charlotte
(1716–1801) wurde schon in jungen Jahren Herzogin von
Braunschweig-Wolfenbüttel und war eine der Ersten
überhaupt, die ihr Interesse der erwachenden deutschen
Literatur zuwandten. Die ehrgeizige Ulrike (1720–1784)
machte eine etwas glücklose „Karriere" als Königin von
Schweden, und Amalie (1723–1787), ganz ohne Zweifel
das skurrilste Mitglied der preußischen Königsfamilie, war
Äbtissin von Quedlinburg. Das wohl traurigste Schicksal
aber hatten Friederike (1714–1784) und Sophie (1719–1765):
Die „engelsschöne" Friederike, bereits mit 15 Jahren Markgräfin von Ansbach, lebte mit ihrem Gemahl „wie Hund
und Katz", und auch Sophies Ehe mit „dem wilden Markgrafen" von Schwedt verlief alles andere als glücklich.

*Karin Feuerstein-Praßer*, geboren 1956, lebt als freie His-
torikerin und Autorin in Köln und veröffentlichte zahlreiche Biografien. Im Piper Verlag erschien zuletzt „Sophie
Dorothea von Preußen: Das Leben der Mutter Friedrichs
des Großen".

Karin Feuerstein-Praßer

# Friedrich der Große und seine Schwestern

Piper München Zürich

*Mehr über unsere Autoren und Bücher:*
*www.piper.de*

Von Karin Feuerstein-Praßer liegen bei Piper vor:
Frauen, die aufs Ganze gingen
Die preußischen Königinnen
Die deutschen Kaiserinnen
Augusta
Sophie Dorothea von Preußen
Friedrich der Große und seine Schwestern

MIX
Papier aus verantwor-
tungsvollen Quellen
FSC
www.fsc.org  FSC® C083411

Ungekürzte Taschenbuchausgabe
Dezember 2014
© 2006 Verlag Friedrich Pustet, Regensburg
Alle Rechte vorbehalten
Umschlaggestaltung: semper smile, München
Umschlagabbildung: Markgräfin Wilhelmine von Bayreuth (rechts).
Zeitgenöss. Gemälde von Antoine Pesne. Foto: akg-images. – Herzogin
Philippine Charlotte von Braunschweig-Wolfenbüttel (links). Gemälde
von Antoine Pesne, um 1744. Bayerische Staatsgemäldesammlungen.
Friedrich II. (Mitte) ullstein bild – Archiv Gerstenberg
Satz: Verlag Friedrich Pustet, Regensburg
Gesetzt aus der Trump Mediaeval
Papier: Munken Print von Arctic Paper Munkedals AB, Schweden
Druck und Bindung: CPI books GmbH, Leck
Printed in Germany   ISBN 978-3-492-30441-2

# Inhalt

leben 229 – Äbtissin von Quedlinburg 232 – Stippvisite im Damen-
stift 235 – „Dieses wetterwendische Wesen" 237 – Auf der Flucht 239 –
„Vom exzentrischen Wesen dieser Prinzessin" 241 – „Ihre körperliche
Gebrechlichkeit hat großen Einfluss auf ihren Geist" 244

# Vorwort

*„Gestern ist wieder eine zur Welt gekommen"*

Die Geburt einer Königstochter galt im Männerstaat Preußen gewissermaßen als „Betriebsunfall" bei der „Produktion" von möglichst vielen Söhnen und potenziellen Thronfolgern. Entsprechend unwirsch reagierte daher Friedrich Wilhelm I., als 1720 bereits das fünfte Mädchen zur Welt kam, während es außer dem zarten Kronprinzen Friedrich noch keinen weiteren Sohn gab, der die ersten Jahre überlebt hatte. Mit seinem eigentümlichen Sinn für Humor erwog er, die Prinzessinnen entweder „zu versaufen" oder „Nonnen daraus zu machen". Dabei plagte den königlichen Vater vor allem die Sorge, alle Töchter irgendwann einmal gut verheiraten zu müssen. Das mochte dann zwar für Preußen durchaus von Vorteil sein, kostete zunächst einmal jedoch eine Menge Geld, vor allem was die Mitgift der Prinzessinnen betraf.

Gleichgültig waren Friedrich Wilhelm I. seine sechs Mädchen jedoch keineswegs, selbst wenn Wilhelmine, die spätere Markgräfin von Bayreuth, das so empfunden haben mag. Aber wie in jeder anderen kinderreichen Familie waren auch am Berliner Hof die Sympathien durchaus unterschiedlich verteilt. Während der Preußenkönig Friedrich Wilhelm I. am meisten an August Wilhelm hing, der 1722 zur Welt kam, favorisierte Königin Sophie Dorothea hingegen ganz eindeutig ihren ältesten Sohn Friedrich, in den sie all ihre Wünsche und Hoffnungen hineinprojizierte. Und der Kronprinz wiederum hatte ein besonders enges Verhältnis zu seiner Schwester Wilhelmine.

So unterschiedlich die Sympathien verteilt waren, so verschieden waren auch die Charaktere. Wilhelmine, die älteste und bekannteste der sechs königlichen Schwestern, präsentierte sich von klein auf stolz und selbstbewusst, glaubte sie doch lange Zeit, später einmal Königin von England zu werden. Dass sie schließlich am vergleichsweise bedeutungslosen Bayreuther Hof landete, hat sie niemals richtig verkraftet. Doch sie hatte das Glück – und einen wohlwollenden Ehemann, der ihr in finanzieller Hinsicht freie Hand ließ –, sich in vielfacher Hinsicht kulturell betätigen zu können und durch rege Bautätigkeit zur eigentlichen „Schöpferin" von Bayreuth zu werden.

Ganz anders erging es der schönen Friederike, die bereits mit 15 Jahren Markgräfin von Ansbach wurde. Sie fand hier kein angemessenes Betätigungsfeld und führte ein eher trostloses Dasein, zumeist fern von ihrem Gemahl. Wie Kronprinz Friedrich seinerzeit richtig beobachtet hatte, hassten die Eheleute einander „wie die Pest".

Charlotte wiederum, schon bald nach ihrer Heirat Herzogin von Braunschweig-Wolfenbüttel, erwies sich bereits als Kind als überaus anpassungsfähig und war wohl diejenige der sechs Königstöchter, die Friedrich Wilhelm I. am liebsten hatte. Anders als ihre mitunter eitlen und kapriziösen Schwestern gab sich Charlotte natürlich und unkompliziert und umschiffte so mancherlei Klippen im schwierigen Gewässer der preußischen Königsfamilie. Sie gehörte zu den Ersten überhaupt, die ihr Interesse der gerade erst erwachenden deutschen Literatur zuwandten und schenkte 13 Kindern das Leben.

Sophies Ehe mit dem „wilden Markgrafen" von Brandenburg-Schwedt verlief ebenso unglücklich wie ihr gesamtes vergleichsweise kurzes Leben. Sie zog drei Töchter groß, von denen eine ihren Onkel Ferdinand von Preußen heiratete, hinterließ ansonsten aber nur geringe Spuren. Weitgehend in Vergessenheit geraten ist auch die ambitionierte Ulrike, die eine etwas glücklose „Karriere" als Königin von Schweden machte. Stolz und Ehrgeiz verstellten ihr den Blick auf die tatsächliche Situation des Landes und ihrer Untertanen, die die Preußin zum Schluss regelrecht gehasst haben.

Weniger verhasst als vielmehr gefürchtet war Amalie, die jüngste der preußischen Prinzessinnen, die nicht heiratete, sondern Äbtissin von Quedlinburg wurde. Wenngleich sie sehr belesen war und sich auch als Musikerin einen Namen machte, so war sie doch ganz ohne Zweifel das skurrilste Mitglied der ganzen Königsfamilie. Das lag zum Teil an ihrer sarkastischen

Art, zum Teil aber auch an einer schweren Erkrankung, die ihre zweite Lebenshälfte überschattete.

Die sechs preußischen Prinzessinnen haben qualitativ wie quantitativ unterschiedliche schriftliche Zeugnisse hinterlassen, darunter zahlreiche Briefe an ihren königlichen Bruder, Friedrich den Großen. Während die Korrespondenz Friederikes und Sophies mit ihm von Distanz und Unterwürfigkeit geprägt ist, sind Charlottes Schreiben meist in freundschaftlich-vertraulichem Ton gehalten, obwohl es durchaus zu Spannungen zwischen den Geschwistern gekommen ist. Und Ulrike, wenngleich Königin von Schweden, korrespondierte mit ihrem ältesten Bruder keineswegs „auf Augenhöhe". Amalie war eher schreibfaul, zumindest was die eigenen Familienmitglieder betraf.

Wilhelmine hingegen hat am häufigsten zur Feder gegriffen. Sie führte nicht nur einen regen und aufschlussreichen Briefwechsel mit ihrem königlichen Bruder, sondern verfasste auch ihre umfangreichen Memoiren, die freilich schon im Jahr 1742 enden. Wilhelmines Lebenserinnerungen sind ein überaus interessantes Zeitdokument, allerdings keineswegs immer glaubwürdig. Der Markgräfin unterliefen nicht nur chronologische Irrtümer, sie neigte auch zu erheblichen Übertreibungen und der Verherrlichung ihrer eigenen Person. Doch gerade damit hat sie sich wohl selbst am besten charakterisiert.

Die Beziehung Friedrichs des Großen zu seiner „Lieblingsschwester" Wilhelmine war nicht immer harmonisch, vor allem dann nicht, wenn die Markgräfin den königlichen Wünschen und Anordnungen zuwider handelte. Gleichwohl hatte er zu keiner anderen seiner Schwestern, vielleicht mit Ausnahme von Charlotte, ein ähnlich vertrauliches Verhältnis. Das galt auch im umgekehrten Fall, sie stützten sich gegenseitig. So etwas wie Nestwärme und Geborgenheit hat es am Berliner Königshof nämlich nicht gegeben.

# Das königliche Elternpaar Friedrich Wilhelm I. und Sophie Dorothea

## *Preußische Brautschau*

Vierzehn Kinder! Einen besseren Beweis für ein harmonisches Ehe- und Familienleben schien es wohl kaum zu geben. Trotzdem haben Preußenkönig Friedrich Wilhelm I. und seine Gemahlin Sophie Dorothea sehr eindrucksvoll das Gegenteil demonstriert. Selbst wenn fürstliche Ehen früher nur äußerst selten glücklich wurden, so spielten sich im Berliner Schloss mitunter doch recht drastische Szenen ab.

Eigentlich hatte der junge Kronprinz Friedrich Wilhelm von Brandenburg-Preußen eine ganz andere heiraten wollen: die schöne Caroline von Ansbach, eine Waise, die am Hof seiner Mutter Sophie Charlotte erzogen worden war. Zwar war sie fünf Jahre älter als er selbst, dafür aber entsprach sie so ganz dem Bild, das er sich von seiner zukünftigen Ehefrau machte: liebenswert, aber durchaus ernsthaft und sittenstreng. Doch mochte er auch heimlich von Caroline schwärmen, über seine zarten Gefühle konnte und wollte der schüchterne 17-Jährige nicht sprechen. Wie groß war deshalb die Enttäuschung, als Friedrich Wilhelm schließlich zu Ohren kam, dass ausgerechnet sein verhasster Vetter Georg August von Hannover der Glückliche sein sollte, der Caroline vor den Traualtar führen durfte! Nun aber war es zu spät. Im September 1705 heiratete die hübsche Ansbacherin den gleichaltrigen Welfenprinzen und nachmaligen König Georg II. von England. Friedrich Wilhelm war zwar ausgesprochen wütend,

11

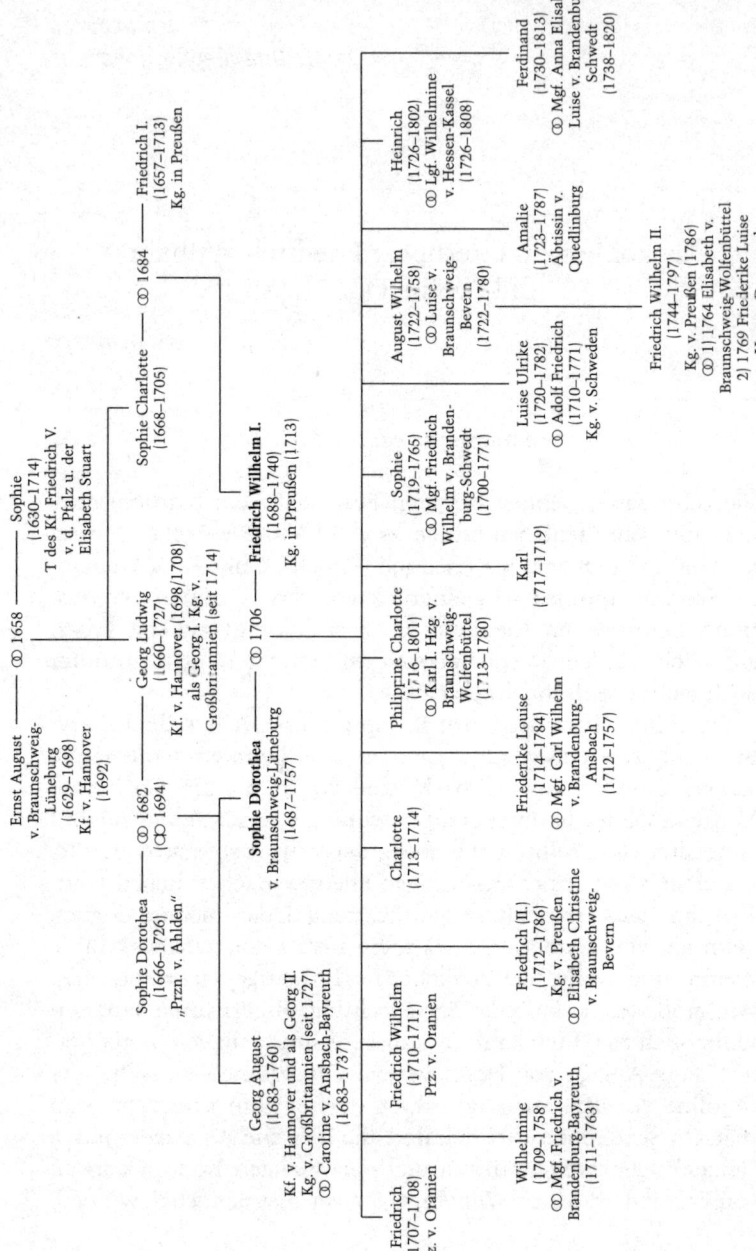

Ernst August
v. Braunschweig-
Lüneburg
(1629–1698)
Kf. v. Hannover
(1692)

⚭ 1658

Sophie
(1630–1714)
T des Kf. Friedrich V.
v. d. Pfalz u. der
Elisabeth Stuart

Friedrich I.
(1657–1713)
Kg. in Preußen

⚭ 1684

Sophie Charlotte
(1668–1705)

Sophie Dorothea
(1666–1726)
"Przn. v. Ahlden"

⚭ 1682
(⚭ 1694)

Georg Ludwig
(1660–1727)
Kf. v. Hannover (1698/1708)
als Georg I. Kg. v.
Großbritannien (seit 1714)

Georg August
(1683–1760)
Kf. v. Hannover und als Georg II.
Kg. v. Großbritannien (seit 1727)
⚭ Caroline v. Ansbach-Bayreuth
(1683–1737)

Sophie Dorothea
v. Braunschweig-Lüneburg
(1687–1757)

⚭ 1706

Friedrich Wilhelm I.
(1688–1740)
Kg. in Preußen (1713)

Friedrich
(1707–1708)
Przn. v. Oranien

Wilhelmine
(1709–1758)
⚭ Mgf. Friedrich v.
Brandenburg-Bayreuth
(1711–1763)

Friedrich Wilhelm
(1710–1711)
Przn. v. Oranien

Friedrich (II.)
(1712–1786)
Kg. v. Preußen
⚭ Elisabeth Christine
v. Braunschweig-Bevern

Charlotte
(1713–1714)

Friederike Louise
(1714–1784)
⚭ Mgf. Carl Wilhelm
v. Brandenburg-
Ansbach
(1712–1757)

Philippine Charlotte
(1716–1801)
⚭ Karl I. Hzg. v.
Braunschweig-
Wolfenbüttel
(1713–1780)

Karl
(1717–1719)

Sophie
(1719–1765)
⚭ Mgf. Friedrich
Wilhelm v. Branden-
burg-Schwedt
(1700–1771)

Luise Ulrike
(1720–1782)
⚭ Adolf Friedrich
(1710–1771)
Kg. v. Schweden

August Wilhelm
(1722–1758)
⚭ Luise v.
Braunschweig-
Bevern
(1722–1780)

Amalie
(1723–1787)
Äbtissin v.
Quedlinburg

Heinrich
(1726–1802)
⚭ Lgf. Wilhelmine
v. Hessen-Kassel
(1726–1808)

Ferdinand
(1730–1813)
⚭ Mgf. Anna Elisabeth
Luise v. Brandenburg-
Schwedt
(1738–1820)

Friedrich Wilhelm II.
(1744–1797)
Kg. v. Preußen (1786)
⚭ 1) 1764 Elisabeth v.
Braunschweig-Wolfenbüttel
2) 1769 Friederike Luise
v. Hessen-Darmstadt

dass er den Kürzeren gezogen hatte, noch aber ahnte er nicht, wie viel Ärger ihm sein Rivale in Zukunft noch machen würde.

Das Thema „Ehe" war für den preußischen Kronprinzen damit vorerst erledigt. Sein Verhältnis zu Frauen gestaltete sich ohnehin etwas problematisch, nachdem er am Charlottenburger Hof seiner Mutter allzu viel Koketterie und Frivolität hatte erleben müssen, zumindest nach seinem streng calvinistischen Empfinden. Friedrich Wilhelms eigentliche Leidenschaft galt auch weniger dem weiblichen Geschlecht als vielmehr allem, was mit der preußischen Armee tun hatte, jener Armee, der er sein nahezu gesamtes Leben widmen sollte. Aus guten Gründen wurde er schließlich als „Soldatenkönig" bekannt.

Wäre es nach ihm selbst gegangen, so hätte er den Gedanken an eine Heirat am liebsten in die ferne Zukunft verbannt. Aber sein kränklicher Vater Friedrich I., Preußens erster König, drängte den einzigen Sohn inständig, eine Gemahlin zu finden und Nachwuchs zu zeugen. Der junge Friedrich Wilhelm spürte, wie ernst es dem Vater mit seinem Wunsch war und ließ sich schließlich erweichen. Eines jedoch stellte er unmissverständlich klar: Wenn er schon heiraten müsse, dann auf keinen Fall irgendeine fremde Prinzessin, sondern nur eine Frau, die ihm schon vorher bekannt war. Der Kreis dieser Kandidatinnen war nicht sonderlich groß. Und so fiel die Wahl schließlich auf seine ein Jahr ältere Cousine Sophie Dorothea von Hannover, die Schwester von Georg August.

Friedrich Wilhelms Mutter Sophie Charlotte, eine geborene Prinzessin von Hannover und Tante der Auserwählten, erlebte die Hochzeit ihres einzigen Sohnes nicht mehr. Die preußische Königin war bereits 1705 im Alter von nur 36 Jahren gestorben. Und doch schien ihr Geist über dieser Verbindung zu schweben, die sie gemeinsam mit ihrer Mutter, Kurfürstin Sophie von Hannover, noch zu Lebzeiten angebahnt hatte, um die Achse Berlin–Hannover auch in Zukunft zu stärken.

Es war also keine Liebesheirat, die da stattfinden sollte. Die künftige Braut Sophie Dorothea wurde erst gar nicht nach ihrer Meinung gefragt. Das war auch nicht üblich. Hätte man es getan, wäre die Antwort wahrscheinlich „Um Gottes Willen! Nein bloß nicht" gewesen. Denn der preußische Vetter Friedrich Wilhelm entsprach nicht gerade dem Traumbild der verwöhnten Welfenprinzessin. Er brachte nicht nur gut zwei Zentner auf die Waage, sondern lief auch aus Protest gegen die ihm verhasste höfische Etikette wie ein einfacher Bauer herum. Entgegen den Gepflogenheiten seiner Zeit und Umgebung ließ er sich das Gesicht von der Sonne bräunen, trug keine Perücke, dafür vorzugsweise grobe Stiefel. Zudem hatte er einen regelrechten „Sauberkeitsfimmel" und legte größten Wert auf körperliche Hygiene, was in einer Zeit, in der Parfum und Puder die Rolle von Wasser und Seife übernommen hatten, als höchst ungewöhnlich galt.

Doch nicht nur das Äußere des Kronprinzen war gewöhnungsbedürftig. Viel schlimmer sah es in seinem Inneren aus. Von klein auf hatte er die höfische Gesellschaft mit fürchterlichen Wutausbrüchen malträtiert, Mutter und Erzieherinnen bisweilen zur Weißglut gebracht, seine Lehrer verprügelt und besonderen Spaß an derben Scherzen gehabt. Einmal erschreckte er einen Kammerherrn, der gerade aus dem Fenster guckte, so sehr, dass dieser das Gleichgewicht verlor und hinausstürzte, was der junge Kronprinz dann jedoch gleich zutiefst bereute. Denn in Friedrich Wilhelms Brust rangen gewissermaßen zwei Seelen um die Vorherrschaft, und eine davon war höchst empfindsam. Diese Seite jedoch offenbarte er nur ganz wenigen Menschen und wusste sie gut vor der Öffentlichkeit zu verbergen. Das Bild des polternden Friedrich Wilhelm, des preußischen „Prügelprinzen", erscheint daher ungleich größer als das eines kompromisslos ehrlichen, gottesfürchtigen und sittenstrengen jungen Mannes, der die gleichen Eigenschaften auch von seiner künftigen Frau erwartete.

Und hier lag bereits das erste Problem. Sophie Dorothea war nämlich die Tochter des Kurprinzen Georg Ludwig von Hannover, der 1714 als Georg I. den englischen Thron besteigen sollte. Von seiner Gemahlin, die wie die Tochter Sophie Dorothea hieß und unter dem Namen „Prinzessin von Ahlden" zu trauriger Berühmtheit gelangte, hatte er sich schon vor Jahren getrennt. Nachdem die Prinzessin nämlich lange genug unter der notorischen Untreue ihres Gemahls gelitten hatte, war sie zu dem Entschluss gekommen, Gleiches mit Gleichem zu vergelten und hatte eine Affäre mit dem attraktiven Grafen Philipp Christoph von Königsmarck begonnen. Die Liebesgeschichte flog natürlich auf, die Ehe wurde geschieden und Mutter Sophie Dorothea aus Hannover verbannt. Sie verbrachte die vielen Jahre bis zu ihrem Tod 1727 unter strengster Bewachung auf dem Wasserschloss Ahlden und durfte ihre beiden Kinder Georg August und Sophie Dorothea nicht mehr wiedersehen.

Die zwei wuchsen nun bei ihrer Großmutter Sophie in Hannover auf, die auch gleichzeitig die Großmutter des preußischen Kronprinzen war. Deshalb war schon der kleine Friedrich Wilhelm oft in Hannover zu Besuch gewesen und hatte so Cousin und Cousine mit der Zeit recht gut kennen gelernt. Während er den fünf Jahre älteren Georg August seit Kindertagen aus tiefstem Herzen hasste und ihm von daher so manche Tracht Prügel verabreichte, stand er Sophie Dorothea eher indifferent gegenüber. Sie hatte sich mit der Zeit zu einem recht hübschen jungen Mädchen entwickelt, das freilich nach seinem Geschmack ein wenig zu viel Wert auf Äußerlichkeiten legte, auf Kleidung, Schmuck und Schminke ebenso wie auf aufwändige höfische Feste – lauter Dinge also, die dem schlichten und sparsamen Friedrich Wilhelm zuwider waren. Hinzu kam ein gewisser Hang zur Koketterie, den er bei ihr zu erkennen glaubte, möglicherweise ein Erbteil ihrer – aus seiner Sicht – liederlichen und sittenlosen Mutter. Alles in allem aber erschien ihm die junge Frau im Vergleich zu einer völlig unbekannten Prinzessin offenbar als das „kleinere Übel". Der Hochzeit stand damit nichts mehr im Wege.

Vater Friedrich I. und Großmutter Sophie von Hannover freuten sich ganz besonders, als der 18-jährige Friedrich Wilhelm und die 19-jährige Sophie Dorothea am 28. November 1706 im Berliner Schloss vor den Traualtar traten. Bereits ein Jahr später brachte die Kronprinzessin den erhofften Thronerben zur Welt, der nach seinem stolzen und überglücklichen preußischen Großvater den Namen Friedrich erhielt. Doch der kleine Prinz wurde nur ein Jahr alt und starb ausgerechnet im Mai 1708, als sich die jungen Eltern gerade zu einem Besuch in Hannover aufhielten. Schon bald zeigte sich zudem, dass diese Verbindung nahezu eine einzige Katastrophe werden würde. Der unerfahrene Ehemann, von zwiespältigen Gefühlen gequält, verfolgte seine Frau mit rasender Eifersucht und es kam zu allerlei hässlichen

Szenen, obwohl sich Sophie Dorothea offenbar keiner Schuld bewusst war. Friedrich Wilhelm schmollte und tobte, wenn „sein Fiekchen", wie er Sophie Dorothea zu nennen pflegte, scheinbar mit anderen Männern flirtete. Einmal schnitt er ihr im Zorn sogar die Haare ab, damit sie sich nicht mehr aufreizend-modisch frisieren konnte. Ein klärendes Gespräch aber war unmöglich, denn Friedrich Wilhelm zog es vor, seiner Frau wortlos den Rücken zu kehren und tagelang kein Wort an sie zu richten, bis endlich der Zorn verraucht war. Die Kronprinzessin sah schließlich nur noch eine einzige Möglichkeit für ein gemeinsames Zusammenleben: das ständige Heucheln von Liebe und Zuneigung und gemeinsamen Überzeugungen. „Ich liebe Sie trotz Ihrer Gepflogenheiten", schrieb sie ihrem Gemahl am 16. September 1710, „ich liebe Sie viel zu sehr, ich bin überzeugt, dass Sie Ihr Benehmen einmal bitter bereuen werden." Doch zu einer ehrlichen Aussprache zwischen den Ehepartnern ist es niemals gekommen. Beide verharrten in einem Zustand der Sprach- und Hilflosigkeit und Sophie Dorothea versuchte fortan, alles hinter dem Rücken ihres Gemahls durchzusetzen, Liebe und Loyalität vorzugeben, tatsächlich aber ihre eigenen Interessen zu verfolgen. Das sollte fatale Folgen haben.

## Schauplatz: Das Berliner Schloss

Leider gibt es den Schauplatz des königlich-preußischen Ehe- und Familiendramas heute nicht mehr: das Berliner Schloss. Es wurde am 3. Februar 1945 beim schwersten Bombenangriff auf die Stadt von zahllosen Spreng- und Brandbomben getroffen und brannte vier Tage lang, ohne dass Löschversuche unternommen werden konnten. Obwohl ein Wiederaufbau möglich gewesen wäre, schließlich waren die Hauptmauern noch gut erhalten, beschloss der Ministerrat der DDR im Juli 1950, die Schlossruine zu sprengen und abzutragen. Das wichtigste Andenken an das alte Preußen sollte radikal ausgemerzt werden. So ging die wechselvolle 500-jährige Geschichte des Berliner Stadtschlosses zu Ende, vorläufig zumindest.

Im Jahr 1443 hatte der Brandenburger Kurfürst Friedrich II.

„Eisenzahn" (1440–1470) direkt an der Spree eine Burg anlegen lassen, im cöllnischen Teil der bis dahin eher unbedeutenden märkischen Doppelstadt Berlin-Cölln. Von dort aus konnten die Hohenzollern nun einen wichtigen Handelsweg kontrollieren, der über die damals noch hölzerne Lange Brücke führte. Die mittelalterliche Burg wich einem Renaissanceschloss, das jedoch keine wirkliche Bedeutung erlangte. Erst der Große Kurfürst Friedrich Wilhelm (1640–1688), der Großvater des „Soldatenkönigs", machte das Schloss zum Mittelpunkt der Stadt Berlin. Der während des 30-jährigen Krieges ziemlich zerfallene Prunkbau wurde zunächst gründlich restauriert. Die größten und wichtigsten Umbauten aber erfolgten während der Regierungszeit Friedrichs I. (1688/1701–1713). 1699 wurde der bedeutendste deutsche Barockarchitekt Andreas Schlüter zum Schlossbaumeister ernannt. Unter ihm wurde das Berliner Schloss zur großartigsten Barockresidenz Deutschlands. Nach seiner Krönung zum ersten König „in" Preußen 1701 hielt Friedrich I. feierlichen Einzug. Damals gab er auch jene kunstvolle Arbeit in Auftrag, die später als „Bernsteinzimmer" bekannt werden sollte. Während seines Krönungsaufenthalts in Königsberg hatte er die Kunst der Bernsteinverarbeitung eingehend bewundert und einen bekannten Bernsteinschneider beauftragt, großformatige Paneelen herzustellen, gewissermaßen die Keimzelle des späteren Bernsteinzimmers. Sie wurden zur Täfelung eines Raumes im Berliner Stadtschloss verwendet, dem „Tabakskollegium". Friedrich Wilhelm I. schätzte den Bernsteinschmuck aber so gering ein, dass er nicht lange zögerte und die wertvollen Paneelen 1717 Zar Peter dem Großen zum Geschenk machte – wofür er im Gegenzug 55 „lange Kerls" bekam.

Auf Andreas Schlüter folgte Eosander von Göthe als neuer Architekt, der den Umfang des Schlosses mit einem Erweiterungsbau nach Westen hin verdoppelte. Er konnte sein Werk jedoch nicht vollenden, weil sein königlicher Auftraggeber 1713 starb und dessen Sohn und Nachfolger den verschwenderischen Baumeister umgehend entließ. Trotz aller Sparsamkeit aber ließ Friedrich Wilhelm I. das Schloss doch noch vollenden. Allerdings verzichtete er dabei auf jeglichen Prunk im Inneren. Viele prächtige Deckengemälde ließ der nüchterne Preußenkönig sogar weiß übertünchen. Sie wurden erst bei Restaurierungsarbeiten 1850 zufällig entdeckt und wieder freigelegt. Im Jahr 1715 war der Schlossbau weitgehend vollendet. 1728 erfolgte allerdings aufgrund eines Staatsbesuchs des sächsischen Königs Augusts des Starken der Einbau der prunkvollen „Polnischen Kammern". Der preußische Hofmaler Antoine Pesne hat zu diesem Anlass eine Ölskizze angefertigt, auf der die gesamte, damals noch nicht ganz komplette, Familie des Preußenkönigs zu sehen ist. Noch aber lag das Ercignis in weiter Ferne. Ein Jahr nach dem Tod des kleinen Kronprinzen brachte Sophie Dorothea zunächst einmal ihr zweites Kind zur Welt. Es war ein Mädchen, das man Wilhelmine nannte und das es später als Markgräfin von Bayreuth zu einiger Berühmtheit brachte.

# WILHELMINE
## Markgräfin von Brandenburg-Bayreuth
### (1709–1758)

*Wilhelmines Kindheit – ein einziges Martyrium?*

Eigentlich war es ja eine herbe Enttäuschung, als anstatt des erhofften Thronfolgers am 3. Juli 1709 „nur" eine Tochter das Licht der Welt erblickte, Wilhelmine. Sophie Dorothea wird daher sicher froh gewesen sein, ihrem kronprinzlichen Gemahl nicht ins Gesicht sagen zu müssen, dass sie nun doch keinem „kleinen Grenadier" das Leben geschenkt hatte, denn Friedrich Wilhelm befand sich gerade im Feldlager, wo er seinen Militärdienst versah.

Trotz allem aber zeigte sich der Kronprinz über Sophie Dorotheas schriftliche Nachricht erleichtert, dass dieses Kind, mochte es auch nur ein Mädchen sein, gesund zur Welt gekommen war. Nach dem Tod des Sohnes war es Sophie Dorothea nämlich körperlich und seelisch eine Zeit lang sehr schlecht gegangen. Sie kränkelte, verlor erheblich an Gewicht und schien kaum noch in der Lage zu sein, ein weiteres Kind auszutragen. Am Berliner Hof verbreitete sich das Gerücht, die Kronprinzessin sei unfruchtbar, ein Gerücht, das von interessierter Seite eifrig geschürt wurde. Teilen der Hofpartei war nämlich wenig daran gelegen, später einmal Friedrich Wilhelm auf dem preußischen Thron zu sehen. Sie ahnten wohl, dass er als König vieles anders machen würde als sein prunkliebender Vater und fürchteten um ihre eigenen Vorteile. Und so redeten sie Friedrich I. ein, dass von seinem ein-

# Brandenburg-Bayreuth

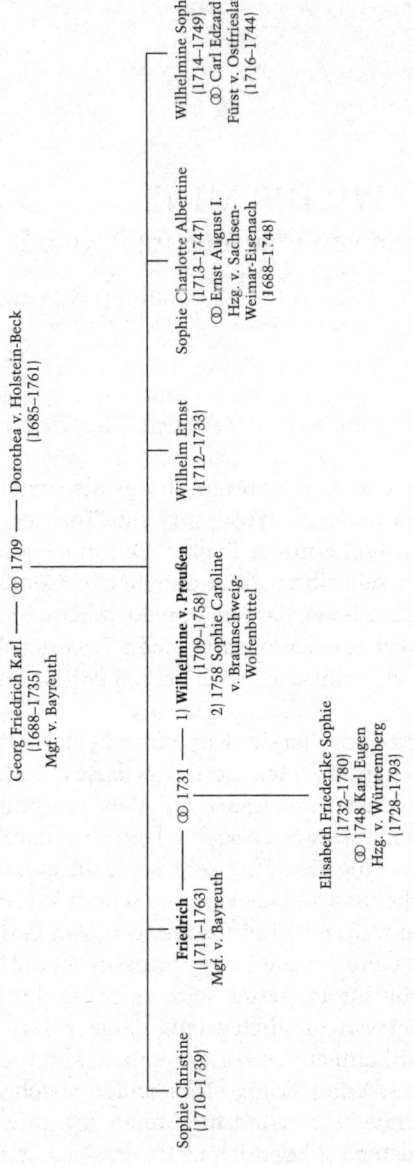

Georg Friedrich Karl — ⚭ 1709 — Dorothea v. Holstein-Beck
(1688–1735)                                                    (1685–1761)
Mgf. v. Bayreuth

Sophie Christine
(1710–1739)

Friedrich
(1711–1763)
Mgf. v. Bayreuth

⚭ 1731 —— 1) Wilhelmine v. Preußen
(1709–1758)
2) 1758 Sophie Caroline
v. Braunschweig-
Wolfenbüttel

Elisabeth Friederike Sophie
(1732–1780)
⚭ 1748 Karl Eugen
Hzg. v. Württemberg
(1728–1793)

Wilhelm Ernst
(1712–1733)

Sophie Charlotte Albertine
(1713–1747)
⚭ Ernst August I.
Hzg. v. Sachsen-
Weimar-Eisenach
(1688–1748)

Wilhelmine Sophie
(1714–1749)
⚭ Carl Edzard
Fürst v. Ostfriesland
(1716–1744)

20

zigen Sohn wohl kein Nachwuchs mehr zu erwarten sei, dafür müsse er schon selber sorgen. Derart verunsichert entschloss sich der gutmütige Monarch tatsächlich, ein weiteres Mal zu heiraten und ehelichte im November 1708 die junge Sophie Luise von Mecklenburg-Schwerin-Grabow. Es wurde eine unglückliche Ehe, die nicht nur kinderlos blieb, sondern dem König auch die wenigen Jahre vergällte, die er noch zu leben hatte.

Der Preußenkönig freute sich vorbehaltlos über die Geburt seiner kleinen Enkelin Wilhelmine und wird insgeheim erleichtert gewesen sein, dass seine Schwiegertochter sehr wohl noch imstande war, Kinder zu bekommen. Die Hoffnung auf einen Thronfolger musste man also nicht aufgeben.

In ihren berühmt gewordenen Memoiren schildert Wilhelmine ihre Kindheit als einziges Martyrium. Besonders schlecht kommt dabei der Vater weg, ein prügelnder Tyrann, der den Kindern mitunter ins Essen spuckte und sie auch ansonsten hungrig vom Tisch aufstehen ließ. Aber war es wirklich so? Selbst wenn damals am Berliner Hof alles andere als ein liebevolles Klima herrschte und die Königskinder allesamt des Öfteren den Stock zu spüren bekamen, so sind doch Wilhelmines Lebenserinnerungen offenbar maßlos übertrieben. So ungewöhnlich streng und herzlos wie sie uns heute erscheinen mögen, waren die Erziehungsmethoden Friedrich Wilhelms I. nämlich gar nicht. Auch in anderen Familien war die Kindheit damals alles andere als ein Zuckerschlecken, zumal in fürstlichen Kreisen. Zum einen schuf allein die hohe Kindersterblichkeit eine größere Distanz zwischen den Eltern und ihrem Nachwuchs. Der Tod und das Sterben waren allgegenwärtig, ebenso freilich auch der Glaube an ein Jenseits, an ein Leben nach dem Tod – und das keineswegs nur in einem himmlischen Paradies. Und hier lag ein zentraler Punkt. Friedrich Wilhelm glaubte nämlich an einen Gott von alttestamentarischer Strenge, einen Gott, der zürnte und strafte und der zur ewigen Verdammnis verurteilen konnte. In den einschlägigen Erziehungsanweisungen der Zeit musste zudem der Erbsünde Rechnung getragen werden. Demnach war der Mensch – und damit auch das Kind – von Natur aus schlecht. Die elterliche Gewalt war somit religiös begründet, Prügel galten geradezu als hervorragendes Erziehungsmittel. Man nahm es durchaus ernst mit der biblischen Vorschrift, keinesfalls mit der Rute zu sparen, wenn man sein Kind liebte. Im Gegenteil: Körperliche Strafen waren unumgänglich, wollte man die Seele des Kindes retten. Nachsicht hingegen galt als Werkzeug des Teufels. So dachte man zumindest in streng gläubigen pietistischen Kreisen. Wenn man die Kindheit der preußischen Prinzen und Prinzessinnen vor diesem Hintergrund betrachtet, so wird sie zwar nicht gerade in ein milderes Licht getaucht, doch man versteht zumindest, dass Friedrich Wilhelm bei weitem kein roher Sadist gewesen ist, der aus reiner Lust an der Gewalt auf den Nachwuchs einprügelte, sondern dass er eigentlich nur „das Beste" für seine Kinder wollte: ihnen Höllenstrafen und ewige Pein ersparen. Hinzu kam natürlich sein cholerisches Temperament.

Auch dass die Kinder wochenlang am Tisch des Vaters gehungert hätten, wie Wilhelmine in ihren Memoiren schreibt, entbehrt jeglicher Grundlage. Gewiss, Friedrich Wilhelm I. war äußerst sparsam, insbesondere nach dem Tod seines königlichen Vaters Friedrich I. im Februar 1713. Zwar hatte er ihm als pietätvoller Sohn noch die prunkvolle Beisetzung ausgerichtet, die der Verstorbene sich gewünscht hatte, doch dann machte er noch im gleichen Jahr den berühmten „Strich durch den Etat", mit dem er auch den größten Teil des überdimensionierten Hofstaats auflöste. Das Berliner Schloss wurde nur so weit wie nötig fertiggestellt, doch ärmlich wirkte es deswegen nicht. Zwar erinnerten die schmucklosen persönlichen Gemächer Friedrich Wilhelms eher an Kasernenstuben, aber die Repräsentationsräume des Berliner Schlosses brauchten den Vergleich mit anderen Residenzen nicht zu scheuen. Die Lustgärten in Berlin und Potsdam aber verwandelte der neue König in Exerzierplätze. Auch die prachtvollen Feierlichkeiten, die Friedrich I. so gerne zelebriert hatte, hörten vollends auf. Fortan herrschte am Berliner Hof strikte Sparsamkeit. Das hieß aber nicht zwangsläufig, dass man auch am Essen sparte. Der korpulente junge König liebte die Tafelfreuden viel zu sehr, als dass er sich und seine Familie hätte hungern lassen. Allerdings bevorzugte er einfache Hausmannskost, die zwar preiswert, jedoch nicht unbedingt jedermanns Geschmack war. Verwöhnte Gaumen vermissten also bestenfalls die Vielfalt der Delikatessen, satt wurde die Königsfamilie allemal. Da aber die

Ausgaben für die täglichen Speisen 33⅓ Taler nicht überschreiten durften, waren auserwählte Köstlichkeiten tatsächlich nur knapp bemessen, sodass nicht jeder zugreifen konnte. Immerhin aber gab es für die Kinder am Ende jeder Mahlzeit Biskuits und Zuckerbrot.

## „Nie haben sich Geschwister so zärtlich geliebt" – Wilhelmine und Friedrich

Inzwischen hatte sich die preußische Königsfamilie weiter vergrößert. Nachdem 1710 ein Sohn geboren wurde, Friedrich Wilhelm, der bereits im kommenden Jahr wieder starb, erblickte am 24. Januar 1712 jener Knabe das Licht der Welt, der einmal als „Friedrich der Große" in die Geschichte eingehen sollte. Im Jahr darauf schenkte Sophie Dorothea wieder einem Mädchen das Leben. Doch Charlotte Albertine starb nur wenige Monate später, aber da war die Königin schon wieder schwanger, diesmal mit einer Tochter namens Friederike.

Damit hatte Sophie Dorothea zur Genüge bewiesen, dass sie alles andere als unfruchtbar war, ein Umstand, der sich nicht unerheblich auf ihr Selbstbewusstsein auswirkte. Im Familienkreis nannte man sie daher heimlich „Olympia". Wilhelmine hat ihre Mutter folgendermaßen beschrieben: „Die Königin ist niemals schön gewesen, sie ist pockennarbig und ihre Züge sind keineswegs klassisch. Ihre Haut ist weiß, ihre Haare dunkelbraun, ihre Figur ist eine der schönsten, die es je gab. Ihre edle und majestätische Haltung flößt allen, die sie sehen, Ehrerbietung ein; ihre große Weltgewandtheit und ihr glänzender Geist deuten auf mehr Gründlichkeit, als ihr eigen ist. Sie hat ein gutes, großmütiges und mildreiches Herz; sie liebt die schönen Künste und Wissenschaften, ohne sich allzu sehr mit ihnen befasst zu haben. Jeder hat seine Fehler, sie ist nicht frei davon. Sie verkörpert allen Stolz und Hochmut ihres hannoveranischen Hauses. Ihr Ehrgeiz ist maßlos, sie ist grenzenlos eifersüchtig, argwöhnisch und rachsüchtigen Gemüts und verzeiht nie, wo sie sich für beleidigt hält."

Als Wilhelmine fünf Jahre alt war, trat ein Ereignis ein, das ihre gesamte Jugendzeit maßgeblich beeinflussen sollte: Ihr Großvater mütterlicherseits, Georg Ludwig aus dem Hause Hannover, wurde König von England. Und das kam so: Bereits im Jahr 1701 hatte das englische Parlament ein Gesetz beschlossen, nach dem nur noch protestantische Angehörige des Hauses Stuart den Thron besteigen durften, den Act of Settlement. Da die Linie Karls I. (1600–1649) mit dem Tod Königin Annes in absehbarer Zeit aussterben würde, hatte man sich um die Nachfolge rechtzeitig Gedanken machen müssen. Als potenzielle Kandidaten kamen nur die protestantischen Nachfahren von Karls Schwester Elisabeth Stuart in Frage. Aber fast alle Kinder, die die als „Winterkönigin" bekannt gewordene Engländerin seinerzeit geboren hatte, waren mittlerweile tot, und die Enkel kamen aus verschiedenen Gründen – sie waren entweder katholisch oder außerehelich – nicht in Frage. So blieb letztlich nur noch eine Kandidatin übrig: Sophie von Hannover, die gemeinsame Großmutter Sophie Dorotheas und Friedrich Wilhelms, ein Kind aus der Ehe Elisabeth Stuarts mit Friedrich V. von der Pfalz, dem glücklosen „Winterkönig".

Doch die greise Sophie schaffte es nicht mehr auf den Thron. Sie starb am 8. Juli 1714 im Alter von 83 Jahren auf ihrem Witwensitz Herrenhausen, wo sie ihre letzten Lebensjahre weitgehend mit der Anlage des berühmt gewordenen Barockgartens verbracht hatte. Und so wurde nach dem Tod Königin Annes wenige Wochen später Sophies ältester Sohn als Georg I. neuer englischer König. Und Sophie Dorotheas Bruder, der mit der schönen Caroline von Ansbach verheiratete Georg August, war zum Prinzen von Wales aufgestiegen. Für die ambitionierte preußische Königin schienen sich damit großartige Chancen aufzutun, zumal der englische Thronfolger zwei Kinder hatte, die altersmäßig gut zu Wilhelmine und dem kleinen Friedrich passten. Allmählich nahm ein ehrgeiziges englisch-preußisches Doppelheirats-Projekt in Sophie Dorotheas Kopf Gestalt an, das sie in den nächsten Jahren hartnäckig verfolgen sollte.

Noch aber steckten die englischen wie die preußischen Protagonisten in den Kinderschuhen. Königin Sophie Dorothea sorgte unterdessen für weiteren königlichen Nachwuchs: 1716 kam Charlotte zur Welt, 1717 ein kleiner Prinz namens Friedrich Wilhelm, der nur zwei Jahre alt wurde, 1719 folgte Sophie, ein Jahr später Ulrike.

Wilhelmine wurde zu einer vielseitig gebildeten Prinzessin erzogen: „Die Leti gab sich unendlich viel Mühe, meinen Geist zu bilden; sie lehrte mich die Anfangsgründe der Geschichte und Geografie und suchte zugleich, mir gute Manieren beizubringen. Die vielen Menschen, die ich sah, halfen dazu, dass ich bald weltgewandt wurde; ich war sehr lebhaft und jeder unterhielt sich gern mit mir." So schrieb Wilhelmine später selbstbewusst in ihren Memoiren. „Die Leti" war ihre langjährige Gouvernante, die den Erziehungsauftrag offenbar so ernst nahm, dass sie ihn notfalls auch mit Gewalt durchsetzte: „Aber da sie durch Güte bei mir nichts ausrichtete, geriet sie in einen grässlichen Zorn, schlug mich auf den Arm und stieß mich die Estrade hinab", heißt es an einer Stelle der Memoiren, „diese Szene wiederholte sich am folgenden Abend, nur mit viel größerer Heftigkeit; sie warf mir einen Leuchter an den Kopf, der mich hätte töten können; mein Gesicht war ganz blutig … So verging der ganze Winter und ich wurde keinen Tag mehr in Ruhe gelassen und mein armer Rücken erhielt täglich sein Teil … Hiebe und Stöße waren mein täglich Brot."

Ob sich die unglaublichen Misshandlungen der kleinen Prinzessin tatsächlich so ereignet haben oder ob Wilhelmine maßlos übertreibt, lässt sich heute nicht mehr feststellen. Tatsache ist jedoch, dass ein Hang zu Selbstmitleid und Selbstüberschätzung die gesamten Memoiren durchzieht, was Wilhelmine stets in einem besonderen Licht dastehen lässt. Das gilt auch für die folgende Schilderung: „Ich zählte erst acht Jahre. Mein zartes Alter gestattete mir keinen Anteil an den Dingen, die sich zutrugen. Ich war den ganzen Tag von meinen Lehrern in Anspruch genommen und meine einzige Erholung war, mit meinem Bruder (Friedrich) zusammen zu sein. Nie haben sich Geschwister so zärtlich geliebt. Er war geistreich, seine Gemütsart war finster. Er dachte lange nach, bevor er antwortete, aber dafür antwortete er richtig. Er lernte sehr schwer und man erwartete, dass er einmal mehr Verstand wie Geist an den Tag legen würde. Ich hingegen war außerordentlich lebhaft und schlagfertig und besaß ein erstaunliches Gedächtnis; der König liebte mich mit Leidenschaft.

Keinem seiner anderen Kinder zeigte er sich so aufmerksam wie mir." Letzteres entspricht wohl eher Wilhelmines Wunschdenken als der Wirklichkeit.

Ganz ohne Zweifel war Friedrich Wilhelm tief in seinem Herzen ein liebender Vater, der sich jedoch eifersüchtig zeigte, wenn er glaubte, dass die Kinder der Mutter näher standen. Denn die verstand es meist äußerst geschickt, den Nachwuchs auf ihre Seite zu ziehen und für eigene Interessen zu instrumentalisieren. Das betraf besonders die beiden Ältesten, Wilhelmine und Kronprinz Friedrich. Der kleine Fritz war leider ganz und gar nicht nach den Vorstellungen seines Vaters geraten. Zart gebaut, eher ängstlich und kränklich war er schon rein äußerlich das genaue Gegenteil des robusten Soldatenkönigs. Der aber wollte – notfalls mit Gewalt – aus dem Sohn einen „echten Kerl" machen, der später einmal in der Lage sein sollte, seinem Land zu dienen und Preußen zu beherrschen. Auch die Vorliebe des Kindes für Bücher und Musik war dem Vater ein Dorn im Auge, schien sie ihn doch daran zu hindern, seine militärischen Pflichten zu erfüllen. Fatalerweise verbündeten sich Mutter und Schwester gemeinsam mit Friedrich gegen den Vater. Auf ihrem Schloss Monbijou im Norden Berlins, jenem Refugium, das Friedrich Wilhelm seiner Gemahlin kurz nach der Thronbesteigung zum Geschenk gemacht hatte, wurde ein pädagogisches Kontrastprogramm abgespult: Hier durfte der Kronprinz alles das tun, was der Vater so hasste: elegante französische Kleidung tragen, Querflöte spielen oder sich mit seiner Bibliothek befassen.

Wilhelmine, die die musischen Interessen ihres kleinen Bruders teilte, nahm den Kronprinzen nun auch emotional unter ihre Fittiche und gab ihm all das Verständnis und die Liebe, die Vater und Mutter aus unterschiedlichen Gründen nicht geben konnten. Sophie Dorothea war ihren Kindern nämlich nur dann zugetan, wenn die genau das taten, was sie wollte – und der königliche Vater verlangte meist das Gegenteil. Weil sich Wilhelmine aber so eindeutig auf die Seite von Mutter und Bruder gestellt hat, ist kaum anzunehmen, dass Friedrich Wilhelm die älteste Tochter wirklich „mit Leidenschaft geliebt" haben soll. Tatsächlich war das Verhältnis der beiden von Anfang an eher schlecht. Wilhelmines Eigenschaften, ihr Stolz, ihre Eitelkeit, ihre Neigung, auch ernste Dinge spöttisch zu behandeln, standen den Vorstellungen des Königs diametral entgegen. Er verlangte von seinen Kindern, von den Töchtern allemal, Ehrlichkeit, Demut und Bescheidenheit, lauter Dinge also, die in Wilhelmines Leben keine herausragende Rolle spielten. Am meisten geliebt hat Friedrich Wilhelm ganz ohne Zweifel seinen zweiten Sohn August Wilhelm, der 1722, also zehn Jahre nach der Geburt des Kronprinzen, zur Welt kam und mit seinem fröhlichen und unkomplizierten Wesen das Herz des Preußenkönigs im Sturm eroberte.

*Der englische Traum – geplatzt!*

Das Jahr 1720 markiert einen wichtigen Einschnitt in Wilhelmines Leben. Die Kindheit der 11-Jährigen wurde offiziell für beendet erklärt, was sich rein äußerlich daran zeigte, dass die Prinzessin von nun an die Kleidung der Erwachsenen trug und auch so behandelt wurde. Damit verließ eine altkluge und reichlich eingebildete Wilhelmine die Kinderstube. Wenig später ersetzte man auch die Leti, ihre verhasste Erzieherin, durch eine neue Gouvernante, das sanfte Fräulein Dorothea von Sonsfeld, das dem Schützling bis weit ins Erwachsenenalter hinein zur Seite stehen sollte. „Sie war vierzig Jahre alt, als sie bei mir eintrat", schrieb Wilhelmine in ihren in den 1740er-Jahren verfassten Memoiren, „ich liebe und verehre sie wie eine Mutter. Sie ist noch heute bei mir, und aller Wahrscheinlichkeit nach wird uns nur der Tod trennen … Die Königin ließ ihr bei meiner Erziehung gänzlich freie Hand … Ich fing an, mich des Lesens zu befleißigen, und es wurde bald meine liebste Beschäftigung. Sie feuerte mich so geschickt an, dass ich auch an anderen Studien Interesse fand. Ich lernte Englisch, Italienisch, Geschichte, Geografie, Philosophie und Musik. In kurzer Zeit machte ich erstaunliche Fortschritte. Ich lernte jetzt mit solchem Eifer, dass man meiner übergroßen Lernbegierde einen Zaum anlegen musste …" Es war durchaus nicht selbstverständlich, dass eine Prinzessin damals eine solch umfassende Ausbildung erhielt wie am Berliner Hof. Oft war der Unterricht fürstlicher Töchter eher oberflächlich und beschränkte sich auf das Nötigste, ein wenig Konversation, etwas

Lektüre, Musik und Handarbeit schienen für das Leben an der Seite eines hochherrschaftlichen Gemahls meist ausreichend.

Neun Jahre waren inzwischen vergangen, seit Wilhelmines Großvater den englischen Thron bestiegen hatte. Seitdem hatte Königin Sophie Dorothea der Gedanke an eine Eheverbindung zwischen ihren und den Kindern ihres Bruders nicht mehr losgelassen: Wilhelmine sollte den zwei Jahre älteren Friedrich Ludwig, den künftigen Prinzen von Wales, heiraten und Friedrich sich mit der 1711 geborenen Amalie vermählen. Die Königin war von Anfang an ganz besessen von dieser Idee und schaffte es schließlich sogar, dass auch Friedrich Wilhelm I. dem Plan wohlwollend gegenüberstand. Nachdem schon seine Großmutter Sophie Charlotte eine geborene Hannoveranerin gewesen war, hätte es sich um eine Verbindung mit dem Welfenhaus in der dritten Generation gehandelt. Ganz so leicht war Sophie Dorotheas Wunschtraum aber dann doch nicht zu verwirklichen. Am englischen Hof ihres Bruders gab es nämlich eine anti-preußische Partei, die die Realisierung des Projekts mit allen Mitteln verhindern wollte, zunächst einmal, indem sie üble Gerüchte in die Welt setzte. So wurde unter anderem kolportiert, Wilhelmine, die potenzielle Braut, habe einen Buckel! Als mehrere englische Hofdamen zur Klärung des wahren Sachverhalts 1722 nach Berlin reisten, zog Sophie Dorothea offenbar alle Register, um zu demonstrieren, wie makellos ihre älteste Tochter gebaut war. Sie ließ die 13-Jährige wie Vieh vorführen: „Ich musste mich vor ihnen ausziehen und ihnen meinen Rücken zeigen, um ihnen zu beweisen, dass ich nicht buckelig sei. Ich war sehr erbost über all dies, und zum Unglück ließ mich die Königin, damit ich zierlicher erscheine, so entsetzlich einschnüren, dass ich ganz schwarz im Gesicht wurde und mir der Atem ausging."

Im Oktober 1723 kam Englands König Georg I. schließlich höchstpersönlich nach Berlin, um seine Enkelin in Augenschein zu nehmen und zu überprüfen, ob sie tatsächlich eine „gute Partie" für den künftigen Thronfolger sein würde. Sein Urteil fiel wohl zur Zufriedenheit aus, denn bereits am 9. Oktober wurde ein Schriftstück unterzeichnet, das die so lang ersehnte Doppel-Verlobung bestätigte. Wilhelmine und Sophie Dorothea glühten vor Stolz, und der Königin scheint es in ihrer freudigen Erregung völlig entgangen zu sein, dass sie wieder einmal in anderen Umständen war und ihr zwölftes Kind erwartete. Zur allgemeinen Überraschung (s. S. 221 f.) erblickte am 9. November die kleine Amalie das Licht der Welt, die letzte der preußischen Königstöchter, aber keineswegs das letzte Kind. 1726 wurde Heinrich geboren, vier Jahre später dann noch Ferdinand, das „Nesthäkchen" der Familie.

Die Euphorie über die gelungene Doppel-Verlobung war jedoch nur von kurzer Dauer. Denn so wie es am englischen Hof eine anti-preußische Partei gab, hatte sich in Berlin schon längst eine anti-englische Gruppierung gebildet, angeführt von dem kaiserlichen Gesandten Friedrich Heinrich von Seckendorff (1673–1763) und dem preußischen Minister Friedrich Wilhelm von Grumbkow (1678–1739). Je einflussreicher diese Partei wurde, umso mehr verringerten sich Sophie Dorotheas und Wilhelmines Hoffnungen auf eine baldige englische Heirat. Vielleicht hat es die Prinzessin daher schon geahnt: Als ihr Großvater 1727 überraschend starb und nunmehr ihr Onkel als Georg II. König von England wurde, war das Projekt schon so gut wie geplatzt. Der nämlich hatte nicht allzu viel Lust, sich noch enger mit seinem preußischen Vetter Friedrich Wilhelm zu verbinden, der ihn doch in Kindertagen so oft verprügelt hatte. Und Friedrich Wilhelm seinerseits grollte noch immer heimlich, dass ihm der Hannoveraner damals die Frau weggeschnappt hatte: Caroline, inzwischen englische Königin und Mutter der beiden potenziellen Heiratskandidaten. Politisch gesehen mochte vielleicht einiges für die Doppelhochzeit und die damit verbundene engere Einbindung Preußens ins Lager der Westmächte sprechen, doch die familiären Fronten waren derart verhärtet, dass an eine Doppel-Hochzeit nicht mehr zu denken war. Und damit hatte sich Sophie Dorotheas schöner Traum in Wohlgefallen aufgelöst.

*Ein neuer Heiratskandidat: „der dicke Johann Adolf"*

Der Familienstreit wäre vielleicht nicht eskaliert, hätte sich Sophie Dorothea einfach mit der Entscheidung ihres Gemahls abgefunden. Doch das konnte sie nicht. Zäh und verbissen hielt sie auch weiterhin an dem Heiratsprojekt fest, denn was sie sich einmal in den Kopf gesetzt hatte, das wollte sie nun mit aller Macht durchführen, selbst wenn alle Vernunftgründe dagegen sprachen. Es lässt sich unschwer vorstellen, wie vergiftet die Atmosphäre am Berliner Hof ohnehin schon war. Doch als die Königin den Kronprinzen auch noch zwang, heimlich seiner englischen „Verlobten" Amalie zu schreiben und zu versprechen, keine andere als sie zu heiraten, und als der Vater von diesem Brief erfuhr, nahm die Tragödie ihren Lauf. Für die inzwischen 18-jährige Wilhelmine begann damit eine regelrechte Zitterpartie, denn sie wusste genau, dass ihr der Preußenkönig nun einen anderen Ehemann aufzwingen würde. Tatsächlich gab Friedrich Wilhelm vor, gleich zwei Heiratskandidaten für seine Älteste an der Hand zu haben, die soeben zu Besuch am Berliner Königshof waren. Der eine war August der Starke, sächsischer Kurfürst und König von Polen, mittlerweile 57 Jahre alt und von seinem berühmt-berüchtigt ausschweifenden Leben gezeichnet. Nicht gerade der Traum eines jungen Mädchens. August war seit dem Tod seiner Gemahlin Christiane Eberhardine von Brandenburg-Bayreuth zwar Witwer, aber nicht unbedingt auf Brautsuche.

Als Alternative bot sich Herzog Johann Adolf von Weißenfels an, nach den Worten Sophie Dorotheas „ein lumpiger Niemand, der nur von der Gnade des Königs von Polen lebt". Sie fürchtete angeblich, es nicht überleben zu können, sollte dieser „Niemand" tatsächlich ihr Schwiegersohn werden. In Wilhelmines Erinnerung soll sich damals folgendes zugetragen haben: „Der reizende Gatte, den man mir zugedacht, kam am Abend des 27. September 1728 an. Der König meldete es alsbald der Königin und befahl ihr, ihn wie einen Prinzen, der als ihr Schwiegersohn ausersehen sei, zu empfangen, da beschlossen sei, mich sofort zu verloben. Dies veranlasste eine neue Szene und zum Schluss verharrten wieder beide auf ihrem Standpunkt … Die Königin sagte mir erzürnt, dass sie wohl merke, wie ich schon eingeschüchtert und entschlossen sei, den dicken Johann Adolf zu heiraten; dass sie mich aber lieber tot als mit ihm vermählt sähe und mich tausendmal verfluchen würde, wenn ich fähig wäre, mich so weit zu vergessen. Ja, mit ihren eigenen Händen möchte sie mich erdrosseln, wenn ich zu einer solchen Absicht fähig wäre."

Was die Königin aber fast noch mehr gegen ihre Tochter aufbrachte, war die Tatsache, dass Wilhelmine plötzlich gar keine Lust mehr zu haben schien, den Prinzen von Wales zu heiraten, um einmal Königin von England zu werden. Ganz offensichtlich nämlich hatte der Preußenkönig dafür gesorgt, dass seiner Tochter brisante Informationen über den englischen Thronfolger zugespielt wurden. Wie die Prinzessin selbst mitteilt, war sie inzwischen darüber unterrichtet, dass auch Friedrich Ludwig einem ziemlich ausschweifenden Lebensstil huldigte, der nicht unbedingt ihren Vorstellungen entsprach: „Ich ahnte wohl, dass der Prinz von Wales sich nicht für mich eignete, da er nicht alle Eigenschaften besaß, die ich forderte. Andererseits entsprach mir der Herr von Weißenfels nicht minder. Von dem großen Missverhältnis zwischen uns abgesehen, war auch der Altersunterschied zu groß, ich zählte 19, er 43 Jahre. Sein Gesicht war eher unangenehm als sympathisch, er war klein und schrecklich dick; er war weltgewandt, insgeheim aber brutal und bei alledem von sehr lockeren Sitten. Man stelle sich vor, wie mir im Herzen zumute war!"

Natürlich kam diese Ehe nicht zustande. Es hat ohnehin nicht den Anschein, als habe es Friedrich Wilhelm wirklich ernst gemeint. Tatsächlich handelte es sich wohl eher um einen seiner groben „Scherze", eine Drohung, mit der er Tochter und Ehefrau gefügig machen wollte. Warum hätte er Wilhelmine auch mit einem Habenichts verheiraten sollen? Alle Töchter, die er in den nächsten Jahren unter die Haube brachte, heirateten Männer, von denen sich der Preußenkönig politische Vorteile versprach. Schließlich war nichts anderes Sinn und Zweck fürstlicher Ehen.

Die erste der Königstöchter, die vor den Traualtar trat, war die erst 15-jährige Friederike gewesen, die 1729 den Markgrafen von Ansbach heiratete und so den preußischen Erbanspruch auf die kleine Markgrafschaft festigte.

Die Stimmung im Berliner Schloss war unterdessen um keinen Deut besser geworden: „Die Leiden des Fegefeuers konnten den unseren nicht gleichkommen", schrieb Wilhelmine in ihren Memoiren. Erschwerend kam hinzu, dass der Preußenkönig damals unter heftigen Gichtanfällen litt, die ihn körperlich und seelisch gleichermaßen quälten: „Der arme König hatte große Schmerzen, und seine schwarze Galle, die sich in sein Blut ergossen hatte, war der Grund an seiner üblen Laune." Wilhelmine selbst erkrankte nach Friederikes Hochzeit an den Pocken und schwebte wochenlang zwischen Leben und Tod. Doch wider Erwarten erholte sie sich allmählich von der schweren Krankheit und zu ihrer großen Freude blieben – ganz anders als bei ihrer Mutter – keine entstellenden Narben im Gesicht zurück.

Doch es war keineswegs Wilhelmine, die damals am meisten litt. Wirklich unerträglich war die Situation für den jungen Kronprinzen. Zwischen den Ansprüchen des Vaters und den Wünschen der Mutter hoffnungslos hin und her lavierend sah er keinen anderen Ausweg als die Flucht aus seinem tyrannischen Elternhaus. Während der Preußenkönig cholerisch brüllte, Fritz mit dem Rohrstock verprügelte oder demonstrativ dessen geliebte Querflöte zerbrach, übte Sophie Dorothea eher subtilen Psychoterror aus. Friedrich war das bevorzugte Instrument, um ihren Willen durchzusetzen, und der bestand nach wie vor in der englischen Doppelhochzeit.

Als sich Wilhelmine noch von den Pocken erholte, ereignete sich 1730 die berühmt gewordene Familienkatastrophe: Gemeinsam mit seinem Freund Hans Hermann Katte (1704–1730), Offizier in Potsdam, versuchte der Kronprinz ins Ausland zu fliehen, was aber bekanntlich misslang. Friedrich Wilhelm, außer sich vor Zorn, ließ beide daraufhin vor ein Kriegsgericht stellen, das sich im Fall Friedrichs zwar für nicht zuständig erklärte, den jungen Katte aber zum Tode verurteilte. Und nicht nur das: Auf väterlichen Befehl hin musste Friedrich am 6. November 1730 der Hinrichtung seines Freundes durch das Fenster der Gefängniszelle zusehen, woraufhin er ohnmächtig zusammenbrach. Im Anschluss an diesen barbarischen Akt wurde der Kronprinz auf der Festung Küstrin inhaftiert. Von hier aus schrieb er dem Vater nach hinreichender Bedenkzeit einen reuevollen Brief, in dem er versprach, in Zukunft unbedingten Gehorsam zu leisten.

Wilhelmine bangte während dieser ganzen Zeit um das Leben ihres Bruders, das mitunter nur an einem seidenen Faden zu hängen schien. Doch auch sie selbst fühlte sich im Berliner Schloss wie eine Gefangene, die ganz den Launen des Vaters ausgesetzt war. Was würde sich der Preußenkönig wohl als Nächstes einfallen lassen? Die Antwort ließ nicht lange auf sich warten: Wilhelmine, so hatte Friedrich Wilhelm beschlossen, sollte den Erbprinzen von Bayreuth heiraten. Ihr Wohlverhalten, erklärte der Vater mit leicht drohendem Unterton, würde nicht zuletzt der Rehabilitierung des Kronprinzen zugute kommen. Mit anderen Worten: Wenn sich Wilhelmine weigerte, den Bayreuther zu heiraten, würde Friedrich weiterhin als Gefangener in Küstrin bleiben. Letztlich blieb ihr also keine andere Wahl, als dem Vorschlag des Vaters zuzustimmen, wollte sie ihrem jüngeren Bruder helfen. Und doch wird Wilhelmine vielleicht auch eine gewisse Erleichterung verspürt haben, dass endlich eine Entscheidung getroffen war und sie nicht länger als Spielball ihrer königlichen Eltern herhalten musste.

Die Reaktionen auf Wilhelmines positive Antwort hätten unterschiedlicher kaum sein können. Während der Vater höchst zufrieden war, tobte die Mutter. Sophie Dorothea empfand die Einwilligung Wilhelmines in die Heirat mit Friedrich von Bayreuth als „Verrat" und warf ihrer Tochter nicht nur „Bosheit des Herzens" und „niedere Gesinnung" vor, sondern verstieg sich angeblich sogar zu dem Satz: „Ich schwöre ewigen Hass und werde niemals verzeihen."

Doch das änderte nichts an der Tatsache, dass die Heirat längst beschlossene Sache war. Der künftige Bräutigam hatte sich bereits auf den Weg gemacht und kam am 27. Mai 1731 im Berliner Schloss an. Wilhelmine erinnerte sich noch gut an die Reaktion ihrer Mutter: „Das Medusenhaupt hat nie einen schrecklicheren Eindruck erweckt als diese Nachricht bei der Königin hervorrief. Sie stand ganz verwirrt und wechselte so oft die Farbe, dass wir alle eine Ohnmacht befürchteten … Am 28. vormittags kamen alle Fürstlichkeiten zur Königin. Den Prinzen von Bayreuth würdigte sie kaum eines Blickes ..."

Wilhelmine hingegen war von ihrem künftigen Ehemann, der zwei Jahre jünger war als sie selbst, durchaus angetan: „Dieser Fürst ist groß und von schönem Wuchs; er sieht vornehm aus; seine Züge sind weder regelmäßig noch schön, jedoch seine offene, einnehmende und sympathische Physiognomie entschädigt ihn für mangelnde Schönheit. Er schien sehr lebhaft, schlagfertig und keineswegs schüchtern ... Er ist sehr heiter, seine Unterhaltung ist angenehm, obwohl er einige Mühe beim Sprechen hat, da er stark mit der Zunge anstößt. Er fasst leicht auf und sein Verstand ist durchdringend. Seine Herzensgüte zieht ihm die Anhänglichkeit aller an, die ihn kennen. Er ist freigebig, mildtätig, gütig, höflich, zuvorkommend, nie übler Laune, mit einem Wort: Er besitzt alle Tugenden und ist frei von Laster." Wilhelmine musste zugeben, dass der Vater diesmal keine schlechte Wahl getroffen hatte. Der Bayreuther Friedrich war durchaus gebildet, hatte in Genf studiert und teilte auch ihre musischen Interessen, spielte Cello, komponierte und malte. Fast hat es sogar den Anschein, als habe sich Wilhelmine tatsächlich in Friedrich verliebt. Schon am 3. Juli 1731 fand im Berliner Schloss die Verlobungsfeier statt. Der Hochzeitstermin wurde auf den 20. November festgesetzt.

*„Die Königin war wütend" – Hochzeit mit Hindernissen*

Natürlich wusste Wilhelmine, dass Bayreuth nur ein „kleines Nest" und nicht gerade der Nabel der Welt war. Auch ihr Bruder Friedrich schrieb nach der Verlobung skeptisch aus Küstrin: „Wenn Du meine Meinung über Deine Heirat hören willst, muss ich Dir sagen: Es schmerzt mich tief, dass Deine schönen Eigenschaften nicht vor den Augen Europas glänzen; denn nur in England kannst Du sein, wozu Du bestimmt bist. Aber wenn der Erbprinz hübsch ist, wie Du schreibst, könnt ihr vielleicht friedlicher leben als dort ... Freilich, mir persönlich ist die Ehe zuwider ..." Doch Friedrichs Meinung war hier nicht gefragt.

Der Grund, Wilhelmine nach Bayreuth zu verheiraten, war der

gleiche wie bei der Verbindung ihrer Schwester Friederike mit dem Markgrafen von Ansbach zwei Jahre zuvor: die Sicherung möglicher Erbansprüche. Die Hohenzollern waren von Hause aus ein schwäbisches Geschlecht, dessen Besitzungen zwischen dem oberen Neckar und der oberen Donau lagen. Nachdem Graf Friedrich III. von Zollern kurz vor 1192 das Nürnberger Burggrafenamt erhalten hatte, teilte sich das Haus um 1214 in eine schwäbische und eine fränkische Linie. Dem fränkischen Zweig der Familie gelang es noch im 13. Jahrhundert, seinen Besitz in Ober- und Mittelfranken (Kulmbach, Bayreuth und Ansbach) zu erweitern, sodass Burggraf Friedrich VI. bereits der größte Territorialherr in Franken war, als er 1417 mit der Mark Brandenburg belehnt wurde.

Kurfürst Albrecht Achilles (reg. 1470–1486) legte schließlich mit der Hausordnung „Dispositio Achillea" fest, dass die Mark Brandenburg zusammen mit der Kurwürde ungeteilt dem erstgeborenen Sohn vorbehalten blieb, wohingegen die fränkischen Lande als Sekundogenitur unter die jüngeren Söhne aufgeteilt werden konnten. So entstand damals auch die Markgrafschaft Bayreuth. Die Markgrafen waren entfernte Verwandte des preußischen Königshauses, auch wenn es sich nur um die „armen" Verwandten handelte. Sollte es eines Tages keinen männlichen Erben geben, dann würde die Bayreuther Markgrafschaft an Preußen fallen.

Königin Sophie Dorothea, die noch während Wilhelmines Verlobungsfeier keinen Zweifel daran gelassen hatte, wie sehr sie ihre Tochter für deren Gehorsam dem Vater gegenüber verachtete, zeigte sich am Tag vor der Hochzeit plötzlich wie umgewandelt und war die Freundlichkeit in Person. Wilhelmine aber musste nicht lange raten, um den wahren Grund für den mütterlichen Stimmungsumschwung herauszubekommen: Sophie Dorothea hatte heimlich Kontakt zu ihrem englischen Bruder aufgenommen, um Wilhelmines Heirat mit Friedrich von Bayreuth in letzter Minute doch noch zu verhindern! Jetzt hoffte sie inständig auf positive Nachrichten aus England. Deshalb erteilte die Preußenkönigin Wilhelmine noch ein paar wichtige Instruktionen, wie sie sich in der Hochzeitsnacht zu verhalten habe: Komme was da wolle, befahl die Mutter, auf keinen Fall dürfe die junge Frau das Bett mit ihrem Ehemann teilen, denn nur wenn die Ehe nicht vollzogen würde, bestünde auch die Möglichkeit, sie anschließend wieder zu annullieren. So zumindest schreibt es Wilhelmine in ihren Memoiren. Leider verschweigt sie uns, was sie selbst von den mütterlichen „Ratschlägen" hielt, sondern berichtet nur lapidar: „Ich wollte etwas erwidern, dann kam der König hinzu, und es war nicht mehr möglich, mit ihr zu reden."

Zum Reden war es ohnehin zu spät, denn Wilhelmines Hochzeit fand bereits am nächsten Tag, dem 20. November 1731, statt. Während Sophie Dorothea also in atemloser Spannung auf den Boten aus England wartete, wurde Wilhelmine bereits als Braut eingekleidet: „Mein Kleid bestand aus einem sehr reichen, golddurchwirkten Silberstoff, und meine Schleppe war zwölf Ellen lang. Ich erstickte schier in diesem Aufzug … Man setzte mir die Königskrone auf und 24 faustdicke Locken."

Schauplatz der Hochzeit war traditionell die „gute Stube" des Berliner Schlosses, der „Weiße Saal" im Nordwestflügel, der 1728 anlässlich des Besuchs Augusts des Starken neu gestaltet worden war. Den Namen hatte er aufgrund seiner reichen Ausstattung mit weißem Stuckmarmor und versilberten Ornamenten erhalten. Der Saal diente gleichzeitig der Ausstellung des großen königlichen Silberschatzes, was sein edles Ambiente noch zusätzlich verstärkte. Nach Wilhelmines Aussage befand sich hier „für zwei Millionen Silbergerät", weil der Vater etwas haben wollte, „was kein Monarch in Europa noch gesehen hatte."

Drei Kanonenschüsse verkündeten den Berlinern, dass das Brautpaar soeben seinen Segen erhalten hatte. Es folgte der übliche, für alle Beteiligten ermüdende Gratulationscour und dann konnte endlich gefeiert werden. Nachdem das Fest mit dem traditionellen Fackeltanz zu Ende gegangen war, wurde es für das junge Paar ernst. Doch selbst die Hochzeitsnacht war alles andere als Privatsache: „Nach vollendetem Tanz führte man mich in das erste Gemach, in dem man ein Bett unter rotsamtenem, mit Perlen besetzten Baldachin aufgeschlagen hatte. Der Etikette nach hätte die Königin mich auskleiden sollen, aber sie hielt mich dieser Ehre nicht für würdig und reichte mir nur das Hemd. Meine Schwester (Friederike) und die Prinzessinnen leisteten mir statt ihrer Hilfe. Als ich im Nachtkleide war, nahmen alle Abschied von mir und zogen sich zurück mit Ausnahme meiner Ansbacher Schwester und der Herzogin von Bevern. Man führte mich dann in mein eigenes Gemach zurück, wo mich der König niederknien und laut das Glaubensbekenntnis und das Vaterunser aufsagen ließ. Die Königin war wütend und gab es allen zu fühlen." Auf den Boten aus England hatte sie nämlich vergeblich gewartet ...

Doch nicht nur Königin Sophie Dorothea hatte äußerst schlechte Laune. Als Wilhelmine am folgenden Tag plötzlich ihren Bruder Friedrich unter den Hochzeitsgästen entdeckte, war sie zunächst überglücklich. Der Vater hatte also Wort gehalten! Aber das Wiedersehen mit Friedrich verlief völlig anders als erwartet, denn der Kronprinz zeigte sich der Schwester gegenüber kalt und unnahbar: „Ich muss gestehen, dass mich sein Verhalten ganz aus der Fassung brachte ... Ich erkannte diesen teuren Bruder, für den ich mich aufgeopfert hatte, nicht wieder", schreibt sie in ihren Memoiren. Über den Grund für Friedrichs seltsames Verhalten lässt sich nur spekulieren. Vermutlich aber hatte ihn der königliche Vater kurz zuvor darüber in Kenntnis gesetzt, dass auch seine eigene Heirat beschlossene Sache war – und zwar ausgerechnet mit einer Prinzessin, die der Kronprinz strikt ablehnte: Elisabeth Christine von Braunschweig-Bevern. Schon seit Monaten wusste Friedrich, dass der Vater ihn verheiraten wollte. Mehrere Kandidatinnen standen zur Auswahl. Im Juni 1731 hatte Friedrich daher an Wilhelmine geschrieben: „Ich neige zu der Prinzessin von Sachsen-Eisenach und mag die Bevernsche nicht." Nun aber war die väterliche Entscheidung gefallen, eine Entscheidung, die nicht nur Friedrich selbst, sondern auch Königin Sophie Dorothea zutiefst bestürzte. Vielleicht hielt es der Kronprinz aus diesem Grund für angebracht, seine miserable Stimmung nun demonstrativ zur Schau zu stellen, um die Mutter nicht noch zusätzlich zu verärgern. Warum er sich freilich Wilhelmine gegenüber so kühl zeigte, bleibt weiterhin rätselhaft. Spielte da etwa gar eine gewisse Eifersucht mit?

*Spinnweben und saurer Wein – Wilhelmines Ankunft*
*in Bayreuth*

Anfang Januar 1732 musste Königin Sophie Dorothea endgültig von ihrem schönen englischen Traum Abschied nehmen: Wilhelmines Ehe mit Friedrich von Bayreuth konnte definitiv nicht mehr annulliert werden, denn die frisch verheiratete Prinzessin war bereits schwanger: „Ich fühlte mich schon seit einiger Zeit sehr unpass", erinnerte sie sich später, „die Gründe hierfür schienen mir infolge meiner fortgesetzten inneren Aufregung zu liegen infolge all der Leiden, die mich betroffen hatten. Ich wollte meine Andachten verrichten; aber in der Kirche überfiel mich eine Ohnmacht, die mehrere Stunden andauerte. Als ich daraus erwachte, lag ich im Bett, von der Königin und einer Menge umringt, die mir beistehen wollten. Der Arzt erklärte, dass ich guter Hoffnung sei." Damit aber hatte sich Wilhelmine endgültig aus der mütterlichen Umklammerung gelöst. Endlich konnte sie das Berliner „Pulverfass" verlassen!

Am 11. Januar 1732 nahmen Wilhelmine und Friedrich von Bayreuth Abschied von Berlin. Wie nicht anders erwartet, blieb Sophie Dorothea „kalt, ohne jede Rührung noch Zärtlichkeit", während der Rest der Familie der scheidenden Tochter und Schwester tränenreich Lebewohl sagte und ihr alles Gute für das neue Leben als künftige Markgräfin von Bayreuth wünschte. Der Gemahl saß derweil schon ein wenig ungeduldig wartend in der Kutsche, etwas verstimmt, weil er sich noch immer über Wilhelmines unerwartet niedrige Aussteuer ärgerte. Der Preußenkönig hatte lediglich die üblichen 40 000 Taler bewilligt, doch Friedrich hatte insgeheim wohl mehr erwartet. Sein Land war arm, seine Frau hingegen durchaus anspruchsvoll. Er fürchtete ohnehin, dass Wilhelmine von ihrem neuen Zuhause zutiefst enttäuscht sein würde …

Mit in der Kutsche saßen Wilhelmines ehemalige Gouvernante Dorothea von Sonsfeld, deren Schwester Flora sowie Nichte Wilhelmine von der Marwitz, eine äußerst hübsche junge Frau, die in Zukunft noch für allerlei Aufregung sorgen sollte.

Die winterliche Reisezeit war vor allem für die schwangere Wilhelmine äußerst ungünstig. Es war bitterkalt und die fürstliche Kutsche rumpelte über schlechte und vereiste Straßen. Am zweiten Tag ereignete sich sogar ein Unfall, der die Reisenden in Angst und Schrecken versetzte: Auf einer glatten Straße kippte das Gefährt zur Seite und Wilhelmine wurde von „zwei geladenen Pistolen und zwei Koffern getroffen", glücklicherweise jedoch ohne verletzt zu werden. Auch eine zunächst befürchtete Fehlgeburt blieb aus, sodass die Reise doch noch ohne weitere Komplikationen fortgesetzt werden konnte.

„Endlich erreichte ich Hof, die erste Stadt auf Bayreuther Gebiet. Ich wurde unter Kanonendonner feierlich empfangen", erinnerte sich Wilhelmine später. Doch gleichzeitig erlebte die stolze Preußin wohl auch ihre erste große Enttäuschung in der neuen Heimat, denn die fränkischen Adeligen, die sie so jubelnd begrüßten, „sahen alle aus wie der Knecht Ruprecht; statt der Perücken ließen sie ihre Haare tief ins Gesicht hineinfallen, und Läuse von ebenso alter Herkunft wie sie selbst hatten in diesen Strähnen seit undenklichen Zeiten ihren Wohnsitz aufgeschlagen; ihre sonderbaren Figuren waren mit Gewändern behangen, deren Alter dem der Läuse nicht zurückstand. Ihre groben Manieren standen mit ihrem Äußeren in vollem Einklang; man hätte sie für Bauernlümmel halten können ..." Damit war eingetroffen, was Friedrich von Bayreuth bereits befürchtet hatte: Wilhelmine fand kein gutes Wort für ihre neue Heimat. Sie, die angeblich daheim, im „Sparta des Nordens", so knapp gehalten worden war, dass sie sich kaum satt essen konnte, blickte nun mit einer unglaublichen Überheblichkeit und Verständnislosigkeit auf ihre künftigen Untertanen herab.

Ähnliches galt für ihre Ankunft in Bayreuth selbst am 22. Januar 1732. Der Schwiegervater, Markgraf Georg Friedrich Karl, erwartete sie bereits mit seinen beiden Töchtern Sophie Charlotte und Sophie Wilhelmine sowie dem gesamten Hofstaat auf der Treppe des Bayreuther Schlosses, um das junge Paar herzlich zu begrüßen. Dennoch war Wilhelmine „etwas pikiert über diesen Empfang", denn auch hier wirkte in ihren Augen alles viel zu ärmlich. Eine Schwiegermutter gab es übrigens nicht, und das war ein wunder Punkt in der markgräflichen Familie. Prinzessin Dorothea von Holstein-Beck (1685–1761), die Georg Friedrich Karl 1709 geheiratet hatte, war dem Markgrafen nach der Geburt ihrer Kinder untreu und daher aus Bayreuth verbannt worden. Jetzt büßte sie ihr Fehlverhalten auf Schloss Statflo im fernen Schweden.

Auch für den markgräflichen Schwiegervater hatte Wilhelmine nur Verachtung übrig: „Dieser Fürst zählte damals 43 Jahre und war weder schön noch hässlich zu nennen; sein falscher Gesichtsausdruck hatte nichts Einnehmendes, und man kann ihn als nichtssagend bezeichnen, er war außerordentlich mager und krummbeinig; es fehlte ihm jede Grazie und Würde, so sehr er sie auch anstrebte, mit seinem kränklichen Körper verband er einen sehr bescheidenen Geist und wusste es für so wenig, dass er sich für talentvoll hielt." Des Weiteren charakterisierte Wilhelmine den Markgrafen als „eifersüchtig und argwöhnisch. Sein Hauptfehler war seine Trunksucht, denn er trank von morgens bis abends, was seinen Geist sehr schwächen half ..."

Das äußerst einseitig-negative Bild, das Wilhelmine in ihren Memoiren vom Schwiegervater entworfen hat, bedarf doch einiger Korrekturen. Der seit 1726 regierende Markgraf war nämlich tatsächlich ein sehr ambitionierter und beliebter Landesvater, der sich vor allem um das Wohlergehen seiner Untertanen kümmerte. Im Gegensatz zu seinen Vorgängern betrieb er daher eine drastische Sparpolitik, was Hofhaltung und fürstliche Repräsentation betraf. Ähnlich wie der Preußenkönig hatte auch er seinen Hofstaat wesentlich verkleinert, das Theater aufgelöst, Schauspieler entlassen. Doch der Markgraf sparte selbst beim Militär. Dafür aber ließ Georg Friedrich Karl ein Waisenhaus sowie eine gut bestückte Hofbibliothek errichten, die jedermann benutzen konnte.

Doch das scheint Wilhelmine nur wenig interessiert zu haben. Sie war offenbar mit der Erwartung nach Bayreuth gekommen, hier als Fürstin, wenn auch als vergleichsweise unbedeutende Fürstin, angemessen repräsentieren zu können und fühlte sich nun regelrecht betrogen. Selbst das Bayreuther Schloss, das ihr vom Markgrafen persönlich gezeigt wurde, spottete ihrer Ansicht nach jeglicher Beschreibung: Die Gemächer waren „so schön, dass ich einen Augenblick bei ihnen verweilen muss. Es führte ein langer, mit Spinnweben überzogener Korridor hin, der so schmutzig war, dass es einem ganz übel wurde. Ich trat in ein großes Zimmer, dessen Decke, obwohl sie altfränkisch war, die Hauptzierde bildete ... Das Nebenkabinett war mit schmutzigem Brokat ausgeschlagen; dann kam ein zweites, dessen durchstochene grüne Damastmöbel von prächtiger Wirkung waren; ich sage durchstochen, denn sie waren zerfetzt, die Leinwand kam überall zum Vorschein ..." Voller Zynismus kommentierte Wilhelmine auch den Zustand ihres Schlafzimmers: „Mein Bett war so schön und so neu, dass es nach 14 Tagen keine Vorhänge mehr hatte, denn sie waren ganz verschlissen. Diese Pracht war ich nicht gewohnt."

Die Bayreuther Hofgesellschaft bestand angeblich nur aus „Landpomeranzen, Intriganten, Tölpeln und Narren", die zudem einen Dialekt sprachen, der für Wilhelmine, die elegantes Französisch zu parlieren pflegte, fremd und zum Teil sogar unverständlich war. Aber die Liste der Unzulänglichkeiten schien ohnehin endlos zu sein: „Ich war von diesem Hofe sehr wenig erbaut, noch weniger von der schlechten Kost, die wir an diesem Abend vorfanden; es gab ganz verteufelte Ragouts, mit saurem Wein, dicken Rosinen und Zwiebeln bereitet. Zu Ende der Mahlzeit wurde mir übel und ich sah mich genötigt, mich zurückzuziehen. Man hatte nicht die geringste Aufmerksamkeit für mich gehabt: meine Gemächer waren nicht geheizt worden, die Fenster waren zerbrochen, was eine unerträgliche Kälte verursachte. Die ganze Nacht hindurch fühle ich mich sterbenskrank, und ich verbrachte sie in Schmerzen und traurigen Betrachtungen über meine Lage. Ich befand mich in einer neuen Welt mit Leuten, welche Dorfbewohnern ähnlicher sahen denn Höflingen; die Armut herrschte überall." Doch Wilhelmine musste nicht nur diese Nacht überstehen, sondern sich wohl oder übel auf Dauer mit ihrer neuen Heimat arrangieren, mochte Bayreuth nun ihren Erwartungen entsprechen oder nicht.

### Geburt der Tochter

Lediglich an Friedrich, ihrem Gemahl, hatte Wilhelmine nichts auszusetzen: „Ich liebte ihn leidenschaftlich", gestand sie. „Die Gleichheit der Gemütsart und der Charaktere ist ein starkes

Band; in uns war sie vorhanden und es war die einzige Linderung meiner Leiden." So arg dürften Wilhelmines „Leiden" in Bayreuth freilich nicht gewesen sein, denn der Markgraf beeilte sich nicht nur, mögliche Schäden in ihren Gemächern ausbessern zu lassen, er schenkte seiner Schwiegertochter noch im selben Jahr 1732 das Schlösschen Monplaisir, das schon bald zu Wilhelmines Lieblingsaufenthalt wurde. In späteren Jahren machte sie sich mit Eifer daran, Schloss und Garten immer weiter zu verschönern. Doch Wilhelmine und Friedrich konnten bereits den ersten gemeinsamen Sommer auf Monplaisir verbringen.

Auch ansonsten fehlte es keineswegs an höfischen Zerstreuungen, denn am 26. April 1732 schrieb Wilhelmine an ihren Bruder Friedrich nach Berlin: „Wir haben bisher ein Fest nach dem anderen gehabt … Ich kann mir das freilich nicht zunutze machen, denn ich bin immer noch leidend und kann nicht tanzen." Dieses „Leiden" bezog sich ganz offensichtlich auf Wilhelmines Schwangerschaft. Im August sollte ihr erstes Kind zur Welt kommen.

Im August jedoch kam zunächst Preußenkönig Friedrich Wilhelm nach Schloss Monplaisir, um mit eigenen Augen zu sehen, wie es seine Älteste in ihrem neuen Zuhause angetroffen hatte. Ungeachtet ihrer gesundheitlichen Probleme tat Wilhelmine offenbar ihr Bestes, um dem Vater den Aufenthalt so angenehm wie möglich zu gestalten. Der fand bei seiner Ankunft daher gleich lobende Worte, da er alles „wie zu Hause" angetroffen habe. „Meine Zimmer sind wie in Potsdam eingerichtet", freute er sich, „ich fand meine Schemel, meine Tische und meine Gefäße, um mich zu waschen." Letzteres war damals in einem Fürstenhaushalt eher unüblich, doch Wilhelmine trug der väterlichen „Marotte" gerne Rechnung. So wurde es ein unerwartet harmonisches Wiedersehen, und in gehobener Stimmung lud Friedrich Wilhelm Tochter und Schwiegersohn nach Berlin ein, wenn Wilhelmines Schwangerschaft erst einmal glücklich überstanden sein würde. Am liebsten hätte er seine Älteste gleich mitgenommen, damit sie ihr Kind „zu Hause" zur Welt bringen konnte. Doch dem stand nicht nur ein ausdrückliches Verbot des markgräflichen Leibarztes entgegen, es wäre auch einem Affront gegen die Bayreuther Untertanen gleichgekommen.

Kurz nach der Abreise des Königs kehrte das Erbprinzenpaar wieder ins Bayreuther Schloss zurück. Beeindruckt musste Wilhelmine feststellen, dass ihr Schlafgemach in der Zwischenzeit komplett renoviert und ganz nach ihrem Geschmack eingerichtet worden war. Wirklich ein herzlicher Willkommensgruß! Am 31. August 1732 brachte Wilhelmine nach einer offensichtlich schweren Geburt eine Tochter zur Welt, die drei Tage später auf den Namen Elisabeth Friederike Sophie getauft wurde.

„Ich kann Dir kaum beschreiben, wie froh ich war, als ich die Nachricht von Deiner glücklichen Entbindung erhielt", schrieb der Kronprinz am 5. September aus Berlin, „Gott sei immerdar gelobt, dass er Dich so glücklich aus dieser Gefahr gerettet hat und mit Deinem Leben auch mir das meine wiedergibt! Ich bin hochbeglückt und kann Dir nicht genug dafür danken, dass Du mich zum Paten meiner kleinen Nichte erkoren hast. Du konntest Dir niemanden aussuchen, der mehr Ehrerbietung und Anhänglichkeit für die Mutter, noch mehr Freundschaft für die Tochter hegt ..."

Dem Brief nach zu urteilen, war das Verhältnis des Kronprinzen zu Wilhelmine scheinbar wieder wie früher. Friedrich teilte seiner Schwester des Weiteren mit, dass ihm der König wegen der bevorstehenden Hochzeit mit Elisabeth Christine zwar „zusetze", ihn ansonsten aber gut behandle. Wilhelmine wartete derweil voller Ungeduld auf die bevorstehende Reise nach Berlin und das Wiedersehen mit ihrem Bruder. Glücklicherweise erholte sie sich rasch von den Strapazen der schweren Geburt, sodass schon bald die Vorbereitungen für die Fahrt getroffen werden konnten. Dass die kleine Friederike ihre Mutter nicht begleiten würde, stand außer Frage. Das Mädchen wurde der Obhut seiner liebevollen Kinderfrau überlassen, Flora von Sonsfeld, einer Schwester der langjährigen Gouvernante Wilhelmines, die sie nach Bayreuth begleitet hatte.

## Wieder in Berlin

Am 12. November 1732 bestieg Wilhelmine die Kutsche, die sie nach Berlin bringen sollte. Diesmal reiste sie ohne ihren Gemahl, denn Friedrich befand sich zu diesem Zeitpunkt schon in Pasewalk. Dort war sein preußisches Regiment stationiert, das er kurz vor der Hochzeit übernommen hatte. Vier Tage später erreichte die markgräfliche Kutsche das Berliner Schloss. Der Empfang fiel jedoch unerwartet frostig aus, denn Kronprinz Friedrich war nicht in Berlin, der Preußenkönig befand sich noch in Potsdam, und Königin Sophie Dorothea musste allein die Aufgabe übernehmen, die Bayreuther Tochter daheim zu begrüßen. Doch die Königin konnte noch immer nicht verzeihen, dass Wilhelmine diesen „Hungerleider" geheiratet hatte: „Sie hätten ruhig in Bayreuth bleiben sollen, um Ihre Schande dort zu verbergen, ohne sie auch hier zur Schau zu tragen." Das waren angeblich die mütterlichen Begrüßungsworte, die bei Wilhelmine sofort die Tränen fließen ließen. Glücklicherweise aber war Friedrich von Bayreuth aus Pasewalk angekommen, sodass er seine verstörte Gemahlin tröstend in die Arme schließen konnte.

Doch selbst mit ihm fühlte sich Wilhelmine in Berlin nicht sonderlich wohl, denn nichts lief nach ihren Wünschen. Das Wiedersehen mit dem ältesten Bruder war ungewiss, da sich der Kronprinz nach wie vor bei seiner Garnison in Ruppin aufhielt. So konnten sie auch jetzt nur schriftlich miteinander verkehren. Am 29. November klagte ihm Wilhelmine daher ihr Leid, was den unbefriedigenden Aufenthalt in Berlin betraf: „Über unsere Vergnügungen wirst Du sicherlich schon gehört haben. Allabendlich ist Theater. Die Schauspielerinnen sehen aus wie Notre Dame de Lorette in ihrem prächtigen, aber altväterischen Putz, der wahrscheinlich schon bei Adam und Evas Hochzeit getragen wurde. Und die Schauspieler haben eine besondere Begabung, die Cäsars und Alexanders in Verruf zu bringen; denn sie spielen ihre Rollen so schlecht, dass man sie für Narren halten könnte. Das edle Theaterspiel, das mich an den Komödiantenroman erinnert, dauert stundenlang, sodass ein jeder einschläft und die Aufführung mit einem Schnarchen begleitet, das ebenso viel taugt wie das Stück."

Der jammervolle Zustand hielt an. Mutter Sophie Dorothea war nach wie vor unversöhnlich und auch der Vater zeigte sich meistens mürrisch, aus gutem Grund. Die Königsfamilie hatte allen Anlass, sich um die Gesundheit Friedrich Wilhelms größte

Sorgen zu machen. Wie Wilhelmine schrieb, sah er „sehr verändert aus und der Leib schwoll ihm des Nachts stets an." Der Preußenkönig litt unter Gicht und massiven Herzproblemen, die man damals noch unter dem Begriff „Wassersucht" zusammenfasste. Seine unbezähmbare Esslust, die sich mit Vorliebe auf schwer verdauliche Speisen richtete, sein rücksichtsloser Arbeitsstil, die Strapazen tage- und wochenlanger Besichtigungsreisen – das alles blieb nicht ohne Folgen für seine Gesundheit. Der König wurde immer kurzatmiger und die Gichtanfälle, die von Jahr zu Jahr schlimmer wurden, bereiteten ihm fast unerträgliche Schmerzen. Wenn er es nicht mehr aushielt, setzte er sich gewöhnlich zur Ablenkung an seine Staffelei und malte in bunten Farben seine geliebten „langen Kerls" oder andere Motive, die er stets mit dem Satz „in tormentis pinxit" signierte – unter Schmerzen gemalt. Mit seinen 45 Jahren war Friedrich Wilhelm ein todkranker Mann, der nur noch von seinem starken Pflichtgefühl und unbändigen Lebenswillen aufrecht erhalten wurde.

Zu Ostern siedelte die gesamte Königsfamilie nach Potsdam über, was Wilhelmines Stimmung jedoch nicht verbesserte: „Das traurige Leben, das wir dort führten, war dem Geist und dem Körper gleich unerträglich. Das Essen war so schlecht und karg, dass man nicht davon satt wurde." Auch hier herrschte nach Wilhelmines Empfinden dermaßen unerträgliche Langeweile, dass sie am liebsten gleich nach Bayreuth zurückgekehrt wäre, obwohl es dort nach ihrem eigenen Bekunden ja auch nicht besser war …

Es fällt auf, dass in Wilhelmines Erinnerungen an den Aufenthalt in Berlin und Potsdam zwar ständig von ihren mannigfachen „Leiden" die Rede ist, kein einziges Mal aber von ihrem Töchterchen Friederike, das sie vor mehreren Monaten in Bayreuth zurückgelassen hatte. Hat sie in all dieser Zeit tatsächlich keinen einzigen Gedanken an das Kind „verschwendet"? Hat sie von der Kinderfrau Flora von Sonsfeld überhaupt keine Nachrichten erhalten, die wichtig genug waren, in den Lebenserinnerungen festgehalten zu werden? Das ist kaum vorstellbar. Es gibt jedoch keinen einzigen Beleg dafür, dass Wilhelmine ihr kleines Mädchen wirklich vermisst hat.

Selbst den Potsdamer Frühling konnte Wilhelmine nicht genießen: „Wir mussten jeden Abend im Garten des Königs zubringen", schrieb sie, „Er hatte diesen Garten Marli genannt, der Himmel mag wissen, warum. Es war ein sehr schöner Obstgarten, wo der König sich ein Vergnügen gemacht hatte, die schönsten Fruchtarten Europas zu züchten." „Marli – der Himmel mag wissen, warum". Hätte Wilhelmine ihren Vater gefragt, so hätte er ihr die Namensgebung sicher gerne erklärt. Bei dem im Westen von Paris gelegenen Marly handelte es sich um die aufwändige Gartenanlage, die Ludwig XIV. seinerzeit hatte anlegen lassen. Nicht weniger als 500 Gärtner waren mit der Pflege dieses riesigen Parks beschäftigt. Berühmter Mittelpunkt der Gartenanlage war eine große Kaskade, die, begleitet von einer Fülle von Statuen und Vasen, in 63 Marmorstufen aufstieg. Eine komplizierte, von aller Welt bewunderte Maschine pumpte das Wasser des Flusses Seine auf die Höhe des Hügels, von wo aus es über die Kaskade in ein Becken hinabstürzte.

Das preußische Marly hatte freilich nichts mit dem französischen gemein. In Potsdam beschränkte sich Friedrich Wilhelm auf Obst- und Gemüsebeete, ein Orangen- sowie ein Melonenhaus. Und doch befand sich das „preußische Marly" an einer Stelle, die später weltberühmt werden sollte: am Fuß des „Wüsten Berges", auf dem Friedrich der Große später sein Schloss Sanssouci errichten ließ. Den Namen „Marly" aber hatte Friedrich Wilhelm seinem einfachen Nutzgarten mit ironischem Augenzwinkern gegeben und damit einen feinsinnigen Humor bewiesen, den die bissige und spöttische Wilhelmine wohl nicht nachvollziehen konnte.


### Schwägerin Elisabeth Christine

Jetzt gab es endlich auch ein Wiedersehen mit dem Kronprinzen, der zum Osterfest nach Potsdam kam. Wilhelmine war überglücklich, dass sich die alte Vertrautheit gleich wieder einstellte, nachdem ihr die Begegnung auf ihrer Hochzeit damals doch einige Rätsel aufgegeben hatte. Bruder und Schwester hatten sich viel zu erzählen, wobei das wichtigste Thema natürlich die bevorstehende Hochzeit Friedrichs mit Elisabeth Christine von Braunschweig-Bevern war. Mutter Sophie Dorothea, erfuhr Wilhelmine, war darüber womöglich noch unglücklicher als Friedrich selbst. Eine nichtssagende Bevern-Prinzessin! Es kränkte ihren königlichen Stolz, dass dieses Herzogtum klein und unbedeutend, die künftige Schwiegertochter weder sonderlich hübsch noch geistreich war. Unausgesetzt schürte sie die ohnehin schon vorhandene Abneigung Friedrichs gegen seine zukünftige Frau. Doch der königliche Vater hatte ein endgültiges Machtwort gesprochen und seinem Sohn eine Braut verpasst, die von ihm sehr hoch geschätzt wurde, mochte das Haus Bevern auch noch so einflusslos sein. Schließlich war Herzog Ferdinand Albrecht, der Vater Elisabeth Christines, ein langjähriger Freund des Königs, der gewissenhaft seinen Dienst im preußischen Heer leistete.

Wilhelmine erinnerte sich noch gut an jenen Brief, den Friedrich ihr nach seiner Verlobung mit Elisabeth Christine am 10. März 1732 geschrieben hatte: „Die Prinzessin hat ein ganz hübsches Gesicht, aber tief liegende Augen und einen hässlichen Mund. Sie hat einen bäuerischen Gang und einen Blick von unten herauf … ein unangenehmes Lachen, einen Gang wie eine Ente, schlechte Zähne, ist sehr schlecht angezogen, ängstlich in der Unterhaltung und fast stets stumm. Davon abgesehen hat sie einen schönen Teint, einen schönen Busen, eine schöne Figur in deiner Größe, hübsche Hände, blondes Haar, ein gutes Herz. Sie ist nicht launenhaft, sondern höflich, aber stets zu viel oder zu wenig, recht bescheiden, sehr schlecht erzogen und ohne die geringste Lebensart. Nach diesem Bild, liebste Schwester, kannst Du sagen, dass sie mir gar nicht gefällt und ich über diese Heirat sehr wütend bin. Man kann voraussehen, dass es eine sehr schlechte Ehe geben wird … Jedermann hält das hier entworfene Bild für zutreffend. Ich besitze noch nicht einmal Achtung für sie und ich fürchte sehr, so weit kommt es nie."

Mehr als ein Jahr war seitdem vergangen und wie Wilhelmine jetzt erfuhr, hatte sich an Friedrichs Einstellung nicht das Geringste geändert. Nur zu gerne hätte sie Elisabeth Christine persönlich in Augenschein genommen, doch ein wenig musste sie sich noch gedulden.

Die Hochzeit des preußischen Kronprinzen fand am 12. Juni 1733 in Salzdahlum statt, einem kleinen Lustschloss, das Elisabeth Christines Großvater vor den Toren Wolfenbüttels seinerzeit gebaut hatte. Wenige Tage zuvor reisten Sophie Dorothea und Friedrich Wilhelm mit unterschiedlichen Empfindungen aus Berlin ab, während Wilhelmine zurückblieb und ungeduldig auf eine Nachricht ihres Bruders wartete. Friedrich schrieb ihr noch in der Hochzeitsnacht: „Liebste Schwester. Soeben ist die ganze Zeremonie vorüber. Gott sei gedankt, dass sie überstanden ist! Ich hoffe, Du wirst es als Freundschaftsbeweis ansehen, dass ich Dir die erste Nachricht davon gebe. Hoffentlich sehe ich Dich bald wieder und kann Dir versichern, dass ich ganz der Deine bin."

Es dauerte nicht mehr lange, bis sich Wilhelmine endlich selbst ein Bild von ihrer neuen Schwägerin machen konnte, denn am 24. Juni kam das junge Paar nach Berlin, Elisabeth Christine durchaus in ängstlicher Erwartung vor Friedrichs „Lieblingsschwester".

Es war tatsächlich kaum anzunehmen, dass Wilhelmine das neue Familienmitglied mit offenen Armen aufnehmen würde. Schon bald stellte sich auch heraus, dass sie Elisabeth Christine ebenso gering schätzte wie Friedrich selbst: „Nachdem sie uns alle begrüßt hatte, führte sie der König in die Gemächer der Königin, und da er sah, dass sie sehr echauffiert und ihre Frisur in Unordnung geraten war, befahl er meinem Bruder, sie in ihre eigenen Zimmer zu führen. Ich folgte ihr dorthin. Mein Bruder stellte mich ihr mit den Worten vor: ‚Hier ist meine Schwester, die ich über alles liebe und der ich unendlich verpflichtet bin. Sie hatte die Güte, mir zu versprechen, dass sie sich Ihrer annehmen wolle; sie soll Ihnen mehr als der König und die Königin gelten und Sie dürfen nicht das Geringste unternehmen, ohne vorher ihren Rat eingeholt zu haben, verstehen Sie mich?' Ich umarmte die Kronprinzessin und sagte ihr alles Liebe, aber sie blieb wie eine Statue, ohne ein Wort zu sagen. Da ihre Leute noch nicht gekommen waren, puderte und richtete ich sie selbst wieder zurecht, ohne dass sie sich dafür bedankte noch auf meine Freundlichkeiten irgendwelche Antworten gab. Mein Bruder wurde zuletzt ganz kribbelig und sagte zuletzt laut: ‚Zum Teufel mit der Gans! Danken Sie doch meiner Schwester!' Darauf machte sie eine Verbeugung wie in Molières Schule der Frauen. Ich führte sie zurück zur Königin und war sehr wenig erbaut von ihrem Geist."

Anders als ihre Schwester Charlotte, die zunächst auch über die schüchterne Bevern-Prinzessin gespottet hatte, ist Wilhelmine von ihrem harten Urteil niemals abgerückt. Nur wenige Tage später, am 2. Juli 1733, fand in Berlin eine weitere Hochzeit statt: Als dritte der preußischen Prinzessinnen wurde Charlotte mit Karl von Braunschweig-Bevern verheiratet, dem Bruder Elisabeth Christines. Am Tag darauf feierte Wilhelmine ihren 24. Geburtstag und erhielt nach eigenen Angaben „ganze Körbe voll Geschenken". Doch dann wurde es allmählich wieder ruhiger. Friedrich von Bayreuth kehrte schon am 9. Juli zu seinem Regiment nach Pasewalk zurück, Charlotte und Karl reisten am 17. Juli in Richtung Wolfenbüttel ab. Ruhiger wurde offenbar auch die Stimmung am Berliner Hof. Es scheint, sogar Königin Sophie Dorothea habe sich damit abgefunden, dass das englische Heiratsprojekt ein für allemal der Vergangenheit angehörte. Wilhelmines Besuch in Berlin endete am 23. August daher recht versöhnlich.

## Zurück in Bayreuth

Am 2. September 1733 traf Wilhelmine wieder in Bayreuth ein, nachdem sie knapp zehn Monate lang fort gewesen war. Töchterchen Friederike hatte wenige Tage zuvor seinen ersten Geburtstag gefeiert, ohne dass die Mutter das irgendwie zu würdigen wusste. Ihr genügte es ganz offensichtlich, dass sich Flora von Sonsfeld während ihrer Abwesenheit gut um das Kind gekümmert und ihm „allerlei kleine Fertigkeiten" beigebracht hatte. Dass Friederike angeblich „das schönste Kind" war, „das man sich denken konnte", schmeichelte zwar Wilhelmines Eitelkeit, veranlasste sie aber keineswegs, sich näher mit der Tochter zu befassen. Zumindest taucht das Mädchen in den Lebenserinnerungen der Mutter, wenn überhaupt, immer nur als Randfigur auf. Mag sein, dass ihr die stets angeschlagene Gesundheit die Kraft raubte, die Mutterrolle stärker auszufüllen, vielleicht aber war Wilhelmine an ihrer Tochter auch tatsächlich nicht weiter interessiert. Die lange Trennung hat eine enge Bindung zu ihrem Kind – ihrem einzigen Kind – wohl gar nicht erst aufkommen

49

lassen. Friedrich von Bayreuth scheint hingegen ein begeisterter Vater gewesen zu sein. Gleich nach ihrer Rückkehr informierte Wilhelmine den preußischen Kronprinzen am 5. September 1733: „Meinen Erbprinzen sehe ich, seit wir hier sind, nicht mehr. Er ist den ganzen Tag bei dem Kinde und steht zwei Stunden früher auf als gewöhnlich, um zu ihm zu gehen. Er hält es für ein Meisterwerk der Natur … Er hat mich fast kniefällig gebeten, Dir nichts davon zu sagen, denn er schämt sich, aber ich bitte Dich, ihn damit zu necken. Wie er mir gestand, ist ihm das Geschrei des Kindes lieber als die schönste Musik." Friedrich antwortete am 13. September aus Ruppin: „Viele Grüße an Deinen Erbprinzen! Ich kann ihn mir leibhaftig vorstellen, wie er mein liebes Nichtchen in den Armen wiegt und ein Liedchen dazu singt. Und doch hat er recht: Wie sollte er ein Wesen nicht lieben, das von einer so liebenswerten Mutter stammt! Ich bin zwar sonst kein Kinderfreund, aber gegen dieses Kind wäre ich wohl ganz anders."

## „Ich bin wirklich ein Unglücksgeschöpf" – neue Sorgen

Es dauerte nicht lange, bis wieder einmal Kriegswolken über Europa aufzogen. Am 1. Februar 1733 war August der Starke gestorben, nachdem er nahezu 39 Jahre lang das Kurfürstentum Sachsen regiert hatte und seit 1697 auch König von Polen gewesen war. Jetzt erbte sein Sohn und Nachfolger als Friedrich August II. zwar das sächsische Kurfürstenamt, nicht aber das polnische Königtum. Die polnische Krone war nämlich nicht erblich. Der Adel wollte sich seine alten Privilegien keinesfalls beschneiden lassen und hielt daher weiterhin eisern am Wahlkönigtum fest. Dennoch war der junge sächsische Kurfürst fest entschlossen, seinen Vater auch in diesem Amt zu beerben und schickte ein Bewerbungsschreiben nach Warschau. Der Adel jedoch wählte mit Unterstützung Frankreichs im Oktober 1733 Stanislaus Leszynski zum König von Polen. Damit waren die Interessen Österreichs und Russlands verletzt, die beide zudem den jungen Sachsen favorisiert hatten. Jetzt mussten die Waffen entscheiden. Russische Soldaten marschierten in Polen ein, um Stanislaus zu stürzen, auch Österreich und Frankreich mobilisierten ihre Truppen und Preußen musste dem Habsburger Kaiser zur Seite stehen. So begann der Polnische Erbfolgekrieg. Wilhelmine fürchtete zunächst, dass auch ihr Gemahl an die Front müsse: „Man meldete mir von Berlin, dass der König selbst diesen Feldzug mitmachen wolle und sehr darauf rechne, dass der Erbprinz mit ihm ziehen würde." Doch der „alte" Markgraf Georg Friedrich Karl widersetzte sich den preußischen Wünschen. Schließlich war Friedrich sein einziger männlicher Erbe, nachdem der jüngere Sohn Anfang November an den Pocken gestorben war. Da konnte und wollte er natürlich nicht riskieren, dass der Erbprinz womöglich auf dem Schlachtfeld sein Leben verlor!

Wilhelmine hoffte daher auf ruhige und unbeschwerte Wintermonate, die sie mit Lektüre, Musik und Briefen an ihren Bruder Friedrich verbringen wollte. Doch die Ruhe wurde durch eine unliebsame Entdeckung erheblich gestört: Schon seit geraumer Zeit hatte sich Wilhelmine darüber gewundert, dass ihr Schwiegervater so ungewöhnlich guter Laune war. Jetzt erfuhr sie auch den Grund dafür: Der Markgraf hatte sich, während Sohn und Schwiegertochter in Berlin weilten, Hals über Kopf in Flora von Sonsfeld verliebt, die freundliche Kinderfrau, die sich offenbar nicht nur um die kleine Friederike so liebevoll gekümmert hatte! Der Schock saß umso tiefer, als der Markgraf nun ankündigte, er wolle Flora zu seiner Frau zu machen! Wilhelmine, die ohnehin darunter litt, dass das Geld in Bayreuth so knapp war, befürchtete, erst recht zu kurz zu kommen, wenn künftig auch noch eine Schwiegermutter versorgt werden müsste. Helle Empörung spricht daher aus dem Brief, den sie am 1. Dezember 1733 an den preußischen Kronprinzen schickte: „Ich bin wirklich ein Unglücksgeschöpf, lieber Bruder, denn schon wieder bin ich in so schlimmer Lage, dass Du staunen würdest, wenn Du die Geschichte hörtest. Vor Aufregung kann ich kaum die Feder führen. Die Sache ist so folgenschwer, dass ich sie dem Papier nicht anzuvertrauen wage, und was schlimmer ist, ich habe einen furchtbaren Schwur tun müssen, mit niemand davon zu reden. Die Sache ist so geheim, dass nur der Erbprinz, ich und noch eine Person davon weiß … Kurz gesagt: Der alte Markgraf hat den gemeinsten Charakter unter Gottes Sonne. Ich wäre sehr erstaunt, wenn er wüsste, dass ich hinter seine Schliche gekommen bin. Er schmeichelt mir und dem Erbprinzen auf alle mögliche Weise und bereitet uns gleichzeitig den allertödlichsten Kummer. Wir beide müssen uns von früh bis spät zusammennehmen." Doch Wilhelmine hatte sich wieder einmal umsonst aufgeregt. Der Markgraf führte mit Flora von Sonsfeld lediglich eine „wilde Ehe" auf seinem geliebten Jagdschlösschen Himmelkron in der Nähe von Kulmbach. Das ehemalige Zisterzienserkloster aus dem 13. Jahrhundert diente seit der Säkularisation 1548 als Jagd- und Lustschloss der Markgrafen von Bayreuth.

Stattdessen wurde am 7. April 1734 in Bayreuth eine andere Hochzeit gefeiert: Wilhelmines Schwägerin Sophie Charlotte, Tochter des Markgrafen, vermählte sich mit dem Herzog von Sachsen-Weimar. Wilhelmine beschrieb die junge Frau mit üblicher Herablassung: „Prinzessin Charlotte, seine älteste Tochter, durfte für eine vollendete Schönheit gelten, allein sie war nur eine schöne Statue, da sie ganz einfältig, ja manchmal sogar etwas närrisch war." Herzog Ernst August I. von Sachsen-Weimar-Eisenach (1688–1748), der angeblich „schon lange ein Auge auf sie geworfen" hatte, war verwitwet und hatte keine männlichen Erben, weswegen es für den 46-Jährigen höchste Zeit wurde, zum zweiten Mal zu heiraten. Die Ehe erfüllte ihren wichtigsten Zweck: Drei Jahre später kam Erbprinz Ernst August Konstantin zur Welt, der später einmal Anna Amalia von Braunschweig-Wolfenbüttel heiraten sollte, die Tochter von Wilhelmines Schwester Charlotte.

Wenig später war auch die zweite Tochter des Markgrafen aus dem Haus. Im Mai ehelichte Sophie Wilhelmine den Fürsten Carl Edzard von Ostfriesland und zog mit ihm nach Aurich. Auch sie fand in Wilhelmines Augen keine Gnade. Zwar beurteilte sie diese Schwester ihres Gemahls als „groß und schön gewachsen, aber nicht hübsch; dafür besaß sie Geist. Sie war der Liebling ihres Vaters, den sie bis zu meiner Ankunft gänzlich beherrscht hatte. Sie war eine große Intrigantin, dabei von unerträglichem Hochmut, namenlos falsch und kokett".

*„Ich wusste nicht, was ich von ihm halten sollte" –*
*Der Besuch des Kronprinzen in Bayreuth*

Schon seit Anfang 1734 war es dem Markgrafen gesundheitlich zunehmend schlechter gegangen – „Er verliert das Gedächtnis und richtet nichts als Verwirrung an", hieß es am 1. Februar 1734 in Wilhelmines Brief an den Kronprinzen.

Wilhelmine begann in diesem Jahr, sich wieder verstärkt der Musik zuzuwenden. Wie mehrere ihrer Geschwister so hatte wohl auch sie das entsprechende Talent ihrer längst verstorbenen Großmutter geerbt, der ersten preußischen Königin Sophie Charlotte (1668–1705), der viel gerühmten „Philosophin auf dem Thron". Die geborene Hannoveranerin war eine Meisterin am Cembalo gewesen und hatte täglich mehrere Stunden auf jenem Instrument gespielt, das noch heute in „ihrem" Berliner Schloss Charlottenburg zu sehen ist. Nicht selten trug sie auf Hofkonzerten eigene Kompositionen vor.

Seit 1734 erhielt Wilhelmine von Johann Pfeiffer Unterricht in Kompositionslehre. Pfeiffer, 1697 in Nürnberg geboren, hatte zunächst als Geiger und später als Konzertmeister in der Weimarer Hofkapelle gespielt. Nach mehreren Zwischenstationen kam er 1734 nach Bayreuth und vermittelte Wilhelmine fortan die Grundlagen der Tonkunst. Viele seiner eigenen Werke, hauptsächlich Orchestersuiten, Kammermusik und Solokonzerte für verschiedene Instrumente wie Oboe, Flöte, Gambe und Violine, sind jedoch verloren gegangen.

Zunächst aber freute sich Wilhelmine über den Besuch ihres Bruders Friedrich, der am 5. Oktober 1734 in Bayreuth eintraf. Doch wenn sie gehofft hatte, mit ihm über ihre musikalischen Fortschritte oder andere heitere Themen plaudern zu können, so wurde sie bitter enttäuscht. Schon wieder verhielt sich Friedrich gegenüber seiner „Lieblingsschwester" ausgesprochen seltsam. Wilhelmine erkannte ihn nicht wieder: „Er ließ sich die Mitglieder des Hofes vorstellen und begnügte sich damit, sie alle spöttisch anzuschauen, woraufhin wir zur Tafel gingen. Er sprach nur, um sich über alles, was er sah, lustig zu machen und über hundertmal die Worte ‚kleiner Fürst' und ‚kleiner Hofstaat' einzuflechten. Ich war empört und konnte nicht begreifen, wie er sich mir gegenüber plötzlich so verändern konnte."

Was sie noch mehr entsetzte als die Unhöflichkeit ihres Bruders war die Eiseskälte, mit der Friedrich über den schlechten Gesundheitszustand und den möglicherweise bevorstehenden Tod des königlichen Vaters sprach. Auch seine Zukunftspläne gaben ihr zu denken: „Ich werde ganz anders verfahren, als man erwartet ... Ich will meine Armee vergrößern und alles auf demselben Fuß lassen. Der Königin denke ich alle Ehren zu erweisen, die sie nur wünschen kann, doch ich werde nicht dulden, dass sie sich in meine Angelegenheiten einmischt und wenn sie es dennoch tut, will ich es ihr schon austreiben." Dass Friedrich sich die ganze Zeit nur verstellt hatte und nun seine Maske so unerwartet fallen ließ, machte Wilhelmine ganz offensichtlich sprachlos: „Ich fiel wie aus dem Himmel, als ich dies alles hörte und wusste nicht, ob ich träumte oder wachte." Doch Friedrichs Ausfälle gingen noch weiter: „Wenn Ihr Tor von einem Schwiegervater tot sein wird, so rate ich Ihnen, Ihren Hofstaat aufzulösen, wie einfache Edelleute zu leben und Ihre Schulden zu bezahlen ... Von Zeit zu Zeit werde ich Sie nach Berlin kommen lassen, auf diese Art sparen sie dann Kost und Haushalt."

Was nur, fragte sich Wilhelmine, war aus ihrem „kleinen" Bruder geworden, dem sie stets schützend zur Seite gestanden hatte? „Das Herz war mir schon lange schwer, aber ich konnte mich der Tränen nicht erwehren, als ich diese Ungehörigkeiten vernahm ... Ich setzte mich an das Spinett und benetzte es mit meinen Tränen ... Ich sah wohl ein, dass ich nach der jetzigen Wendung der Dinge nicht mehr auf meinen Bruder zählen durfte." Auch wenn Friedrichs Besuch wenige Tage später versöhnlich endete, so hatte das scheinbar innige Verhältnis der beiden Geschwister trotzdem einen tiefen Riss erfahren. Mochte es sich Wilhelmine eingestehen oder nicht: Sie war nur so lange die „Lieblingsschwester", wie sie den Interessen ihres Bruders diente. War das nicht der Fall, zeigte sich Friedrich überaus kühl und distanziert. „Liebe" war für ihn offenbar nicht mehr als ein Wort. „Mein Bruder reiste also am 9. Oktober wieder ab und ich wusste nicht, was ich von ihm halten sollte."

Im Briefwechsel der Geschwister findet sich allerdings kein Hinweis auf irgendwelche Missstimmungen, die harmonische Fassade blieb nach außen hin erhalten, vorerst zumindest. Stattdessen tauschten Wilhelmine und Friedrich nun Krankenberichte aus. Es waren höchst alarmierende Nachrichten. Am 2. November 1734 schrieb der Kronprinz über den Besorgnis erregenden Gesundheitszustand des königlichen Vaters: „Sein Zustand ist sehr schlimm; denn seit vierzehn Tagen läuft ihm eine unglaubliche Menge Wasser aus dem linken Bein, bis zu zwei Maß täglich, ohne dass sein Körper wesentlich abschwillt. Auf seiner linken Wade hat sich eine brandige Geschwulst gebildet, die in ein bis zwei Tagen aufgehen wird. Je nachdem, was herauskommt, wird man auf den Tod des Königs schließen. Sieht es übel aus, so wird er noch diese Woche sterben; wo nicht, hat er noch drei Wochen zu leben. Aber mag da kommen was will, sein Zustand ist nach wie vor verzweifelt, und er wird dieses Jahr nicht überleben ..." Auch Friedrich Wilhelm selbst schien mit seinem Leben abgeschlossen haben. Die Hochzeit von Sophie mit dem Markgrafen von Schwedt (s. S. 180) wurde deshalb vorgezogen. Am 20. November 1734 musste Wilhelmines Schwester am Krankenbett des Preußenkönigs heiraten.

Dann geschah, was wohl niemand ahnen konnte: Friedrich Wilhelm ging es plötzlich wieder erheblich besser. Schon am 10. Januar 1735 schrieb der Kronprinz daher an Wilhelmine: „Zu meinem größten Erstaunen muss ich Dir mitteilen, dass sich der König völlig erholt. Er beginnt wieder zu gehen und ist wohler als ich. Gestern habe ich bei ihm gespeist. Ich kann Dir versichern, er isst und trinkt für drei. In acht Tagen geht er nach Berlin und ich bin sicher, in zwei Wochen kann er wieder reiten." Wilhelmine war nicht minder erstaunt, äußerte jedoch in ihrem Brief an den Bruder einige Skepsis: „Ich kann mir noch gar nicht vorstellen, dass sie (die Genesung) von Dauer ist ... Bei der Sympathie unseres Schicksals wird seine Besserung nicht anhalten; dem Markgrafen geht es so schlecht, dass man ihm keine sechs Wochen mehr gibt."

Während es dem Preußenkönig tatsächlich von Tag zu Tag

besser ging, lag der Markgraf von Bayreuth im Sterben, was dem preußischen Kronprinzen offensichtliches Vergnügen zu bereiten schien. Zumindest lässt sein Brief an Wilhelmine vom 9. April 1735 darauf schließen: „Möchte doch der alte Markgraf endlich Schluss machen und abhauen! Denn ich bin es schon so müde, ihn am Ufer des Styx zu erwarten, dass ich ernstlich wünsche, er raffte sich zu diesem Schritt auf." Es sieht nicht so aus, als habe Wilhelmine den eiskalten Zynismus ihres Bruders geteilt. Auch wenn sie in den letzten Jahren kein gutes Haar an ihrem Schwiegervater gelassen hatte, so litt sie doch unter dessen qualvollem Todeskampf. Georg Friedrich Karl von Bayreuth starb in den frühen Morgenstunden des 17. Mai 1735 im Kreis seiner Familie. Wilhelmine zeigte sich zutiefst berührt: „Ich war ergriffen wie nie zuvor in meinem Leben. Ich hatte nie jemanden sterben sehen; der Eindruck war so stark, dass ich nicht mehr davon loskommen konnte." Während zumindest ihr junger Gemahl ehrlich um seinen Vater trauerte, musste Wilhelmine die geschmacklosen Zeilen lesen, die der preußische Kronprinz am 20. Mai verfasst hatte: „Ich bin außer Stande, Dir zum Tod des Markgrafen, Deines Schwiegervaters, mein Beileid auszusprechen; denn ich bin so froh, dass er beim lieben Gott ist, dass ich ihn nicht aus dem Paradies zurückwünsche … Meine Glückwünsche an den Markgrafen!"

Nun war Wilhelmine also eine regierende Fürstin wie ihre jüngeren Schwestern Friederike, Sophie und bald auch Charlotte, die durch den überraschenden Tod ihres Schwiegervaters im September 1735 zur Herzogin von Braunschweig-Wolfenbüttel aufsteigen sollte.

Der verstorbene Markgraf von Bayreuth wurde am 31. Mai nach Wilhelmines Worten „ohne Gepränge, aber auf würdige Weise" zu Grabe getragen. Er fand seine letzte Ruhestätte in der Gruft der ehemaligen Klosterkirche seines geliebten Himmelkron, die er vor seinem Tod hatte errichten lassen.

Für Wilhelmine begann nun als Markgräfin ein ganz neues Leben, das sich zunächst einmal spürbar auf ihr gesundheitliches Befinden auswirkte. Hatte sie in den vergangenen Jahren immer wieder über verschiedene Beschwerden geklagt, so fühlte sie sich plötzlich ausgesprochen wohl. Hin und wieder ging sie sogar mit ihrem Mann auf die Jagd, was ihr jedoch – im Gegensatz zu dem Markgrafen – kein besonderes Vergnügen bereitete. Zu ihrem 26. Geburtstag am 3. Juli 1735 schenkte ihr Friedrich von Bayreuth nicht nur „prachtvolle Juwelen und eine jährliche Zulage", er überraschte sie auch mit einem zweiten Schloss, der Eremitage, sechs Kilometer im Osten der Stadt. Aufgrund seiner außergewöhnlichen Architektur hätte man dieses Schloss „für eine von Felsen umgebene Ruine" halten können, wie es Wilhelmine in ihren Memoiren formuliert.

Die Geschichte der Eremitage geht zurück auf das Jahr 1715, als Markgraf Georg Wilhelm, der Großvater Friedrichs von Bayreuth, das Gelände gekauft hatte, um einen Wildpark anzulegen. Hier, in einer Schleife des Roten Main, ließ er damals eine Einsiedelei errichten, in der er und die Hofgesellschaft vorübergehend nach monastischen Regeln als Eremiten lebten, eine zeitgenössische Marotte vieler Fürsten, die damit wohl den Zwängen der höfischen Etikette entfliehen wollten. Jetzt hatte Wilhelmine endlich eine Aufgabe, die ihr große Freude bereitete: „Den ganzen Monat August hindurch war ich damit beschäftigt, die Wege nach der Eremitage instand setzen zu lassen und legte eine Menge von Spazierwegen an. Täglich fuhr ich hinaus und es machte mir Spaß, die Pläne selbst zu entwerfen und diesen Ort anziehend zu machen." Wilhelmine war ganz in ihrem Element! Sie kümmerte sich um die Neugestaltung der Außenanlagen und ließ auf dem Gelände mehrere künstliche Ruinen anlegen. Gleichzeitig gab sie das Japanische Zimmer, das Musikzimmer sowie das Spiegelkabinett in Auftrag, um auch dem Interieur des Schlosses ihre persönliche Note zu verleihen.

Daneben aber galt es, repräsentative Pflichten zu erfüllen und dazu gehörte die bei jedem Herrscherwechsel übliche Huldigungsreise durch das Bayreuther Land. Während eines Besuchs auf Schloss Pommersfelden sah Wilhelmine auch ihre Ansbacher Schwester Friederike wieder. Glaubt man ihren Memoiren, dann verlief das „Familientreffen" jedoch äußerst frostig, beide Frauen hatten sich nichts zu sagen. Ohnehin schien sich die Markgräfin von Bayreuth auf der Reise wieder einmal erheblich zu langweilen. Noch nicht einmal die abendliche musikalische Unterhaltung, die man ihr auf Pommersfelden bot, genügte ihren hohen Ansprüchen: „Die Musik war miserabel; sechs Katzen und ebenso viele deutsche Kater zerrissen uns die Ohren mit ihrem Gesang. Vier Stunden lang musste man bei der größten Kälte ausharren. Dann wurde soupiert und man ging erst gegen drei Uhr morgens ins Bett, vor lauter Nichtstun ganz erschöpft."

Zurück in Bayreuth aber konnte sich Wilhelmine endlich wieder mit den Dingen befassen, die ihr Freude bereiteten: „Was ich liebte, war das Studium der Wissenschaften, die Musik und besonders ein angenehmer Verkehr." In einem Brief an ihren Bruder Friedrich vom 20. Dezember 1735 versuchte sich Wilhelmine sogar als Philosophin und präsentierte einen selbst erdachten Gottesbeweis: „Da ich nichts Besonderes zu berichten habe, will ich wenigstens versuchen, Dich mit meiner Philosophie zu unterhalten … Meine Grundsätze sind also die folgenden: Alles besteht aus Atomen, die teils krumm, teils spitz und von verschiedener Gestalt sind. Diese Atome befinden sich in steter Bewegung. Sie treffen aufeinander, verhäkeln und vereinigen sich, und so entstehen die Körper. Nun aber können sie ihre Bewegung nicht von selbst haben; denn sie sind keine absoluten Wesen, sondern hängen voneinander ab. Da sie nach den Grundsätzen der Philosophie nicht unbeweglich sein können, muss es mithin ein absolutes unabhängiges Wesen geben, das ihnen die Bewegung verleiht. Dieses Wesen ist also Gott. Denn sage mir, woher kommt es, dass diese Atome bei ihrem Aufeinandertreffen eine Blume und nicht einen Menschen bilden?" Friedrich war von den philosophischen Überlegungen seiner Schwester freilich nur wenig angetan. Zwar lobte er ihren Gottesbeweis in seinem Antwortschreiben vom 27. Dezember als „wohl durchdacht", fügte aber hinzu, selbst kein Anhänger „von den krummen und würfelförmigen Atomen" zu sein.

Auch im folgenden Jahr befasste sich Wilhelmine mit der Verschönerung der Eremitage, der sie in ihren Memoiren daher eine seitenlange Beschreibung widmet. Die Kosten für die Umbauarbeiten schienen keine Rolle zu spielen, denn „statt arm zu sein, waren wir mit einem Mal reich geworden", heißt es in ihren Lebenserinnerungen. Das freilich entsprach wohl eher Wilhelmines Wunschdenken. Tatsache war lediglich, dass ihr Gemahl als regierender Markgraf jetzt nach eigenem Gutdünken über das Geld verfügen konnte, das der sparsame Vater während seiner Regierungszeit so sorgfältig unter Verschluss gehalten hatte. Tatsache ist aber auch, dass das prunkliebende neue Markgrafenpaar das kleine Ländchen in gewaltige Schulden stürzte.

Ihre wichtigste Aufgabe hatte Wilhelmine freilich immer noch nicht erfüllt: „Im Lande wünschte man sich sehnlichst einen Thronerben. Man schlug mir daher vor, ins Bad zu reisen. Ich sah mich genötigt, den Wunsch des Landes zu erfüllen." Also verordneten die Ärzte der Markgräfin von Bayreuth einen längeren Kuraufenthalt in Bad Ems, einem der ältesten Badeorte Europas.

Natürlich war Wilhelmine kein gewöhnlicher „Badegast". Sie nahm Quartier im Barockschloss der Fürsten von Nassau-Oranien, das diese sich 1712/15 als exklusives Badehaus hatten errichten lassen. „Ich begann meine Kur, die mir anfangs ziemlich gut bekam", heißt es in ihren Memoiren, doch wie nicht anders zu erwarten, war die Markgräfin mit ihrer Umgebung keineswegs zufrieden: „Wir gingen manchmal spazieren oder besser gesagt, wir wateten im Kot. Die Promenade bestand nämlich aus einer Lindenallee, die längs des Flusses gepflanzt worden war. Man war nie allein, die Schweine und andere Haustiere leisteten einem getreulich Gesellschaft, sodass man sie mit Stockhieben fortjagen musste, um vorwärts zu kommen. Ich nahm nur lauwarme Bäder, denn von allen Seiten, selbst von dem Emser Badearzt, wurde ich vor heißen Bädern gewarnt." An Friedrich schrieb Wilhelmine während dieser Zeit mehrmals, wie sehr sie sich in dem „elenden Nest mitten in den Bergen" langweile. Doch sämtliche Mühen, die die inzwischen 28-Jährige in Bad Ems auf sich genommen hatte, waren umsonst, die erhoffte Schwangerschaft blieb aus.

Schon bald stellten sich zudem wieder die bekannten gesundheitlichen Probleme ein. Wilhelmine selbst schreibt von einem „schleichenden Fieber", das ihr zu schaffen machte. Der besorgte Kronprinz schickte ihr daraufhin mit Daniel de Superville einen angesehenen Arzt nach Bayreuth, der auch schon dem siechen Preußenkönig wieder auf die Beine geholfen hatte. Wilhelmine aber war von Superville nicht nur aufgrund seiner medizinischen Kenntnisse beeindruckt. Der aus Frankreich stammende Arzt erwies sich nämlich als überaus anregender Gesprächspartner: „Im Verkehr ist er angenehm und weltgewandt; man kann ebenso gut mit ihm scherzen wie über ernste Dinge reden." Und genau das war es, was Wilhelmine in Bayreuth so vermisste. Zwar musste sie zugeben, dass sich der Hof seit dem Regierungsantritt ihres Gemahl zu seinem Vorteil verändert hatte, eine „gewisse Rohheit und Grobheit" waren gewichen, dennoch bestand er nach Wilhelmines Empfinden „nur aus bornierten Leuten …, die meisten waren aus Bayreuth nie herausgekommen, Bildung und Wissenschaft waren verpönt und ihre Gespräche drehten sich nur um die Jagd, den Haushalt und alte Hofgeschichten." Tatsächlich ging es Wilhelmine schon bald wieder besser, wozu in erster Linie wohl der „angenehme Verkehr" mit Superville beigetragen haben dürfte.

Die Gespräche machten sie allerdings auch nachdenklich, denn der Arzt nahm kein Blatt vor den Mund, selbst dann nicht, wenn es um die Mitglieder der preußischen Königsfamilie ging. Ganz offen gestand er seiner Patientin sogar, wie wenig er vom Kronprinzen hielt: „Ich habe reichlich Zeit gefunden, ihn zu studieren, er hat viel Geist, aber ein böses Herz und einen schlechten Charakter. Er ist misstrauisch, maßlos verstockt, selbstsüchtig, undankbar, lasterhaft, und, ich müsste mich sehr irren, wenn er eines Tages nicht noch geiziger werden würde, als es sein Vater heute ist. Es fehlt ihm jede Religion, und seine Moral hat er sich selbst zurechtgerichtet; er geht nur darauf aus, die Leute zu verblenden. Trotz seiner Verstellungskunst haben aber schon viele seinen wahren Charakter erkannt." Das waren zweifellos harte Worte, die Wilhelmine da zu hören bekam, sollte sich der Arzt tatsächlich getraut haben, derart offen zu Friedrichs „Lieblingsschwester" zu sprechen. Vielleicht aber hat Wilhelmine in ihre

Erinnerungen an die Unterredung mit Superville auch ihre eigenen Empfindungen hineinprojiziert, die sie sich selbst nicht so recht eingestehen mochte. Gleichwohl konnte sie nicht verleugnen, dass sie schon häufiger mit Aspekten des „schlechten Charakters" ihres Bruders konfrontiert worden war. Trotzdem sah sie in Friedrich irgendwie ihr Alter Ego. Mit wem sonst konnte sie über so viele Dinge korrespondieren, über Musik oder Philosophie, Themen, mit denen sich der Kronprinz zu jener Zeit besonders intensiv befasste. 1736 stellte ihm der Preußenkönig nämlich mit Schloss Rheinsberg ein idyllisches Refugium fern von Berlin zur Verfügung, wo Friedrich mit seiner jungen Frau Elisabeth Christine endlich glücklich werden sollte. Hier schrieb niemand dem Kronprinzen vor, was er zu tun und zu lassen hatte, und er vertrieb sich die Zeit mit Lektüre, Musik, Gesprächen, Spaziergängen oder Bootsfahrten über den Grienericksee.

## „Der Tod des Königs ist mir sehr nahe gegangen"

Obwohl sich Wilhelmines Gesundheitszustand wieder gebessert hatte, empfahl Superville 1739 einen weiteren Kuraufenthalt. Er schlug vor, sie solle dem kalten deutschen Winter den Rücken kehren und vorübergehend im milden Klima Südfrankreichs Aufenthalt nehmen. Doch aus der Reise wurde nichts, weil Friedrich von Bayreuth plötzlich erkrankte. Wilhelmine machte sich große Sorgen um ihren Gemahl, der bereits im Vorjahr einen Schlaganfall erlitten hatte, welcher „eine partielle Erschlaffung seiner Muskeln" nach sich zog: „So war der Mund etwas verzogen und sein linkes Auge tränt fast fortwährend." Glücklicherweise aber war das Leiden des jungen Markgrafen diesmal nicht ernster Natur und Friedrich wurde wieder vollkommen gesund.

Wilhelmine spürte jedoch, dass die Krankheit ihren Gemahl irgendwie verändert hatte, zumindest was sein Verhalten ihr gegenüber betraf. Der Markgraf behandelte sie plötzlich deutlich kühler als zuvor, ohne dass sie sich den Grund dafür hätte erklären können. Bald aber merkte Wilhelmine, dass eine andere Frau dahinter steckte – und das war ausgerechnet ihre attraktive Hofdame Wilhelmine von der Marwitz! Damit teilte also auch die stolze Markgräfin das Schicksal so vieler anderer Fürstinnen, deren Männer sich wie selbstverständlich eine oder mehrere Mätressen hielten. Eine Ausnahme bildete offenbar nur der Preußenkönig, der seinem „Fiekchen" ein Leben lang die Treue gehalten hat.

Der Kummer, den ihr die Rivalin bereiteten mochte, wurde im Frühjahr 1740 durch neue Sorgen um das Leben ihres Vaters abgelöst. Schon lange war Friedrich Wilhelm ein todkranker Mann gewesen, der sich oft nur noch mit Hilfe seines Rollstuhls fortbewegen konnte und bisweilen unerträgliche Schmerzen litt, auch wenn es immer wieder Phasen gab, in denen er sich besser fühlte. Jetzt aber hatte die so genannte „Wassersucht" den Körper des Königs unförmig aufgetrieben, sodass sein Taillenumfang bei einem Gewicht von zweieinhalb Zentnern zuletzt 2,40 m betrug. Ursache dieser Krankheit war allem Anschein nach eine Herzinsuffizienz, denn Friedrich Wilhelm litt genau an den damit verbundenen Symptomen: Wasseransammlung in den Organen, besonders in der Leber. Zudem klagte der Preußenkönig über geschwollene Beine, vor allem im Knöchelbereich. Die unteren Gliedmaßen waren von Geschwüren bedeckt, denn die Schwellungen brachten es nicht nur mit sich, dass die Haut austrocknete, auch der Druck im Gewebe wurde so groß, dass Ekzeme entstanden, die sich zu regelrechten offenen Wunden weiterentwickelten. Durch die ungenügende Blutzufuhr kam es zu Entzündungen, die nicht mehr abheilten.

Der Preußenkönig spürte, dass sein Ende bevorstand und begab sich zum letzten Mal nach Potsdam. Hier starb Friedrich Wilhelm I. am 31. Mai 1740 im Alter von 51 Jahren „mit der Gelassenheit eines Philosophen und der Demut eines Christen", wie es Friedrich formulierte, der mit dem Tod des Vaters neuer König von Preußen wurde. Friedrich Wilhelm I. hinterließ seinem Sohn und Nachfolger einen stabilen Staat, ein hervorragendes Heer sowie eine prall gefüllte Staatskasse.

Wilhelmine gab sich zutiefst betroffen, als sie die Todesnachricht erhielt. In dem Brief, den sie im Juni 1740 an ihren königlichen Bruder schrieb, heißt es zumindest: „Offen gestanden ist mir der Tod des Königs sehr nahe gegangen, obwohl er vielleicht nicht immer mit väterlicher Liebe gegen mich gehandelt hat.

Aber sei es Vorurteil der Erziehung, sei es die Regung der Natur oder die Ehrfurcht, die man ihm als einem zweifellos großen Fürsten schuldet, sein Verlust hat mich tief erschüttert. Doch meine Freude, Dich aus deiner traurigen Lage befreit zu sehen, beruhigt meinen Geist, und da fühle ich, dass der Bruder in meinem Herzen über alles andere geht ... Ich sehe schon eine der ruhmvollsten Regierungen voraus, die wir seit langem gehabt haben und mein Vaterland als das glücklichste Land der Welt ..." Doch Friedrich sollte nicht nur Wilhelmine überraschen.

### Kanonendonner

Nur wenig später stattete der neue Preußenkönig Friedrich II. Wilhelmine einen „Überraschungsbesuch" in der frisch renovierten Bayreuther Eremitage ab. Doch auch diesmal wollte sich die alte Vertrautheit nicht wieder einstellen. Stattdessen unterhielt er sich mit seiner Schwester nur über „gleichgültige Dinge". Mochte er in seinen Briefen immer von Freundschaft und Wertschätzung sprechen – im persönlichen Umgang blieb Friedrich weiterhin merkwürdig kühl. Das änderte sich auch nicht, als Wilhelmine im Oktober 1740 nach Berlin reiste, wo sie den Hof noch immer „in tiefer Trauer" vorfand. Königin-Witwe Sophie Dorothea trauerte freilich weniger um den verstorbenen Gemahl, sie war zutiefst enttäuscht, dass sich Friedrich II. ihrem Einfluss radikal entzogen hatte, genauso wie er es Wilhelmine seinerzeit angekündigt hatte. Erneut kamen die Gespräche mit dem königlichen Bruder „meistens über verlegene Höflichkeitsphrasen oder beißende Bemerkungen über die schlechten Finanzen des Markgrafen nicht hinaus". Im Nachhinein aber glaubte Wilhelmine zu wissen, warum sich der neue König so kühl und wortkarg gab: „Der Hauptgedanke, der ihn erfüllte, war die Eroberung Schlesiens."

Hintergrund der geheimen Kriegspläne Friedrichs II. war der plötzliche Tod Kaiser Karls VI. Er war im Oktober 1740 verstorben, ohne männliche Erben zu hinterlassen. Ganz Europa befand sich bereits in heller Aufregung, denn die von Karl VI. verfügte Thronfolgeregelung war höchst umstritten. Da nämlich aus der kaiserlichen Ehe nur Töchter hervorgegangen waren, hatte er bereits 1713 die Pragmatische Sanktion verkündet, das wichtigste Hausgesetz der Habsburger. Darin war festgelegt worden, dass fortan auch weibliche Nachkommen an der Erbfolge teilhaben sollten. Das war nun geschehen: Die neue Kaiserin hieß Maria Theresia und war die Cousine von Elisabeth Christine, der Gemahlin Friedrichs II.

Jetzt musste sich zeigen, ob die Pragmatische Sanktion auch in der Praxis hielt. Immerhin war bereits bekannt, dass weder der König von Spanien noch der bayerische Kurfürst die Erbordnung anerkannten und selbst Ansprüche erhoben, da auch sie mit dem Haus Habsburg verwandtschaftlich verbunden waren. Es stand zu befürchten, dass sie sich in absehbarer Zeit auf die Länder Maria Theresias stürzen würden.

Friedrich II. aber kam ihnen zuvor. Im Dezember 1740 fielen preußische Truppen in Schlesien ein, das seit 1526 den österreichischen Habsburgern gehörte, und besetzten das kaum verteidigte Land. Mit Maria Theresia glaubte der junge Preußenkönig leichtes Spiel zu haben, denn dass es eine Frau mit ihm aufnehmen würde, hielt Friedrich II. für undenkbar. Tatsächlich befand sich die neue Kaiserin in einer schwierigen Lage. Ihr fehlten nicht nur zuverlässige Bundesgenossen, nach den Türkenkriegen war Österreich auch finanziell am Ende. Hinzu kam, dass ihre Position als Kaiserin nach wie vor höchst umstritten war. Friedrich II. versuchte es daher mit einem scheinbar lukrativen Angebot: Wenn sie freiwillig auf Schlesien verzichte, dann wollte er ihr bei der Kaiserwahl seine Stimme geben. Aber der Preuße hatte die Habsburgerin unterschätzt. Maria Theresia beschied ihn mit einem klaren „Nein". Damit begann der Krieg um Schlesien und der Kampf um die österreichische Erbfolge, der für die couragierte Monarchin zunächst ziemlich aussichtslos zu sein schien. Erst Ende März 1741 rückte ein österreichisches Heer gegen Preußen vor – und unterlag am 10. April in der Schlacht von Mollwitz. Der Sieg Friedrichs II. schien den Anfang vom Ende der Habsburgermonarchie zu besiegeln.

Wilhelmine, die unterdessen nach Bayreuth zurückgekehrt war, bangte um das Leben ihres königlichen Bruders, auch wenn dessen Briefe eher zuversichtlich und beruhigend klangen. Im

Frieden von Breslau 1742 fiel Schlesien tatsächlich an Preußen, doch Maria Theresia hatte Friedrich II. eine Lektion erteilt und klargestellt, dass sie durchaus eine ebenbürtige Gegnerin war.

## Voltaire in Bayreuth

Wilhelmine widmete sich weiterhin der Verschönerung ihrer Bayreuther Schlösser. Mochte sie auch nur eine unbedeutende kleine Markgräfin sein, eine repräsentative Umgebung hielt sie dennoch für unerlässlich. Geld stand ihr nach wie vor zur Verfügung, obwohl das Verhältnis zu ihrem Gemahl wegen Wilhelmine von der Marwitz noch immer reichlich angespannt war. Nach eigenem Bekunden missbilligte die Markgräfin vor allem, dass die schöne Hofdame den Markgrafen „zur Vergnügungssucht" antrieb und ihn damit von der Arbeit abhielt. Doch tatsächlich war auch Friedrich von Bayreuth dabei, aus seiner bislang etwas vernachlässigten Heimatstadt ein fränkisches Kleinod zu machen. Der neue Bayreuther Leibarzt Daniel de Superville bewog den Markgrafen im März 1742 zur Gründung der „Friedrichsakademie", der ersten Bayreuther Universität, die allerdings schon ein Jahr später nach Erlangen umsiedelte.

Nachdem Wilhelmine in ihren Memoiren zunächst nichts weiter über die Entwicklung ihrer Tochter berichtet hatte, tritt die mittlerweile 10-jährige Friederike jetzt erstmals wieder in Erscheinung, jedoch nur als politische Schachfigur. Bereits 1742 begannen nämlich die Verhandlungen wegen ihrer späteren Heirat. Im gleichen Jahr stattete die künftige Schwiegermutter den Bayreuther „Brauteltern" einen kurzen Besuch ab: Herzogin-Witwe Maria Augusta von Württemberg, eine geborene von Thurn und Taxis. Auch wenn Wilhelmine nicht viel von ihrem Gast hielt und Maria Augusta als „sehr berüchtigte Fürstin" beschrieb, die Ehe ihrer Tochter mit dem jungen Herzog konnte sie nicht verhindern. Schließlich war es ihr königlicher Bruder höchstpersönlich gewesen, der diese Heirat kraft seines Amtes eingefädelt hatte. Maria Augustas Sohn Karl Eugen hatte nach dem frühen Tod des Vaters bereits 1739 den Thron besteigen müssen, tatsächlich aber führte ein Administrator die Regierungsgeschäfte für den Minderjährigen. Der junge Herzog selbst wurde derweil am preußischen Königshof erzogen und so zu einem guten Verbündeten geformt. Doch bis zur Hochzeit sollten natürlich noch einige Jahre ins Land gehen.

Schon eher nach Wilhelmines Geschmack war ein Besuch Friedrichs II. im September 1743, der den berühmten Philosophen Voltaire mit nach Bayreuth brachte. Friedrich hatte bereits seit 1736, also noch zu Rheinsberger Zeiten, mit dem brillanten Franzosen korrespondiert, dem damals schon berühmten Idol der europäischen Intellektuellen. Als er König wurde, hatte er Voltaire nach Berlin eingeladen und der Philosoph ließ sich nicht lange bitten. Beide Männer waren gleich bei der ersten Zusammenkunft voneinander eingenommen. Zumindest sah es so aus. Voltaire empfand wohl zunächst einmal Genugtuung darüber, dass ihm ein fremder Monarch so viel Hochachtung entgegenbrachte und der Preußenkönig fühlte sich seinerseits geschmeichelt, als kongenialer Gesprächspartner des prominenten Franzosen zu gelten.

Auch Wilhelmine war von Voltaire äußerst angetan. Während Friedrich II. selbst schon nach kurzer Zeit wieder abreiste, blieb der Philosoph mehrere Wochen am Bayreuther Hof und fühlte sich dort offenbar sichtlich wohl. „Bayreuth ist ein wunderlich stiller Ort", soll er damals gesagt haben, „man kann da alle Annehmlichkeiten eines Hofes ohne die Unbequemlichkeiten der großen Welt genießen." Voltaire, der nur allzu gut wusste, wie man sich bei fürstlichen Herrschaften einschmeichelt, überschüttete die Markgräfin mit Komplimenten. In der Eremitage standen beide gemeinsam auf der Bühne, um die Tragödie „Bajazet" von Racine aufzuführen. Ansonsten aber scheint es der Gelehrte bevorzugt zu haben, sich rar zu machen. Am 24. September 1743 teilte die Markgräfin ihrem königlichen Bruder mit: „Voltaire lebt hier wie gewöhnlich; seine Pillen halten ihn an sein Zimmer gebannt, und man bekommt ihn kaum zu sehen."

Der Bau des Bayreuther Opernhauses

Im November 1743 bat Wilhelmine ihren Bruder Friedrich II. um die Pläne des Berliner Opernhauses, das der berühmte Baumeister Knobelsdorff vor kurzem vollendet hatte. Der Preußenkönig kam dem Wunsch seiner Musik liebenden Schwester umgehend nach. Das aber veranlasste Wilhelmine dazu, sich nun ihrerseits in die Planungen eines Bayreuther Gegenstücks zu stürzen. Schließlich wollte sie ihrem Bruder an Prachtentfaltung nicht nachstehen.

Die Beschäftigung mit allem, was rund um die Oper zu tun hatte, war nämlich schon seit längerem die große Leidenschaft der Markgräfin. Sie selbst hatte zahlreiche Libretti der in Bayreuth aufgeführten Werke verfasst und übernahm sogar die Regie. Als am 10. Mai 1740 anlässlich des Geburtstags Friedrichs von Bayreuth und der Einweihung des frisch renovierten Theaters im Alten Residenzschloss die Oper „Argenore" aufgeführt wurde, hatte Wilhelmine allen Grund, stolz auf sich zu sein: Die Musik stammte aus ihrer Feder, und damit war sie die einzige Frau jener Epoche, die eine Oper komponiert hat. Hin und wieder wird „Argenore" noch heute auf die Bühne gebracht.

Aber Wilhelmine komponierte nicht nur. Am 15. Oktober 1743 berichtete sie ihrem königlichen Bruder: „Endlich habe ich das Paradies der Langeweile verlassen und bin hierher gekommen, wo wir nach Möglichkeit die langweilige Zeit totschlagen wollen, in der wir fern von Dir leben. Ich lerne vier Tragödienrollen, bestelle Kostüme, komponiere für die Opern und treibe den ganzen Tag nichts als Kindereien. Das sind meine Staatsgeschäfte." Wilhelmine hatte natürlich auch den Ehrgeiz, hervorragende Sänger, Komponisten, Musiker, Tänzer und Schauspieler zu engagieren, nicht zuletzt, um ihre eigene exponierte Stellung für alle sichtbar zu zelebrieren.

Sowohl ihre Musikbegeisterung wie das Bedürfnis, einen prunkvollen Rahmen für die Inszenierung der eigenen fürstlichen Größe zu schaffen, waren daher für den Bau des markgräflichen Opernhauses ausschlaggebend. Was zählte es da schon, dass ein solches Haus um einige Nummern zu groß für die kleine Residenzstadt war? Friedrich von Bayreuth jedenfalls öffnete bereitwillig die Staatsschatulle und stellte Wilhelmine so viel Geld zur

Verfügung, wie sie für die Realisierung ihrer Pläne benötigte. Dafür hinterließ er bei seinem Tod den Untertanen einen Schuldenberg von schätzungsweise 3,8 Mio. Gulden. Die gewaltige Höhe der Summe lässt sich nur dann richtig ermessen, wenn man bedenkt, dass ein Handwerker damals etwa 200 bis 500 Gulden im ganzen Jahr verdiente.

Für den Bau des Opernhauses engagierte Wilhelmine die berühmtesten Künstler ihrer Zeit. Die Pläne zeichnete Joseph Saint-Pierre, während für die reiche Innenausstattung Giuseppe Galli-Bibiena und sein Sohn Carlo verantwortlich waren. So entstand zwischen 1745 und 1748 das noch heute berühmte markgräfliche Opernhaus, wohl eines der schönsten höfischen Theater Deutschlands. Tatsächlich diente es nicht nur musikalischen Vorführungen, es war zugleich Ballsaal und festlicher Rahmen für fürstliche Diners. Doch das Bayreuther Opernhaus hatte einen entscheidenden Fehler: Der riesige Mehrzweckbau ließ sich kaum heizen und konnte daher nur in den Sommermonaten genutzt werden. Dennoch schrieb Wilhelmine am 14. Mai 1748 voll Stolz und Genugtuung nach Berlin: „Dieser Tage habe ich das neue Opernhaus besichtigt. Ich war sehr erfreut darüber. Das Innere ist fast vollendet. Bibiena hat in diesem Theater die Quintessenz des italienischen und französischen Stils vereinigt. Man muss zugeben, dass er in seinem Fach ein unübertroffener Meister ist."

So war das markgräfliche Opernhaus rechtzeitig fertig geworden, um im August des gleichen Jahres mit einem feierlichen Ereignis eingeweiht zu werden: der Hochzeit der mittlerweile 16-jährigen Friederike mit Herzog Karl II. Eugen von Württemberg. Wilhelmine wird insgeheim bedauert haben, dass Friedrich II. zu diesem Anlass nicht nach Bayreuth kam. Wie gerne hätte sie ihm den prunkvollen Bau präsentiert, der in überraschend kurzer Zeit errichtet worden war. Doch auch ohne die Anwesenheit des Preußenkönigs wurde es ein rauschendes Fest, unter anderem mit der Aufführung von Georg Friedrich Händels Oper „Ezio" und mehreren französischen Komödien, mit Festessen, Feuerwerken, Tanz und Maskeraden. Doch kehren wir zurück ins Jahr 1744.

*„Ich hielt Deine Freundschaft für völlig erloschen" –*
*neuer Ärger mit Friedrich II.*

Mochte Wilhelmines Korrespondenz mit ihrem königlichen Bruder auch Harmonie vortäuschen, tatsächlich war das Verhältnis von Bruder und Schwester immer wieder schweren Belastungsproben ausgesetzt. Wilhelmine bekam zu spüren, dass sie es schon längst nicht mehr mit ihrem „kleinen Bruder" zu tun hatte. Die Rollen waren vertauscht: Friedrich II. hatte das Sagen, und die Markgräfin, seine ehemalige Beschützerin, war jetzt die Untergebene. Immer, wenn sie aus eigenem Willen handelte, traf sie prompt der Bannstrahl aus Berlin, so auch im Frühjahr 1744. Wilhelmine hatte sich damals vorgenommen, Frau von der Marwitz, die schöne Mätresse ihres Gemahls, durch eine standesgemäße Heirat mit dem österreichischen Grafen Burghauß auf bequeme Weise loszuwerden. Dabei war ihr jedoch entgangen, dass sie vor der Abreise aus Berlin 1731 ihrem königlichen Vater versprechen musste, ihre preußischen Hofdamen auf keinen Fall außer Landes zu verheiraten. Nur so konnte verhindert werden, dass deren Vermögen oder Grundbesitz in ausländische Hände überging. Wütend schrieb Friedrich II. am 6. April 1744: „Verehrte Frau Schwester! Zu meinem großen Befremden sehe ich aus dem Schreiben des Generals von der Marwitz, dass Du an der Heirat seiner älteren Tochter mit dem Grafen Burghauß arbeitest … Dies Unternehmen ist umso erstaunlicher, als Du dich gewiss des ausdrücklichen Willens des verstorbenen Königs, unseres vielgeliebten Vaters, erinnerst, wonach die Fräulein von Marwitz, als er sie Dir mitgab, unter keinen Umständen außer Landes heiraten und mit der Zeit zurückkehren sollten." Immer, wenn Friedrichs Briefe an Wilhelmine mit „Verehrte Frau Schwester" anfingen, war er über ihr Verhalten entzürnt. Wilhelmine versuchte zu erklären: Sie habe geglaubt, durch den Tod des Vaters von ihrem Versprechen entbunden zu sein und sei sich so keiner Schuld bewusst gewesen. Doch der Bruder blieb hart und ließ sie durch vielsagendes Schweigen deutlich spüren, dass sie wieder einmal die Gehorsamspflicht ihm gegenüber vernachlässigt hatte.

Noch tiefer war das Zerwürfnis im folgenden Jahr. Friedrich II. hatte Grund zu der Annahme, der Bayreuther Hof sympathisiere mit Österreich, gegen das er seit Sommer 1744 erneut Krieg führte. Maria Theresia hatte sich nämlich in der Zwischenzeit tapfer geschlagen, nachdem die Lage der jungen Kaiserin zunächst ziemlich hoffnungslos gewesen war. Sie konnte nicht verhindern, dass die Kurfürsten Karl Albrecht von Bayern als Karl VII. zum Kaiser wählten und dass ganz Böhmen verloren ging. Nachdem sie aber mit Friedrich II. 1742 Frieden geschlossen hatte, gelang es ihr nicht nur, Böhmen zurückzuerobern, sondern auch Bayern einzunehmen und München zu besetzen. Die unerwarteten Erfolge seiner Gegenspielerin ließen Friedrich II. befürchten, er könne Schlesien nun wieder verlieren. Folge war ein weiterer preußisch-österreichischer Krieg.

Im Januar 1745 aber starb Kaiser Karl VII. und sein Sohn Max III. Joseph erklärte, sich nicht um die Kaiserkrone bewerben zu wollen. Nachdem er mit Österreich Frieden geschlossen hatte, war der Weg frei für einen Neubeginn: Maria Theresia verzichtete für sich selbst auf die Kaiserkrone und stattdessen wurde ihr Gemahl Franz von Lothringen neuer Kaiser des Heiligen Römischen Reiches. Auf dem Weg zur Krönung, die traditionell in Frankfurt am Main stattfand, kamen Franz und Maria Theresia auch durch Bayreuther Gebiet. Für Wilhelmine und ihren Gemahl war es daher eine Selbstverständlichkeit, das Kaiserpaar offiziell zu empfangen und sich mit beiden bekannt zu machen. Schließlich war die kleine Markgrafschaft Bayreuth ein neutrales Territorium und folglich schien es ratsam, sich trotz aller verwandtschaftlichen Beziehungen zu Preußen mit dem Haus Habsburg gutzustellen. Nie im Leben hätte Wilhelmine daher mit der heftigen Reaktion ihres königlichen Bruders gerechnet, der sich zu der Zeit noch immer mit Österreich im Krieg befand. Für Friedrich II. war Wilhelmines Verhalten nichts weiter als Verrat. Wütende Briefe erreichten die Markgräfin. Lange Zeit sah es so aus, als sei das freundschaftliche Verhältnis von Bruder und Schwester dauerhaft zerbrochen, erst dank der Bemühungen von August Wilhelm kam es im Frühjahr 1747 doch noch zur Versöhnung.

Am 9. April schrieb Wilhelmine an Friedrich II.: „Verzeih mir, wenn ich offenherzig rede; seit einigen Jahren fand ich in Dir nicht mehr den so angebeteten und so zärtlichen Bruder. Ich hielt Deine Freundschaft für völlig erloschen. Ich habe darüber gestöhnt, ich habe umsonst alles versucht, um dein Herz wiederzugewinnen. In meinem Kummer habe ich vielleicht Fehler begangen ..." Friedrich antwortete am 16. April noch immer etwas reserviert: „Wenn es zu einer Erkaltung zwischen uns gekommen ist, so habe ich sicherlich nicht den Anfang gemacht. Es waren die schändlichen Heiraten jener unwürdigen Geschöpfe, die zuerst den Apfel der Zwietracht zwischen Geschwister geworfen haben, die sich zärtlich liebten ... Schließlich bist Du selbst hingegangen, um meiner Todfeindin, der Königin von Ungarn, tausendfache Unterwürfigkeit zu bezeigen – zu einer Zeit, als sie auf meinen Untergang sann ..." Dennoch versicherte Friedrich seiner Schwester, sie „trotz allem, was geschehen ist", nach wie vor zu lieben. Wilhelmine wird sich wohl vorgenommen haben, Friedrich in Zukunft nicht mehr durch Ungehorsam und eigenmächtiges Verhalten zu verärgern.

## Feuer im Bayreuther Schloss

Auch nach der Einweihung des Bayreuther Opernhauses setzte Wilhelmine ihre Tätigkeit als Bauherrin fort. Zwischen 1749 und 1753 ließ sie im Park der Eremitage das Neue Schloss errichten, ein Bau, der wohl nicht ohne Absicht an das Sanssouci Friedrichs II. erinnert, allerdings im Halbkreis errichtet wurde. Dem Zeitgeschmack huldigend, gab Wilhelmine auch ein Ruinentheater in Auftrag, eine Grotte und später die Denkmalruine für den toten Folichon, Wilhelmines Lieblingshund.

Die wohl phantastischste Gartenschöpfung der Markgräfin aber ist der Felsengarten Sanspareil. Als der alte Markgraf im Herbst 1733 eine große Jagd veranstaltete, an der auch Wilhelmine teilnahm, soll sie den bizarren, mit Felsen übersäten Bergrücken sowie den romantischen Hain zu Füßen der Burg Zwernitz erstmals erblickt und ausgerufen habe: „Ah, c'est sans pareil!" Wie es allgemein heißt, sah die belesene Wilhelmine in der natürlichen Höhle im Felsen auch sogleich die „Grotte der Kalypso", wie sie der französische Schriftsteller Fénelon in den „Abenteuern des Telemach" (1699) beschrieben hatte. Tatsächlich aber stammte diese Idee gar nicht von der Markgräfin selbst.

In einem heimatkundlichen Buch war der Schauplatz bereits 1604 mit dem Ort der Irrfahrten des Griechenhelden Odysseus verglichen worden, den Inseln Ithaka und Orgygia.

1745 beauftragte Wilhelmine den Bayreuther Baumeister Joseph Saint-Pierre mit der Anlage von Sanspareil. Die „Grotte der Kalypso" wurde mit bunten Steinen und Glas ausgelegt, ein Schlösschen im orientalischen Stil in den Hain gebaut, weitere künstliche Grotten und Höhlen wurden erschaffen. Glanzstück der Anlage aber war das aus schweren Tuffsteinen errichtete Naturtheater, dessen Zuschauerraum als Felsenhöhle gestaltet wurde, während die Bühne ein antikes Theater im Verfallszustand imitierte. Es ist allerdings nicht überliefert, ob hier jemals eine Aufführung stattgefunden hat.

Der Bau eines weiteren Schlosses erfolgte hingegen nicht ganz freiwillig. Im Januar 1753 vernichtete ein verheerendes Feuer weite Teile der alten Bayreuther Residenz. Verzweifelt schrieb Wilhelmine am 27. Januar an ihren Bruder nach Berlin: „Wir sind völlig zugrunde gerichtet. Gestern um acht Uhr abends brach im Schloss Feuer aus, fast zugleich an drei verschiedenen Stellen. Allem Anschein nach liegt Brandstiftung vor. Ich lag schwer krank zu Bett; man hat mich mitten aus brennenden Balken gerettet. Ich habe meinen Hund, meine Juwelen und einige Briefe erhalten. Ich weiß noch nicht, was ich besitze und was ich verloren habe. Der Markgraf hat aus seinen Gemächern nichts gerettet. Das ganze Schloss liegt in Asche, nur ein Flügel ist gerettet worden, sonst wäre die ganze Stadt verloren gewesen." Die Ursache des Feuers ist unklar. Ob tatsächlich Brandstiftung im Spiel war, ließ sich niemals beweisen, auszuschließen ist es jedoch nicht. Weder Wilhelmine noch der Markgraf waren in Bayreuth wirklich beliebt, im Gegenteil. Die Bevölkerung verübelte es dem Herrscherpaar, dass das Geld hauptsächlich in repräsentative Bauten und Parkanlagen floss, während für die Untertanen selbst kaum etwas übrig blieb.

Als der erste Schreck überstanden war, nutzten Wilhelmine und Friedrich von Bayreuth auch gleich die Gelegenheit, den Bau des Neuen Schlosses in Auftrag zu geben. Aus Kostengründen musste Saint-Pierre allerdings Teile des alten Gebäudes in den Neubau mit einbeziehen. Gleichwohl bot sich Wilhelmine noch hinreichend Gelegenheit, die Räume nach ihrem Geschmack zu gestalten, ein Japanisches Teezimmer einzurichten, verschiedene Garten- und Spalierzimmer, ihr Musikzimmer sowie das Spiegel-scherbenkabinett, das damals an allen europäischen Höfen groß in Mode kam.

## Wiedersehen mit der Familie

Im Herbst 1753 reiste Wilhelmine wieder einmal nach Berlin, um ihre Familie wiederzusehen. Von dem Besuch ist nichts weiter bekannt, aber Graf Lehndorff, der Kammerherr von Elisabeth Christine, schrieb am 6. Oktober 1753 in sein Tagebuch: „Die Markgräfin sehe ich um 12 Uhr. Ich finde sie mit viel aufgeleg-tem Weiß und Rot, viel Steinen und sehr geputzt, ihrem Aus-sehen nach eine Person von 26 Jahren. Trotzdem behauptet sie, sie sei sehr krank. Es ist eine ganz eigen beanlagte Prinzessin. Ich glaube, dass sie auf einem Throne eine berühmte Frau geworden sein würde, ihr ganzes Denken wäre auf das Große, auf eine tüch-tige Wirksamkeit gerichtet gewesen, während sie jetzt nichts Großes findet, womit sie sich beschäftigen könnte. Sie gibt sich einer Pracht hin, die für ihr Land zu groß ist und es ruiniert. Sie liebt das Außerordentliche, und damit ist alles gesagt." Nur wenige Wochen später, am 12. November, wurde Lehndorff in seiner kritischen Beurteilung noch deutlicher: „Diese Fürstin, von den einen angebetet, von den anderen verabscheut, hat sicherlich Eigenschaften, wegen deren sie verdient, geliebt zu werden, sie ist freigebig, eine Gönnerin der Gelehrten und be-handelt ihre Diener gut, aber sie spielt gern die Witzige, dünkt sich erhaben über die übrige Menschheit und beweist nur gegen ihre Familie wirkliche Achtung; so ist sie immer bereit, dem König Altäre zu errichten."

Im Spätsommer des folgenden Jahres kam auch Friedrich II. ein weiteres Mal nach Bayreuth, und Wilhelmine hatte endlich wie-der einmal die Gelegenheit, mit einer glanzvollen Opernauffüh-rung fürstliche Pracht zu entfalten. Das Verhältnis der beiden Geschwister war inzwischen wieder ungetrübt, denn der Preu-ßenkönig hatte in den letzten Jahren offenbar keinen Grund mehr gehabt, Kritik an seiner Bayreuther Schwester zu üben. Kaum aber war Friedrich abgereist, da stand am 21. September 1754 plötzlich unerwarteter Besuch vor der Bayreuther Schlosstür: Wilhelmines Tochter Friederike. Inzwischen waren seit ihrer Hochzeit mit Karl Eugen von Württemberg sechs unglückliche Jahre vergangen. Das Kind, das die junge Herzogin 1750 zur Welt gebracht hatte, war bereits kurz nach seinem ersten Geburtstag gestorben und es schien keine Hoffnung mehr auf einen Thronfolger zu geben. Die herzogliche Ehe befand sich in einer permanenten Krise und Friederike empfand das Leben im Neuen Schloss in Stuttgart als wahre Hölle. Sie klagte nicht nur über die Kälte und Untreue ihres Gemahls, sondern auch über Intrigen und Machenschaften der Stuttgarter Hofgesellschaft, die ihr Dasein vergällten. Wilhelmine aber konnte ihrer Tochter nicht helfen und schickte sie nur wenig später mit guten Ratschlägen versehen zurück nach Stuttgart.

*Markgräfliche Bildungsreise*

In den vergangenen Jahren hatte Wilhelmine immer wieder über gesundheitliche Probleme geklagt. Sie ermüdete leicht, musste des Öfteren das Bett hüten und wurde von rätselhaften Fieberattacken gequält. Die Bayreuther mussten sich wohl oder übel damit abfinden, dass ihre Markgräfin keinen Thronfolger mehr zur Welt bringen würde. Mittlerweile war Wilhelmine 45 Jahre alt. Schon jetzt stand daher so gut wie fest, dass später einmal Alexander von Ansbach, der Sohn von Wilhelmines Schwester Friederike, die Bayreuther Markgrafschaft erben würde.

Friedrich von Bayreuth sorgte sich um seine Frau und beschloss daher, gemeinsam mit ihr die schon seit langem geplante, aber immer wieder verschobene Reise nach Südfrankreich anzutreten: „Der Markgraf beunruhigt sich darüber, dass alle Kuren, die ich dies Jahr gebraucht habe, meine Leiden nur für ein paar Wochen gemildert haben, ohne sie auszurotten", teilte Wilhelmine am 13. September 1754 ihrem königlichen Bruder mit. „Aus Freundschaft für mich hat er den Gedanken gefasst, mit mir nach

Montpellier zu gehen; vielleicht, dass die Luftveränderung mir mehr hilft als die Brunnenkuren und Arzneien."

Aus dem Kuraufenthalt in Südfrankreich wurde schließlich eine fast einjährige Reise durch Italien, während der Wilhelmine die bedeutendsten Sehenswürdigkeiten der Kunstgeschichte bestaunen konnte.

Die Wintermonate, die das Markgrafenpaar zunächst in Avignon verbrachte, waren aber nicht sonderlich erholsam, im Gegenteil. Anstatt das milde Klima zu genießen, wurden die Kurgäste von einer ungewöhnlichen Kältewelle überrascht, die der angegriffenen Gesundheit Wilhelmines keineswegs zuträglich war. Das war wohl auch der Grund für den überraschenden Entschluss des Markgrafen, die Reise lieber ins sonnige Italien fortzusetzen. Doch die Fahrt kreuz und quer über die Apenninenhalbinsel gestaltete sich offenbar keineswegs erholsam: „Neptun war uns immerfort abhold", schrieb Wilhelmine am 28. April 1755 aus Florenz an Friedrich II., „statt zwölf Stunden haben wir zwei tödliche Tage zur Überfahrt gebraucht ... Von Genua fuhren wir in zwei Tagen nach Pisa ... Den berühmten schiefen Turm habe ich mir von außen und innen angesehen. Er ist sehr merkwürdig und hängt derart über, dass man Angst bekommt ... Von Pisa kamen wir an einem Tage hierher. Heute mache ich den Anfang mit der Statuengalerie und der Tribuna ... Vor diesen schönen Resten des Altertums geriet ich in Begeisterung ..." Und wenige Tage später, im Mai 1755, schwärmte die Markgräfin: „Übermorgen verlassen wir Florenz. Ich bin wie ein Blinder, der nur allmählich sehen lernt und dadurch neue Anschauungen bekommt. Was ich von Italien gesehen habe, übertrifft alles, was man davon erzählt." Rom war die nächste Station: „Könnte ich doch die Gemälde, die ich hier sehe, zum Schmuck Deiner neuen Bildergalerie schicken", schrieb sie an Friedrich II., dessen Bildergalerie im Schlosspark von Sanssouci soeben fertig geworden war. Doch bei aller Begeisterung für Italien sparte Wilhelmine natürlich nicht mit Kritik: „Seit ich in Italien bin, habe ich nur eine abscheuliche Oper in Genua gehört. Man lobt und bewundert Stimmen, die wir nicht zum letzten Sänger nehmen würden. Die gute Musik, der Geschmack und die Schule sind gänzlich dahin."

Auch als sich das Markgrafenpaar wenig später in Neapel aufhielt, zeigte sich Wilhelmine enttäuscht und schrieb ihrem Bruder am 3. Juni: „Die Straße, die hierher führte, scheint der Weg zur Hölle zu sein. Nie habe ich für die Familie der Appier etwas übrig gehabt, aber jetzt hasse ich sie tödlich, seit ich die von ihr erbaute scheußliche Straße gekostet habe … Ich finde Neapel ganz anders, als man es mir geschildert hat. Die Kirchen lassen sich nicht mit denen von Rom und Florenz vergleichen … Das Volk, äußerst zahlreich, schreit Tag und Nacht derart, dass man nicht schlafen kann und im Kopf ganz wirr wird … Herculaneum entspricht den Schilderungen nicht. Ich war dort. Es ist ein Bergwerk, dessen Wände die Lava bildet. Man erkennt nicht das Geringste … Man fand dort zwei einbalsamierte Leichen in prächtigen Gewändern mit Goldborten ohne Seideneinschlag. Aber man grub sie so unvorsichtig aus, dass sie zerfielen. Ich sah das Grab, es ist so gut erhalten, als wäre es neu, und voll antiker Malereien. Hätten wir Werkzeug hier, wir hätten es mitnehmen können …"

Wilhelmine war eine der ersten Touristinnen, die diese archäologischen Zeugnisse zu Gesicht bekam. Wie das nahe gelegene Pompeji war auch Herculaneum beim Ausbruch des Vesuv im Jahr 79 n. Chr. untergegangen und seitdem für Jahrhunderte in Vergessenheit geraten. Zwar kannte man den erschütternden Bericht Plinius' des Jüngeren, doch wäre niemand auf den Gedanken gekommen, nach den verschütteten Städten zu suchen. Das Interesse daran wurde erst geweckt, als Bauarbeiter zufällig auf eine Inschrift stießen, in der der Name Pompeji vorkam. Im Mittelpunkt der Ausgrabungen von Herculaneum aber stand zunächst, wie auch aus Wilhelmines Bericht hervorgeht, die rücksichtslose Suche nach antiken Kunstwerken, Statuen und Wandmalereien. Antikes war damals gerade en vogue. Das Interesse sollte sich erst ganz allmählich ändern, nachdem der in Rom lebende deutsche Archäologe Johann Joachim Winckelmann zum Golf von Neapel aufgebrochen war und 1764 seine „Geschichte der Kunst des Altertums" veröffentlicht hatte. Erst jetzt wurden Pompeji und Herculaneum richtig populär und durften fortan auf keiner Bildungsreise durch Italien mehr fehlen.

Die archäologische Bedeutung des Schauplatzes Herculaneum war auch Wilhelmine nicht bewusst. Kunst und Kultur erweckten schließlich nur dann das Interesse der Markgräfin, wenn sie ihren Schlössern und damit ihrer eigenen Person zur Zierde gereichten.

So groß die Strapazen der Reise gewesen sein mochten – bekanntlich sind die Sommermonate in Süditalien ausgesprochen heiß –, Wilhelmine kehrte nur äußerst ungern nach Hause zurück. Zwei Tage nach ihrer Ankunft in Bayreuth, am 11. August 1755, schrieb sie an Friedrich II.: „Der Abschied fiel mir offen gesagt schwer. Vielleicht habe ich nie Zerstreuungen gehabt, die mich so gefesselt haben wie dort ... Alle Vorstellungen und Nachrichten von diesem Lande bleiben weit hinter der Wirklichkeit zurück ... Man zählt 75 000 antike Statuen in Rom ... Ich hatte mir 1200 Taler gespart, die ich dafür ausgegeben habe. Dafür habe ich herrliche Sachen bekommen, darunter einen griechischen Merkur. Die Altertumsfreunde weinten, als sie hörten, dass er mein geworden sei."

## „Ich zittere bei dem Gedanken an die Gefahren"

Es dauerte nicht lange, da zogen wieder Kriegswolken über Europa auf. Nach dem Ende des Schlesischen Krieges 1746 hatte Friedrich II. noch beteuert, er wolle künftig „keine Katze mehr angreifen" und stattdessen endlich sein Leben genießen. Tatsächlich hatte er die folgenden Jahre friedlich auf seinem neu erbauten Potsdamer Schloss verlebt, sich die Zeit mit Musik, Literatur und geistreichen Gesprächen vertrieben und sich so den ehrenvollen Ruf erworben, der „Philosoph von Sanssouci" zu sein. Doch die Ruhe war trügerisch. Unterdessen nämlich hatten Maria Theresia und Zarin Elisabeth von Russland ein Defensivbündnis geschlossen, das für Preußen nicht ungefährlich war. Das Gespenst eines Zweifrontenkrieges nahm plötzlich konkrete Gestalt an. Da Friedrich fürchtete, Österreich könne auch England auf seine Seite ziehen, entschloss er sich zu einem ungewöhnlichen Schritt, indem er dem englischen König Georg II., seinem Onkel, ein Bündnis vorschlug – ungeachtet einer bereits bestehenden preußisch-französischen Allianz. Tatsächlich unterzeichneten beide Monarchen zu Beginn des Jahres 1756 den Vertrag von Westminster. Dass man in Frankreich deswegen verstimmt sein könnte, schloss Friedrich II. ganz offensichtlich aus. Ein fataler Irrtum, wie sich bald zeigen sollte.

Schon seit Jahren nämlich hatte Österreichs Außenminister Graf Kaunitz vergeblich daran gearbeitet, Frankreich auf die Seite der Habsburger zu ziehen. Jetzt aber waren die Voraussetzungen endlich gegeben, da Friedrich seinem französischen Bündnispartner so rücksichtslos in den Rücken gefallen war. Zudem führten England und Frankreich damals einen erbitterten Krieg um die amerikanischen Besitzungen. Der Vertrag von Versailles 1756 besiegelte ein Defensivbündnis zwischen Frankreich und Österreich, dem auch Russland beitrat. Damit war geschehen, was wohl niemand für möglich gehalten hätte: die vollständige Umkehrung des europäischen Bündnissystems! Jetzt stand Friedrich II. mit dem Rücken zur Wand.

In dieser verzweifelten, wenngleich selbst herbeigeführten Situation entschloss sich der Preußenkönig todesmutig zur Flucht nach vorn, um dem gegnerischen Angriff zuvorzukommen. Im August 1756 fiel das preußische Heer in Sachsen ein, ein Land, das bislang neutral geblieben war und eigentlich auch bleiben wollte. Für die europäische Öffentlichkeit war damit klar, dass sich Friedrich II. als Aggressor ins Unrecht gesetzt hatte. Er selbst sah das naturgemäß anders. Am 22. Juni 1756 hatte er an Wilhelmine geschrieben: „Der Krieg scheint mir unvermeidlich. Ich habe mein Möglichstes getan, um ihn zu vermeiden; was auch geschehen mag: ich wasche meine Hände in Unschuld; zum mindesten bin ich überzeugt, dass kein Mensch mir vorwerfen kann, ich sei die Ursache davon gewesen."

Friedrich erklärte sein aggressives Vorgehen zum Präventivkrieg, der ihm von seinen Gegnern geradezu aufgezwungen worden war. Er wollte mit der Besetzung Sachsens angeblich nur verhindern, dass das Land, dessen Grenze nur knapp 50 km von Berlin entfernt lag, zum Aufmarschgebiet der österreichischen Armee wurde. Was der Preußenkönig jedoch verschwieg: Bereits 1752 hatte er in seinem Politischen Testament den Gedanken erwogen, Preußen durch eine Eroberung Sachsens „abzurunden".

Besorgt schrieb Wilhelmine am 4. September 1756 an ihren Bruder: „Es heißt, dass Du nach Böhmen marschierst … Ich wage

Dir nichts mehr von meinen Sorgen und Befürchtungen zu sagen. Trotz allem Vertrauen auf Deine Waffen und Deine gerechte Sache zittere ich bei dem Gedanken an die Gefahren, denen Du entgegengehst." Dazu hatte Wilhelmine auch allen Grund. Als Sachsen nur sechs Wochen nach dem preußischen Angriff kapitulierte, wurde aus dem Defensivbündnis Österreich, Frankreich und Russland eine offensive Allianz, die alles daran setzte, Preußen wieder zu einem Kleinstaat zurechtzustutzen. Doch Friedrichs hoch motivierte Soldaten leisteten den zahlenmäßig weit überlegenen Gegnern unerwarteten Widerstand. Das Schlachtenglück wechselte. Zwar gelang es den Preußen im Frühjahr 1757 bis vor die Tore Prags zu marschieren, doch nur wenige Wochen später wurden sie am 18. Juni bei Kolin so schwer geschlagen, dass sie Böhmen wieder räumen mussten.

Am 28. Juni 1757 erreichte Wilhelmine die traurige Nachricht, dass ihre Mutter, Königin-Witwe Sophie Dorothea, im Alter von 70 Jahren gestorben war. Auch wenn Sophie Dorothea schon seit längerem gekränkelt hatte, so kam ihr Tod doch völlig überraschend und einte die hinterbliebenen Töchter und Söhne in stiller Trauer. Friedrich II. schrieb am 5. Juli an Wilhelmine: „Ein neuer Kummer, der uns niederdrückt! Wir haben keine Mutter mehr. Dieser Verlust setzt meinem Schmerz die Krone auf." Wilhelmine hatte nicht vergessen, dass ihr der fatale Ehrgeiz der Preußenkönigin mitunter das Leben zur Hölle gemacht hatte. Die letzten Jahre jedoch waren friedlich und harmonisch verlaufen.

Diesmal ließ die Markgräfin nicht den geringsten Zweifel daran zu, dass sie im Krieg, den ihr Bruder führte, fest an der Seite Preußens stand. Sie überschlug sich geradezu mit Glückwünschen, wenn Friedrich gesiegt hatte, und verfiel nach einer Niederlage in tiefe Trauer. Und nicht nur das. Wilhelmine versuchte sogar, selbst im Sinne Preußens zu intervenieren. Das mochte eine gefährliche Gratwanderung sein, doch sie wollte den königlichen Bruder ihrer unbedingten Loyalität versichern. Deshalb beschloss sie, ihren Kammerherrn Chevalier de Mirabeau nach Paris zu schicken. Der sollte die einflussreiche Mätresse des französischen Königs, Madame Pompadour, mit einer größeren Bestechungssumme dazu veranlassen, Ludwig XV. von der Notwendigkeit eines Friedens mit Friedrich II. zu überzeugen. Friedrich II. selbst war von der Idee ganz angetan und dankte Wilhelmine in seinem Brief vom 7. Juli 1757: „So freundlich nimmst Du meine Sache in die Hand ... Da Du das große Friedenswerk auf Dich nehmen willst, bitte ich Dich, Mirabeau nach Frankreich zu schicken. Die Unkosten trage ich; er kann der Favoritin bis zu 500 000 Franken für den Frieden bieten und in seinen Angeboten noch viel weiter gehen, wenn man sie dahin bringt, uns einige Vorteile zu verschaffen." Wilhelmine gehorchte ihrem Bruder – und stellte sich damit gegen ihr eigenes Land, denn Bayreuth war auch im Siebenjährigen Krieg neutral geblieben. Hinter dem Rücken ihres Gemahls schickte sie Mirabeau umgehend nach Paris, um die Pompadour zu bestechen. Doch der Versuch misslang und Wilhelmine konnte von Glück sagen, dass Friedrich von Bayreuth nichts von der Aktion erfahren hat.

Wilhelmine stellte sich auch an die Seite Friedrichs II., als der sich im Sommer 1757 mit dem jüngeren Bruder August Wilhelm überwarf. Der König gab August Wilhelm nämlich die alleinige Schuld an der Niederlage bei Kolin im Juni des Jahres. Ihr Brief, den sie am 30. Juli an Friedrich schrieb, war jedenfalls überaus schmeichelnd: „Deine beiden Briefe haben mich zutiefst betrübt. Ich bin fest überzeugt, dass mein Bruder es an gutem Willen nicht hat fehlen lassen. Die Gnade, die Du ihm erwiest, als Du ihm die Führung des Heeres anvertrautest, war für ihn ein mächtiger Ansporn, sie zu verdienen. Nur Du, liebster Bruder, bist von Fehlern frei. Die großen Genies sind selten. Du kannst nicht von anderen verlangen, was Du von Dir selbst forderst." Aber Friedrich II. blieb unerbittlich in seinem Zorn. August Wilhelm verließ daraufhin die Armee und zog sich verbittert auf sein Schloss Oranienburg zurück. Dort ist er im Juni 1758 erst 35-jährig gestorben, wenn auch nicht „an gebrochenem Herzen", wie so gerne kolportiert wird, sondern höchstwahrscheinlich an einem Schlaganfall.

## Wilhelmines Tod

Zu Beginn des Jahres 1758 verschlechterte sich Wilhelmines Gesundheitszustand dramatisch. Im April dankte sie Friedrich für einen Brief, der neben guten Nachrichten über den Kriegsverlauf auch Genesungswünsche enthalten hatte: „Dein lieber Brief war mir wie ein Balsam, der mir das Leben wiedergegeben hat ... Ich hatte Rheumatismus im Körper und auf der Brust; heute geht es mir etwas besser, aber man befürchtete den Brand ... Ich kann vor Schwäche nicht weiterschreiben, aber mein Herz gehört dem lieben Bruder, wie es mir auch ergehen mag." Daran änderte sich auch in den folgenden Monaten nichts. Am 18. Juli heißt es: „Nur mein Herz führt mir die schwache Hand ... Seit drei Stunden schreibe ich mit Hilfe von starken Essenzen, mit denen ich die Handgelenke einreibe. Der Himmel gebe, dass ich bald die Einnahme von Olmütz erfahre; denn mich beschäftigt ganz allein das, was mit meinem lieben Bruder zusammenhängt." Am 10. August schrieb Wilhelmine: „Liebster Bruder! Ich bin so schwach, dass ich kaum kritzeln und nicht einmal lange schreiben kann .... Du fragst nach meinem Zustand. Wie ein armer Lazarus liege ich seit sechs Monaten im Bett. Seit acht Tagen trägt man mich auf einem Tragsessel und fährt mich im Rollstuhl."

Wilhelmine lebte nur noch wenige Wochen und starb am 14. Oktober 1758 im Alter von 49 Jahren. Es ist unklar, welche Krankheit ihren Tod letztlich verursacht hat. Vermutlich litt sie während der letzten Jahre sowohl unter einer Herzschwäche als auch an Tuberkulose. Friedrich II. erhielt die Todesnachricht am gleichen Tag, an dem er in der Schlacht bei Hochkirch eine schwere militärische Niederlage gegen Österreich hatte einstecken müssen.

In Berlin aber erinnerte sich Graf Lehndorff noch im gleichen Monat in einer Art Nachruf an Wilhelmine: „Diese Fürstin siechte schon ein halbes Jahr dahin, nachdem sie sich seit mehr als zehn Jahren bereits keiner Gesundheit mehr erfreut hatte. Ihre Willenskraft nur hielt sie aufrecht. Der Krieg, die Sorge um den König und der Verlust des Prinzen von Preußen hatten den Rest ihrer Kräfte aufgezehrt. Von allen Schwestern des Königs war sie diejenige, die ihm in Gesicht und Geist am meisten glich. Sie fühlte sich nur unter berühmten Leuten wohl, war Pracht liebend, besuchte gern das Schauspiel und komponierte selbst Opern. Immer war sie mit Juwelen bedeckt und legte Rot und

Weiß auf, was sie indes ableugnete. Ihre Landsleute liebten sie nicht sehr, indem sie behaupteten, sie verachte die kleinen Länder und die Untertanen ihres Gemahls. Diese Fürstin war für einen Thron geboren, aber nicht für den einer Markgräfin von Bayreuth."

Nachdem Wilhelmine in der Gruft der Bayreuther Schlosskirche ihre letzte Ruhestätte gefunden hatte, musste das Leben weitergehen, auch für den Witwer, Markgraf Friedrich. Da er mit 48 Jahren noch vergleichsweise jung war, drängten ihn seine Berater, in nicht allzu ferner Zukunft noch einmal zu heiraten, um seinem kleinen Land doch noch einen Thronfolger zu schenken. Friedrichs Auserwählte, die er nach einem knappen Trauerjahr am 20. September 1759 zur Frau nahm, war die 22-jährige Sophie Caroline von Braunschweig-Wolfenbüttel, eine Tochter von Wilhelmines Schwester Charlotte. Doch auch diese Ehe blieb kinderlos und Friedrich starb bereits vier Jahre später. Neuer Markgraf von Bayreuth wurde zunächst Friedrichs greiser Onkel, Christian Friedrich. Mit dessen Tod 1769 aber erlosch die Bayreuther Linie und Markgraf Alexander von Ansbach wurde der neue Landesherr. Das war das Ende des Bayreuther Hofes und aller Prachtentfaltung, mit der Markgräfin Wilhelmine in die Geschichte eingegangen ist.

# FRIEDERIKE
## Markgräfin von Brandenburg-Ansbach
### (1714–1784)

*Eine „engelsschöne" Prinzessin*

Als Friederike Louise am 28. September 1714 geboren wurde, trauerten die königlichen Eltern noch immer um die kleine Charlotte Albertine, die am 10. Juni mit nur elf Monaten gestorben war, das dritte Kind bereits, das sie so früh zu Grabe tragen mussten. Zwei Tage vor dem Tod der Prinzessin hatten Sophie Dorothea und Friedrich Wilhelm zudem ihre geliebte Großmutter verloren. Kurfürstin-Witwe Sophie von Hannover war während eines Spaziergangs im Großen Garten von Herrenhausen plötzlich tot zusammengebrochen. Wenngleich sie mit ihren 83 Jahren ein ungewöhnlich hohes Alter erreicht hatte, so herrschte am Hohenzollernhof gleichwohl tiefe Trauer. Für Sophie Dorothea, die ohne ihre Mutter aufwachsen musste, nachdem man diese nach der berühmt-berüchtigten Königsmarck-Affäre nach Schloss Ahlden verbannt hatte, war Sophie stets eine liebevoll-besorgte Ersatzmutter gewesen (s. S. 13 f.). Vor allem in der ersten besonders schwierigen Zeit der Ehe mit dem Kronprinzen hatte sie der Enkelin stets mit Rat und Tat zur Seite gestanden. Sophie war auch die Einzige gewesen, die sich in die schwierige Persönlichkeitsstruktur Friedrich Wilhelms hineinfühlen konnte und daher meist Verständnis für das mitunter seltsame Gebaren ihres preußischen Enkels zeigte.

Doch das Leben ging weiter. Die neugeborene Friederike

# Brandenburg-Ansbach

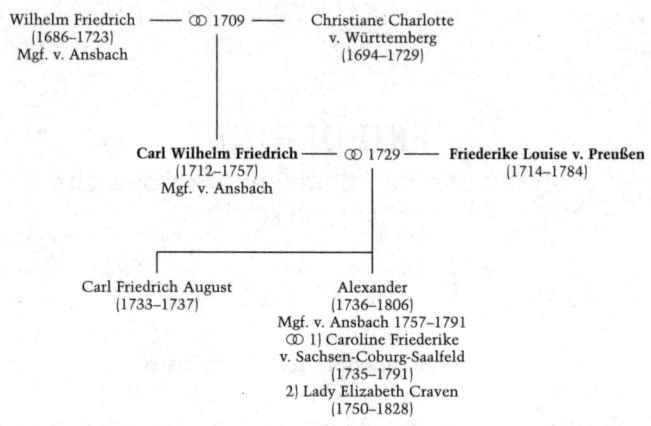

Wilhelm Friedrich ——— ∞ 1709 ——— Christiane Charlotte
(1686–1723)                                        v. Württemberg
Mgf. v. Ansbach                                    (1694–1729)

**Carl Wilhelm Friedrich** ——— ∞ 1729 ——— **Friederike Louise v. Preußen**
(1712–1757)                                              (1714–1784)
Mgf. v. Ansbach

Carl Friedrich August                          Alexander
(1733–1737)                                    (1736–1806)
                                               Mgf. v. Ansbach 1757–1791
                                               ∞ 1) Caroline Friederike
                                               v. Sachsen-Coburg-Saalfeld
                                               (1735–1791)
                                               2) Lady Elizabeth Craven
                                               (1750–1828)

wurde, wie es am preußischen Königshof üblich war, einer Amme übergeben. Sophie Dorothea war ohnehin mit ganz anderen Dingen beschäftigt. Am 1. August hatte nämlich auch die englische Königin Anne die Augen für immer geschlossen und damit den Thron für Sophie Dorotheas Vater Georg Ludwig frei gemacht, den ersten Monarchen aus dem Hause Hannover, das bis 1837 die englischen Könige stellen sollte. Die stolze und standesbewusste Preußenkönigin, die am vergleichsweise nüchternen Berliner Hof ein luxuriöses Ambiente schmerzlich vermisste, hoffte nun inständig, dass in Zukunft ein wenig mehr Glanz auf sie und ihre Kinder abfallen würde. Und so begann sie schon damals, sich intensiv mit dem englischen Heiratsprojekt zu beschäftigen, das letztlich so viel Unglück über die preußische Königsfamilie gebracht hat (s. S. 28 ff.).

Anders als Wilhelmine und Charlotte ist Friederike jedoch mit der „englischen Heirat" niemals in Zusammenhang gebracht worden. Als sich Sophie Dorotheas Hoffnungen hinsichtlich ihrer ältesten Tochter in Luft auflösten, war die jüngere Friederike bereits seit zwei Jahren verheiratet. Es scheint ohnehin, als habe das Mädchen im Familienleben eher eine Nebenrolle gespielt, einem „Familienleben", das freilich nicht mit bürgerlichen Maßstäben gemessen werden darf. Weder die Beziehung zu den Eltern noch das Verhältnis der Geschwister untereinander waren rein privater Natur. Der Umgang wurde zunächst vom höfischen Protokoll bestimmt und ermöglichte den Prinzen und Prinzessinnen kaum eine wirkliche Intimsphäre noch ein vertrauliches Miteinander. Es bedurfte schon einer starken Persönlichkeit, um sich in der höfischen Umgebung einige Freiräume zu verschaffen. Die aber besaß Friederike nicht. Sie wurde gemeinsam mit ihren 1716 bzw. 1717 geborenen Schwestern Charlotte und Sophie erzogen, erwies sich jedoch, obwohl sie in dem Trio die Älteste war, als eher blass und wenig durchsetzungsfähig. Ganz eindeutig dominierte die zwei Jahre jüngere Charlotte, ein lebhaftes Kind, dem es sogar gelang, den oftmals grimmigen Vater charmant um den Finger zu wickeln. Friederike besaß hingegen keine bemerkenswerten Qualitäten, sieht man einmal davon ab, dass sie zu einem auffallend hübschen jungen Mädchen heranwuchs: „Meine Schwester war engelsschön", urteilte Wilhelmine in ihren Memoiren, „aber schrecklich launisch und kleinlich". So wie es aussieht, kompensierte Friederike tatsächlich mangelnde Begabung und Ausstrahlung mit einer Portion zu viel fürstlichen Stolzes, was ihr das spätere Leben als Markgräfin von Ansbach nicht gerade erleichtern sollte.

## Verlobung zweier Kinder

Friederike war die Erste, die das königliche Elternhaus verließ. „Da mein Vater auf die Versorgung seiner Töchter sehr bedacht war", heißt es in Wilhelmines Memoiren, „suchte ihn Seckendorff auch von dieser Seite zu beeinflussen und forderte den Markgrafen von Ansbach, einen jungen, 17-jährigen Prinzen, auf, sich nach Berlin zu verfügen und sich meine jüngere Schwester anzusehen."

Friedrich Heinrich von Seckendorff (1673–1753) war nicht nur der Vertreter des Kaisers am Berliner Hof, sondern auch ein Freund und politischer Ratgeber des Preußenkönigs. Er riet Friedrich Wilhelm aus zweierlei Gründen zu einer Verbindung mit Ansbach: Die Ehe Friederikes mit dem Markgrafen würde nicht nur die verwandte fränkische Linie stärker an das Königshaus binden, sondern auch den preußischen Erbanspruch auf die kleine Markgrafschaft festigen (vgl. S. 35).

Der auserwählte Heiratskandidat Carl Wilhelm Friedrich von Brandenburg-Ansbach war für die junge Friederike kein Unbekannter. Im Rahmen der damals üblichen Kavalierstour, die alle Prinzen absolvieren mussten, hatte sich Carl 1726 längere Zeit am Berliner Hof aufgehalten, dort, wo auch seine schöne Tante Caroline groß geworden war. Preußenkönig Friedrich Wilhelm wird sich vielleicht wehmütig daran erinnert haben, dass er die Ansbacherin seinerzeit gerne geheiratet hätte, doch dann war ihm sein Vetter Georg August zuvorgekommen. Inzwischen war Caroline Königin von England.

Friederikes Bräutigam hatte am 12. Mai 1712 das Licht der Welt erblickt. Er war noch nicht einmal elf Jahre alt, als sein Vater Markgraf Friedrich Wilhelm von Ansbach am 6. Januar 1723 den Folgen eines Schlaganfalls erlag. Seitdem stand er unter der

Vormundschaft seiner klugen Mutter Christiane Charlotte, einer höchst eindrucksvollen Persönlichkeit. Für Markgraf Friedrich Wilhelm war es nämlich ein großes Glück gewesen, als er im August 1709 seine württembergische Cousine heiratete. Mit Christiane Charlotte fand er nicht nur eine gebildete und temperamentvolle Gefährtin, sondern zugleich eine kompetente Partnerin, die ihm Antrieb und Stütze zugleich war. Mit ihr zog ein neuer heiterer Geist ins Ansbacher Schloss ein. Aufgeschlossen für Kunst und Kultur nahm sie nicht nur regen Anteil am Umbau der Residenz, sie scheint auch die eigentliche Triebfeder der Errichtung einer öffentlichen Schlossbibliothek gewesen zu sein, die 1720 eingeweiht wurde. Doch das Glück war nur von kurzer Dauer. Noch im gleichen Jahr erlitt der Markgraf einen ersten Schlaganfall, der Sprachstörungen sowie eine linksseitige Lähmung zur Folge hatte. Er wurde nie mehr richtig gesund. Nach seinem Tod drei Jahre später übernahm es Christiane Charlotte, die Geschicke der kleinen Markgrafschaft zu lenken und ihren Sohn Carl auf seine künftige Aufgabe vorzubereiten. Sie machte ihre Sache in jeder Hinsicht gut, ergriff Maßnahmen zur Verringerung der Schuldenlast und des aufgeblähten Beamtenapparates und sorgte durch die Förderung von Manufakturen für eine spürbare Belebung des Handels. Carl sollte es nicht allzu schwer haben, wenn er bei Eintritt der Volljährigkeit regierender Markgraf werden würde. Trotzdem hoffte Christiane Charlotte inständig, dem Sohn noch möglichst lange als Beraterin zur Seite stehen zu können. Carls Erziehung war nämlich keineswegs leicht, der junge Prinz war wild, störrisch, unaufmerksam und bereitete seiner Mutter mitunter erhebliches Kopfzerbrechen.

Und doch war die Hochzeit der beiden Kinder – Carl war 17, Friederike erst 14 Jahre alt – schon bald beschlossene Sache. Der Termin wurde auf den 30. Mai 1729 festgelegt. Die junge Braut hatte sich der väterlichen Entscheidung widerspruchslos zu fügen, obwohl es nicht nur ihr klar gewesen sein dürfte, dass sie für eine Ehe noch viel zu unreif war. Und dass es ausgerechnet das kleine und vergleichsweise unbedeutende Ansbach sein musste, während Wilhelmine noch von einer Zukunft als Königin von England träumen durfte, verdüsterte Friederikes Stimmung nur noch mehr. Aber immerhin – sie heiratete als Erste.

Während Sophie Dorothea über die Verbindung Friederikes mit dem jungen Markgrafen von Ansbach nur die Nase rümpfen konnte, war der Preußenkönig zunächst einmal froh, zumindest eine seiner sechs Töchter günstig unter die Haube gebracht zu haben. Dennoch kann man wohl davon ausgehen, dass er überzeugt war, Friederike würde mit Carl in jeder Hinsicht eine „gute Partie" machen. Friedrich Wilhelm nämlich mochte den korpulenten jungen Ansbacher von Herzen. Carl ging wie er selbst gern auf die Jagd, hatte sich bereits bei seinem früheren Aufenthalt in Berlin als ausgesprochen trinkfest erwiesen und war daher im berühmten Tabakskollegium des Königs ein gern gesehener Gast. Dabei übersah der glückliche Brautvater allerdings geflissentlich, dass es zwischen dem Markgrafen und Friederike keinerlei Übereinstimmungen gab, sieht man einmal davon ab, dass beide noch viel zu jung und unreif waren.

Nach den obligatorischen tagelangen Hochzeitsfeierlichkeiten verließ das frisch vermählte Paar am 13. Juni 1729 das Berliner Schloss und hielt acht Tage später feierlichen Einzug in Ansbach, einem kleinen Städtchen im Tal der fränkischen Rezat. Damit übertrug Christiane Charlotte die Landesregierung auf den erst 17-jährigen Carl und machte ihn so zum regierenden Markgrafen. Friederike, die noch nicht einmal ihr 15. Lebensjahr vollendet hatte, wurde Markgräfin von Ansbach, eine Position, die allerlei Pflichten mit sich brachte, denen die junge Prinzessin in keiner Weise gewachsen war. Christiane Charlotte war es gewiss nicht leicht gefallen, die Zügel so früh aus der Hand zu geben. Sie spürte aber, dass sie nicht mehr lange genug leben würde, um ihre Aufgabe zu beenden. Tatsächlich starb die Markgräfin-Witwe Weihnachten 1729 mit erst 35 Jahren, aller Wahrscheinlichkeit nach an Magenkrebs. Wenige Tage später wurde sie in der Fürstengruft unter dem Chor von St. Johannis neben ihrem Gemahl beigesetzt.

Jetzt gab es niemanden mehr, der seine schützende Hand über das junge Markgrafenpaar hielt und ihm sanft den richtigen Weg wies. Insbesondere Friederike hätte einer liebevollen Mentorin bedurft, die sie behutsam in die Ansbacher Verhältnisse einführte und ihr bewusst machte, dass der verhältnismäßig kleine Hof nicht mit Berlin zu vergleichen war. So aber tappte die stolze junge Markgräfin von Fettnäpfchen zu Fettnäpfchen. Anstatt sich im Umgang mit der Ansbacher Hofgesellschaft ein wenig in Bescheidenheit zu üben, gab Friederike von Anfang an die stolze preußische Königstochter und ließ ihre Umgebung spüren, wie sehr man sie „unter ihrem Wert" verheiratet hatte. Trotzig bestand sie weiterhin auf der Anrede „Königliche Hoheit", während sich ihr Gemahl mit einem einfachen „Durchlaucht" zufrieden geben musste. Dass sie damit nicht nur die Hofgesellschaft, sondern auch und vor allem Carl selbst verärgerte, scheint ihr gleichgültig gewesen zu sein. Sie zeigte sich unnachgiebig, launisch, eingebildet und isolierte sich mit ihrem unsinnigen Verhalten immer mehr.

Dabei hätte Friederike eigentlich zugeben müssen, dass zumindest das Ansbacher Residenzschloss durchaus ihren hohen Ansprüchen genügte. Ihre verstorbene Schwiegermutter hatte sich schließlich trotz finanzieller Engpässe bemüht, die Ansbacher Residenz dem veränderten Zeitgeschmack anzupassen. Noch aber war der Umbau nicht abgeschlossen. Erst mit Carls Regierungsantritt trat das Projekt in seine letzte Bauphase ein. Der bedeutende Architekt Leopold Retti (1705–1751) gestaltete die Räume schließlich im typischen „Ansbacher Rokokostil", einer Mischung französischer, italienischer, oberbayerischer und fränkischer Elemente, die zu den schönsten deutschen Schöpfungen der Raumkunst des 18. Jahrhunderts gehörten. Freilich sollte es nach Friederikes Ankunft noch Jahre dauern, bis aus der gigantischen Baustelle eine wirklich fürstliche Residenz wurde.

Um die Allüren seiner verwöhnten jungen Gemahlin nicht länger als nötig ertragen zu müssen, zog es Carl vor, wann immer es ging, seiner großen Leidenschaft zu frönen, der Falkenjagd, einer blutigen Liebhaberei, die Friederike zutiefst verabscheute. Sie selbst hingegen fand in Ansbach keine angemessene Beschäftigung, um ihre Zeit sinnvoll auszufüllen. So scheint sich die Markgräfin ganz ihrer schlechten Laune hingegeben zu haben. In ihrer Ehe standen daher von Anfang an alle Zeichen auf Sturm. Ein wahrer Teufelskreis, den man sich so oder ähnlich vorzustellen hat: Saß das junge Paar beim Diner beisammen, jammerte

Friederike unablässig über die Zustände in ihrer neuen Heimat. Das wiederum bewog den frustrierten Gemahl, noch tiefer als sonst ins Weinglas zu schauen, um anschließend seinerseits dem aufgestauten Ärger freien Lauf zu lassen. Und hinterher war Friederike umso unglücklicher. „Der Markgraf von Ansbach war ein sehr schlecht erzogener junger Prinz, der mit meiner Schwester wie Hund und Katz lebte und sie fortwährend malträtierte", schrieb Wilhelmine später über die Zustände am Ansbacher Hof. Oft ist sie freilich nicht Augenzeugin gewesen. Zum einen war das Verhältnis zu ihrer Schwester nicht das beste, zum anderen gab es zwischen den beiden Markgrafschaften Ansbach und Bayreuth heftige Konkurrenz. Dass es Carl später gelang, den starken Bayreuther Einfluss erheblich zu vermindern, sollte die Stimmung zwischen den beiden Fürstenhöfen nicht gerade verbessern.

### „Sie hassen sich wie die Pest"

Als man in Berlin vom Fiasko der markgräflichen Ehe erfuhr, reagierte die Familie, vor allem Mutter Sophie Dorothea, zunächst wenig hilfreich und ermahnte die junge Ehefrau nur wiederholt zu „Sanftmut und Geduld". Schließlich wusste sie aus eigener leidvoller Erfahrung, dass aller Anfang schwer war. Im Juli 1730 aber reiste der Preußenkönig in Begleitung des Kronprinzen selbst nach Ansbach, um sich ein Bild von den dortigen Verhältnissen zu machen. Wie es scheint, führte er mehrere ernste Gespräche mit seinem Schwiegersohn und redete ihm ins Gewissen, vorübergehend offenbar mit Erfolg. Doch auch dem jungen Friedrich war sofort aufgefallen, was seine Schwester in ihrer Ehe durchmachte: „Sie hassen sich wie die Pest", schrieb er an Wilhelmine.

Während sich in Ansbach die Wogen ein wenig glätteten, steuerte die preußische Königsfamilie direkt auf jene Katastrophe zu, die als Kronprinzentragödie bekannt geworden ist (s. S. 32): die missglückte Flucht des jungen Friedrich. Am 26. August 1730 schrieb Wilhelmine in einem Brief an Friederike: „Liebste Schwester! Ich glaube, ich brauche mich nicht bei Ihnen zu entschuldigen, dass ich Ihnen mit der letzten Post nicht geantwortet habe, aber ich war in so tödlichem Kummer, dass ich es nicht vermochte. Ich bin noch immer von tiefem Schmerz erfüllt und bin überzeugt, dass es Ihnen ebenso geht. Gott neige das Herz des Königs zur Milde! Er allein kann meinen Bruder retten."

Womöglich hatte Friederike schon vorher von Friedrichs Fluchtplänen erfahren. Während sich Vater und Sohn in Ansbach aufhielten, hatte sich der Kronprinz nicht gescheut, seinen Schwager Carl um Pferde zu bitten, angeblich um mit seinen Leuten ein wenig auszureiten. Doch bei dem Ansbacher schrillten gleich die Alarmglocken, denn nicht nur der Preußenkönig, auch Friedrich selbst hatte ihm gegenüber keinen Hehl daraus gemacht, wie schlecht das Verhältnis zwischen Vater und Sohn mittlerweile geworden war. Carl lehnte den Wunsch seines gleichaltrigen Schwagers daher kategorisch ab. Auch Wilhelmine berichtet in ihren Memoiren von dem missglückten Plan des Bruders: „Zunächst wollte er sich schon in Ansbach davonmachen. Der Fehler, den er beging, als er dem Markgrafen seine Unzufriedenheit anvertraute, bereitete ihm das erste Hindernis. Dieser Fürst bemerkte seine tiefe Verbitterung gegen den König, vermutete etwas von seinen Plänen und störte sie, indem er die Pferde verweigerte, die der Kronprinz unter dem Vorwand eines Spazierritts gefordert hatte."

Im Jahr darauf, am 20. November 1731, heiratete Wilhelmine den Erbprinzen Friedrich von Bayreuth. Zu diesem Anlass kamen auch Friederike und Carl nach Berlin. Glaubt man Wilhelmine, dann hatte die unglückliche Ehe bei Friederike bereits deutlich sichtbare Spuren hinterlassen: „Wir erkannten sie kaum wieder; sie war sehr schön gewesen und war es nun nicht mehr. Ihr Teint war verdorben und ihre Manieren sehr affektiert." Ob der Teint tatsächlich so „verdorben" war, wie Wilhelmine behauptet, sei dahingestellt. Es ist freilich kaum anzunehmen, dass sie ihre jüngere Schwester je ungeschminkt gesehen hat. Schließlich war es damals üblich, dass sich die Damen das Gesicht weiß puderten und reichlich Rouge auflegten, wie es auch die modebewusste Wilhelmine selbst tat. Was die „affektierten Manieren" betraf, so hat es jedoch tatsächlich den Anschein, als habe Friederike daheim ihre Position als „regierende Markgräfin" den Schwestern gegenüber allzu sehr betont.

Ohnehin stand die Familienfeier unter keinem guten Stern. Sophie Dorothea konnte ihre Abneigung gegen den Bayreuther Schwiegersohn kaum verbergen und auch Markgraf Carl zeigte sich nicht gerade von seiner besten Seite. Nach reichlichem Alkoholgenuss provozierte er einen höchst überflüssigen Eklat. Das zumindest schreibt Wilhelmine: „Der Markgraf von Ansbach verfiel auf den Gedanken, den Erbprinzen von Bayreuth wegen seiner Herkunft zu hänseln; er reizte ihn an einem sehr empfindlichen Punkt. Ich sagte schon, dass die Mutter desselben Prinzen eine Prinzessin von Holstein war. Sie hatte sich so schlecht aufgeführt und so viele Extravaganzen begangen, dass der Prinz, ihr Gemahl, damals noch ein apanagierter Fürst, sich genötigt sah, sie in eine Festung zu sperren." In der Bayreuther Familie wurde über dieses heikle Thema stets geschwiegen. Friedrichs Mutter, Dorothea von Holstein-Beck, war schon vor Jahren vom markgräflichen Hof verbannt worden, nachdem sie ihrem Gemahl untreu geworden war.

### „... in Tränen aufgelöst"

Mochten sich Friederike und Carl auch tatsächlich „wie die Pest" gehasst haben – das Ehebett mussten sie wohl oder übel miteinander teilen. Carl brauchte einen männlichen Erben, wollte er verhindern, dass die Markgrafschaft Ansbach nach seinem Tod an Preußen fiel. Nach vierjähriger Ehe wurde am 7. April 1733 Erbprinz Carl Friedrich August geboren, eine große Freude für das Elternpaar, die die angespannte Beziehung vorübergehend sogar ein wenig verbesserte. Wirklich näher kamen sich beide jedoch nicht. Friederike haderte nach wie vor mit ihrem Schicksal, fühlte sich in Ansbach noch immer nicht daheim und ließ ihrer Unzufriedenheit weiterhin freien Lauf. Noch schlimmer wurde es aber, als sie erfuhr, dass Carl sein Liebesglück bei einem einfachen Ansbacher Mädchen gefunden hatte. Für die Hofgesellschaft, die die eingebildete Markgräfin mittlerweile regelrecht verabscheute, war es ein ganz besonderes Vergnügen, pikante Details aus dem amourösen Treiben des Markgrafen zu verbreiten. Auf Mitleid konnte Friederike daher nicht hoffen.

Dass Carl eine andere liebte, dürfte sie nicht so sehr geschmerzt haben wie die Tatsache, dass die Betreffende aus dem einfachen Volk kam. Sie hieß Elisabeth Wünsch (1710–1757) und war die Tochter eines markgräflichen Falkners. Bei ihr fand Carl offenbar alles, was er zuhause so schmerzlich vermisste: Wärme, Vertrauen und Geborgenheit. Um zu beweisen, wie ernst ihm die Liebe zu Elisabeth war, schloss er unter dem Namen Johann Wilhelm Falk 1734 mit ihr eine morganatische Ehe, aus der vier Kinder hervorgingen. Die beiden Söhne Friedrich Karl (1734–1796) und Friedrich Ferdinand (1748–1811) wurden schließlich vom Kaiser zu Freiherren von Falkenhausen erhoben und gründeten damit eine Linie, die heute noch immer existiert. Stammsitz der markgräflichen „Zweitfamilie" wurde Schloss Wald bei Gunzenhausen am Altmühlsee. Die Verbindung des Markgrafen mit der Falknerstochter hielt ein Leben lang. Auch wenn Elisabeth in späteren Jahren Carls Gunst mit anderen schönen Ansbacherinnen teilen musste, so ist sie doch stets die eindeutige Favoritin geblieben.

Bei Friederike zeigten sich damals die ersten Anzeichen einer schweren Depression. Es war wohl weniger die Untreue ihres Gemahl als vielmehr die zermürbende Langeweile, die sie so sehr quälte. Die Tage flossen dahin, ohne dass es irgendwelche Höhepunkte in ihrem Leben gegeben hätte. Selbst eine zweite Schwangerschaft scheint ihren Zustand nicht verbessert zu haben, im Gegenteil. Ihre Schwester Charlotte, inzwischen Herzogin von Braunschweig-Wolfenbüttel, schrieb damals nach Berlin: „Ich habe Nachrichten aus Ansbach, welche besagen, dass meine Schwester sehr traurig und melancholisch war. Ich fürchte, weil sie schwanger ist, dass ihr der Kummer nicht gut tut."

Am 24. Februar 1736 aber wurde zur Freude aller Ansbacher ein zweiter gesunder Sohn geboren, Christian Friedrich Carl Alexander. Wieder kam sich das Markgrafenpaar ein wenig näher. Carl und Friederike beschlossen sogar, die Sommermonate gemeinsam auf Schloss Triesdorf im oberen Altmühltal zu verbringen. Das war äußerst bemerkenswert, denn bislang hatte es Friederike stets vorgezogen, nach Unterschwaningen zu gehen. Dieses Schloss war ihr nämlich nach der Geburt des Erbprinzen 1733 als Lehen auf Lebenszeit übergeben worden. Christiane Charlotte hatte das altersgraue und wenig anheimelnde Schloss seinerzeit mit kostbarem Rokokoschmuck ausstatten lassen und es so in ein fürstliches Palais verwandelt.

Ende Mai 1736 begab sich die Ansbacher Markgrafenfamilie nach Triesdorf. Dort bewohnte sie das „Weiße Schloss", das wegen des Kalkanstrichs der Außenwände so genannt wurde (heute ist es Sitz der staatlichen Fachakademie für Landwirtschaft). Triesdorf befand sich bereits seit 1600 im Besitz der Markgrafen von Ansbach, hatte zunächst als Jagdschloss gedient und war nach und nach zur Sommerresidenz ausgebaut worden. Carl liebte dieses Anwesen ganz besonders, denn das nahe gelegene Feuchtgebiet der Altmühl war geradezu ideal für seine große Leidenschaft, die Falkenjagd. Der Markgraf war einer der leidenschaftlichsten Jäger seiner Zeit. Mit verschwenderischem Aufwand unterhielt er das größte Falknercorps, das sich je ein deutscher Reichsfürst geleistet hat. Im Jahr 1750 waren es insgesamt 51 Personen, für die er in Triesdorf ein eigenes Falkenhaus errichten ließ, das so genannte Rote Schloss. Carls kostspielige Liebhaberei verschlang jährlich fast ein Zehntel des markgräflichen Etats und spielte in seinem Leben eine übergroße Rolle. Für ihn war die Beizjagd mehr als ein sportliches Vergnügen. Seine Schlösser, auch die Residenz Ansbach, waren allesamt mit Gemälden, Schnitzwerken, Kacheln und anderen Kunstwerken geschmückt, die das Thema Falkenjagd variierten.

Auch im Sommer des nächsten Jahres erklärte sich Friederike bereit, mit Mann und Kindern nach Triesdorf zu gehen. Doch dann ereignete sich eine Katastrophe, die der markgräflichen Ehe den endgültigen Todesstoß versetzten sollte: Am 9. Mai 1737 starb der fröhliche und hoffnungsvolle Erbprinz Carl Friedrich August. Beide Eltern waren untröstlich. Es ist nicht bekannt, woran der kleine Prinz tatsächlich gestorben ist. War es eine Krankheit oder ein tragischer Unglücksfall? Fest steht jedoch, dass man Friederike die Schuld am Tod ihres Kindes gab, was auch immer vorgefallen sein mag. Während sich Carl nun völlig von seiner Frau zurückzog und Trost in den Armen von Elisabeth Wünsch suchte, musste Friederike ganz allein mit ihrem unendlichen Kummer fertig werden. Erst als Wilhelmine die Nachricht vom Tod ihres Ansbacher Neffen erhielt, machte sie sich auf den

Weg zu ihrer Schwester: „Der Markgraf war auf dem Lande, wo er in den Armen seiner Geliebten den Schmerz um seinen verstorbenen Sohn zu betäuben suchte. Sobald er erfuhr, dass ich nach Ansbach gekommen war, kehrte er zurück. Ich traf meine Schwester in Tränen aufgelöst an und so verändert aussehend, dass sie nicht mehr zu erkennen war. Der Markgraf würdigte sie keines Blickes; er musste wohl oder übel mit uns speisen, aber man sah es ihm an, wie schwer es ihm fiel." Angeblich gelang es Wilhelmine während ihres Aufenthalts, die markgräfliche Ehe wieder zu kitten: „So war mir die Freude vergönnt, den Frieden wiederhergestellt zu sehen." Doch sie befand sich im Irrtum. Diesmal war der Bruch endgültig und es kam zu einer unwiderruflichen Trennung von Tisch und Bett.

## Allein in Unterschwaningen

Jetzt war Friederike endgültig isoliert. Sie zog sich auf ihren Besitz Unterschwaningen am Hesselberg zurück und kam lediglich hin und wieder nach Ansbach, wenn repräsentative Verpflichtungen dies zwingend erforderlich machten. Der einjährige Sohn Alexander wurde ihrer Obhut entzogen und wuchs fortan am väterlichen Hof auf, sodass dieses Kind ihr völlig fremd blieb. Friederike aber hatte niemandem, dem sie ihr Herz ausschütten konnte. Von Mutter Sophie Dorothea kamen ohnehin nur nutzlose Ratschläge, die zur Geduld ermahnten, und auch das Verhältnis zu den Geschwistern war keineswegs vertraulich. Als Friedrich II. nach dem Tod des Vaters 1740 den preußischen Thron bestieg, gratulierte Friederike untertänigst: „Möge der Himmel wollen, dass Sie diese Krone in vollkommener Gesundheit tragen! Möge er all Ihre Unternehmungen segnen und Sie mit den Gnaden des Himmels überschütten, sodass Ihnen all die Jahre hindurch keinerlei Unglücksfall zustoßen möge. Ich empfehle mich erneut der Fortdauer Ihrer Gnade und werde mein Allermöglichstes tun, mir diese zu erhalten, indem ich mit ergebendstem Eifer verbleibe, mein lieber Bruder, die alleruntertänigste Schwester und Dienerin Friederike." Das distanzierte Verhältnis zu ihrem ältesten Bruder, das aus diesem Schreiben deutlich wird, sollte sich auch in Zukunft nicht ändern. Es kam niemals zum vertrauten Umgang. Friederike fand keinen Zugang zu dem intellektuellen Friedrich und der wiederum konnte und wollte für die „Alltagssorgen" seiner Schwester nur wenig Verständnis aufbringen.

Spätestens jetzt hätte Friederike ihr Leben selbst in die Hand nehmen müssen. Schließlich stand ihr mit Schloss Unterschwaningen ein reiches Betätigungsfeld zur Verfügung. Warum also hätte sie ihr Heim nicht nach eigenem Geschmack umgestalten sollen? Es ist möglich, dass Friederike zunächst tatsächlich einen gewissen Ehrgeiz in dieser Hinsicht entwickelt hat, doch dann blieb sie bereits in den Anfängen stecken. Das Einzige, was auf ihre Initiative errichtet wurde, war die Schlosskirche. Ursprünglich war das Gotteshaus ausschließlich für höfische Zwecke gedacht gewesen, doch das scheiterte letztlich an den hohen Kosten. Friederike musste sich wohl oder übel damit abfinden, dass „ihre" Kirche, die noch heute existiert, auch von der Ortsgemeinde genutzt wurde. Am 12. Mai 1743 wohnte sie mitsamt ihrem kleinen Hofstaat der feierlichen Einweihung der Schlosskirche bei.

Doch damit war ihre kreative Phase auch schon vorbei. Im Schloss selbst nahm Friederike keine größeren Veränderungen mehr vor und verzichtete sowohl auf eine Umgestaltung der Wohnräume als auch auf die Anschaffung neuer Möbel. Und das lag keineswegs nur an den beschränkten finanziellen Mitteln, die ihr zur Verfügung standen. Die einst so stolze junge Markgräfin hatte jegliches Interesse an Prunk und Luxus verloren. Für wen sollte sie Unterschwaningen auch herrichten? Seit den 1740er-Jahren kamen kaum noch Gäste zu ihr, Hoffeste fanden keine mehr statt, von Konzerten und Theateraufführungen ganz zu schweigen. Über dem Schloss herrschte eine geradezu bleierne Stille, die sich auch auf das Gemüt der einsamen Friederike legte. Ein Tag verging wie der andere …

Eine kleine Abwechslung bot der Besuch des Preußenkönigs und des Prinzen August Wilhelm 1743 in Ansbach. Selbst wenn sich die Geschwister nicht sonderlich nahe standen, so war Friederike doch froh, endlich wieder einmal vertraute Gesichter sehen zu dürfen. Der inzwischen 21-jährige August Wilhelm, der zum Zeitpunkt ihrer Hochzeit noch ein Kind gewesen war, hatte sich zu einem höchst charmanten und attraktiven jungen Mann entwickelt, der so ganz anders geartet war als Friedrich II.

Der Ausbau der Ansbacher Residenz war noch immer nicht beendet, obwohl die Arbeiten recht zügig voranschritten, nachdem Leopold Retti 1731 als Baudirektor das gesamte Ansbacher Bauwesen übernommen hatte. Dennoch gab sich der Markgraf ganz besondere Mühe, um die beiden Preußen würdevoll zu begrüßen. Am 19. September 1743 fand zu Ehren des Königs im Hofgarten ein prunkvolles Fest statt, zu dem auch Friederike geladen war. Noch einmal durfte sie all jenen höfischen Glanz erleben, der ihr früher so viel bedeutet hatte. Die fürstlichen Herrschaften saßen an einer reich gedeckten Tafel, die die Form der preußischen Königskrone hatte. In der Mitte des Tischs war eine Vertiefung angebracht, die einen kleinen Garten darstellte, in dem die königlichen Insignien F. R. (für: Fridericus Rex) „doppelt mit etlichen hundert kleinen Feuern in weißem Wachs" brannten, wie uns ein zeitgenössischer Beobachter mitteilt.

Gespräche privater Natur gab es an diesem Abend jedoch nicht und am nächsten Morgen reisten Friedrich II. und August Wilhelm auch schon wieder ab. Sie waren ohnehin nicht zu einem Verwandtenbesuch nach Ansbach gekommen, der Anlass war ausschließlich politisch: Seit dem Tod seines väterlichen Freundes Friedrich Wilhelm I. war der Markgraf nämlich ziemlich rasch von seiner pro-preußischen Haltung abgewichen und hielt nun einen streng neutralen Kurs, mit dem er auch die Habsburger nicht verprellte. Daher wollte ihn der Preußenkönig wieder „auf Linie" bringen. Zunächst hatte Friedrich II. sogar gehofft, seine Schwester Friederike könne den Gemahl im Sinne Berlins beeinflussen. Jetzt musste er aber einsehen, dass diese Hoffnung vergebens war. Friederike und Carl wechselten ohnehin kaum ein

Wort miteinander, von einem politischen Gedankenaustausch konnte erst recht keine Rede sein.

Fast zwei Jahrhunderte lang gab es stumme Zeugen für die unglückliche Ehe des Markgrafenpaares: Bei einem ihrer seltenen Aufenthalte im Ansbacher Schloss ritzte Friederike in die Fensterscheibe ihres Appartements die (französischen) Worte: „Ich leide, ohne dass ich es zu sagen wage. FL". Doch auch Carl hinterließ Spuren seiner Melancholie, indem er seinerseits den Satz: „Ein Herz ohne Liebe ist wie eine Armee ohne Tambour", in die Glasscheibe kratzte. So erfuhr die Nachwelt vom markgräflichen Ehedrama, bis eine Bombenexplosion 1945 die traurigen, mit Diamanten ins Glas geritzten Worte unwiederbringlich zerstörte.

## Besuch in Berlin

Kaum waren ihre Brüder aus Ansbach abgereist, da begab sich Friederike wieder in ihr „Exil" nach Unterschwaningen. Wir wissen leider nicht, wie sie sich ihre Einsamkeit vertrieben hat, denn die meisten ihrer Briefe existieren heute nicht mehr. Vielleicht saß sie nach der Rückkehr aus Ansbach im September 1743 auf der Südterrasse ihres Schlösschens, um die letzten wärmenden Strahlen der Herbstsonne zu genießen. Vielleicht ging sie des Öfteren in ihrem Garten spazieren und erfreute sich an den noch bunten Blumenbeeten und den dahinter liegenden Alleen. Oder sie ließ sich hin und wieder in ihrem goldverzierten Kahn zu der kleinen Insel im Schlossteich rudern, um dort im Pavillon eine stille und einsame Teestunde zu halten.

Doch wie vergingen die langen Wintermonate? Ob Friederike viel gelesen hat? Fest steht, dass sie im Laufe der Jahre eine umfangreiche Bibliothek anlegte und Bücher aus verschiedenen Wissensgebieten sammelte, insbesondere historische Darstellungen sowie englische und französische Brief- und Memoirenliteratur. Ob sie diese Werke auch tatsächlich gelesen hat? Friederike hatte nie besonderes Interesse an intellektueller Beschäftigung gezeigt. Zudem: Was nutzt geistreiche Lektüre, wenn es außer ein paar Hofdamen niemanden gibt, mit dem man sich darüber austauschen kann? Auch von der politischen Entwicklung im Lande erfuhr Friederike in ihrer Abgeschiedenheit kaum etwas.

Nur ein einziges Mal, im Frühjahr 1753, durfte sie ihre Familie in Berlin besuchen, die sie seit Jahren nicht mehr gesehen hatte. Doch selbst dieser Besuch brachte ihr keine Freude, denn es sieht nicht so aus, als habe man sie mit offenen Armen empfangen. Graf Lehndorff, Kammerherr der Königin Elisabeth Christine, schrieb jedenfalls in sein Tagebuch: „15. April 1753. Meine Audienz bei der Markgräfin habe ich um 10 Uhr. Es scheint eine liebenswürdige Fürstin zu sein. In ihrem Zimmer sehe ich mich dem König gegenüber. Die Ankunft verursacht in der königlichen Familie schreckliche Misshelligkeiten; der Grund zu alledem ist die üble Laune des Königs gegen Voltaire." Der französische Philosoph hatte am 26. März nach einer heftigen Auseinandersetzung mit Friedrich II. den Berliner Hof endgültig verlassen und der Preußenkönig ließ seine schlechte Laune nunmehr an der Familie aus.

Friederikes Besuch stand zudem unter dem Diktat strikter Etikette. Am 17. April notierte Lehndorff mit vornehmer Zurückhaltung: „Der König gibt dem Hofe ein großes Diner. – Es findet eine Ordnung der Rangverhältnisse für gewisse Fälle statt, die eigentümlich ist. Zum Glück ist die Einigkeit stärker als diese Schrulle; ohne sie würde man nur Zerwürfnisse daraus folgen sehen. Der König gibt nämlich seinen Schwestern den Vorrang vor den Frauen seiner Brüder ..." Es dürfte Friederike geschmeichelt haben, hier in Berlin wieder einmal die „königliche Hoheit" zu geben. Doch ob es ihr nach all den Jahren der Einsamkeit und Tristesse noch wirklich wichtig war?

### Markgräfin-Witwe Friederike

Am 3. August 1757 – inzwischen war Friederike 43 Jahre alt – erhielt sie die Nachricht, dass ihr Gemahl einen schweren Schlaganfall nicht überlebt hatte. Der Markgraf von Ansbach war nur 45 Jahre alt geworden. Der Tod hatte ihn auf Schloss Triesdorf ereilt. Friederike wird die Todesmeldung ohne größere Emotionen entgegengenommen haben. Seit zwei Jahrzehnten lebte das

Paar nunmehr getrennt und man war einander völlig fremd geworden. Carl Wilhelm hinterließ einen gewaltigen Schuldenberg von 2,3 Millionen Talern, der sein kleines Land an den Rand des Staatsbankrotts brachte. Der Ansbacher mag eine verschwenderische, schillernde Persönlichkeit gewesen sein, bisweilen auch schroff und jähzornig, doch die Schauermärchen, die über seine Person in Umlauf gebracht worden sind, können getrost in das Reich der Phantasie verwiesen werden. Geschichten wie die vom Schlotfeger, den der „wilde Markgraf" im Zorn vom Dach geschossen haben soll oder die vom Husaren, den er in heißem Öl habe sieden lassen, sind frei erfunden und stammen erst aus dem 19. oder frühen 20. Jahrhundert.

Nachdem Carls Leichnam am 5. August 1757 in der Fürstengruft von St. Johannis beigesetzt worden war, übernahm Friederikes Sohn die Regierung, der 21-jährige Carl Alexander. Damit trat Friederike den Rang der „regierenden Markgräfin" an ihre Schwiegertochter Caroline Friederike von Sachsen-Coburg-Saalfeld ab, mit der Carl Alexander seit 1754 verheiratet war. Carl Alexander hatte seine Mutter niemals richtig kennen lernen dürfen, sie war für ihn eine fremde Frau, zu der er keinerlei emotionale Bindung hatte. Besucht hat er sie offenbar nie, und auch die Schwiegertochter ließ sich nicht in Unterschwaningen blicken. Die Ehe des jungen Ansbachers war niemals eine wirkliche Gemeinschaft gewesen. Von Anfang an lebten beide Partner getrennt, Carl Alexander im markgräflichen Residenzschloss, Caroline Friederike in Deberndorf.

Weitere Todesnachrichten aus der preußischen Königsfamilie – 1757 verlor Friederike ihre Mutter, ein Jahr später ihren Bruder August Wilhelm sowie ihre Schwester Wilhelmine – dürften die Markgräfin-Witwe nicht weiter erschüttert haben. Die Tristesse, die ihr Leben ausmachte, schien keiner weiteren Steigerung mehr fähig zu sein.


## Leben in geistiger Umnachtung

Seit ihrer Ankunft in Ansbach und insbesondere seit dem Tod ihres ersten Sohnes 1737 hatte Friederike immer wieder längere depressive Phasen durchgemacht, was aufgrund ihrer Lebensumstände nicht weiter verwunderlich war. Doch mit 48 Jahren nahm ihr Gemütsleiden endgültig krankhafte Züge an. Am 5. März 1763 schrieb Charlotte aus Braunschweig an ihren königlichen Bruder: „Es ist schon traurig, dass diese würdige und gute Schwester sich in einer so misslichen Situation befinden soll, das ist wirklich demütigend, wenn man all die tragischen Vorkommnisse bedenkt, denen der Mensch in seinem Leben ausgesetzt ist, welche er alle mit Haltung ertragen muss, was meiner Meinung nach das Ärgste ist."

„Mit Haltung" konnte Friederike ihr Leben nicht mehr ertragen. Sie versank in tiefe Depressionen und litt höchstwahrscheinlich sogar unter Schizophrenie mit den typischen Symptomen wie Verfolgungswahn und Halluzinationen. Fest steht, dass die Markgräfin-Witwe von grausamen Wahnvorstellungen gequält wurde, dass sie tobte und schrie, sodass niemand sie besänftigen konnte. Die Ärzte, die Friedrich II. nach Ansbach schickte, waren völlig hilflos und erklärten Friederikes bemitleidenswerten Zustand mit den Aufregungen, die sie im Laufe ihrer Ehe durchgemacht hatte. Doch zum einen war der Markgraf schon seit sechs Jahren tot, als Friederikes Krankheit ausbrach, zum anderen hätte wohl die Mehrzahl der europäischen Fürstinnen aufgrund ihrer Lebensumstände depressiv werden müssen, allen voran die bedauernswerte Gemahlin Friedrichs des Großen, Elisabeth Christine. Tatsächlich aber waren Geisteskrankheiten in Fürstenhäusern damals keine Seltenheit. Durch die ständigen Heiraten der adeligen Verwandten untereinander häuften sich nicht nur körperliche Leiden wie Gicht und Herzerkrankungen, sondern auch die Disposition für Psychosen.

Alarmiert vom Zustand seiner Mutter sah sich auch der junge Markgraf genötigt, endlich einmal nach Unterschwaningen zu kommen. Erschüttert musste er feststellen, dass Friederike in ihrer eigenen Welt lebte und selbst ihn, ihren eigenen Sohn, nicht mehr erkannte. Nachdem er darüber dem Preußenkönig Mitteilung gemacht hatte, schrieb Friedrich II. am 7. November 1766 an seinen Ansbacher Neffen: „Sie können sich sicherlich denken, welch schmerzlichen Eindruck mir Ihr Brief gemacht hat, aus dem ich entnehme, dass der traurige Zustand meiner armen

Schwester sich noch verschlimmert hat, ja, dass selbst Raserei hinzutritt. Ich bin verzweifelt und teile ehrlich den Schmerz, den Sie, lieber Neffe, empfinden müssen ..."

Niemand konnte Friederike helfen. Sie lebte mehr als 20 Jahre in geistiger Umnachtung, bis sie schließlich ein gnädiger Tod erlöste. Körperlich hingegen war die Markgräfin nur einmal ernsthaft krank gewesen. 1754 durchlitt sie die damals weit verbreiteten Pocken. Erst in ihren letzten Lebensjahren machte sich eine allgemeine Erschöpfung bemerkbar, eine Lungenentzündung führte schließlich am 4. Februar 1784 ihren Tod herbei. Friederike wurde 69 Jahre alt und hatte ihren Gemahl um 27 Jahre überlebt.

Noch am gleichen Tag schrieb der Ortspfarrer von Unterschwaningen ins Sterbebuch: „Mittags um $3/4$ auf 1 ist allhier nach einer Krankheit, die sechs Wochen dauerte und anfangs nicht so gefährlich zu sein schien, in dem allhiesigen Schlosse in Gott selig verschieden weiland Ihre Königliche Hoheit, die durchlauchtigste Fürstin Friederike Louise, geborene königliche Prinzessin von Preußen, verwitwete Frau Markgräfin ..."

Protokollgemäß wurde Friederikes Leichnam eine Woche lang feierlich aufgebahrt, bevor sie schließlich in der Fürstengruft neben ihrem Gemahl und dem früh verstorbenen ersten Sohn beigesetzt wurde. Es gab niemanden, der wirklich um sie trauerte, zumal der Tod nur ihr langes Leiden beendet hatte.

Friederikes königlicher Vater hatte seine Tochter damals nach Ansbach verheiratet, um den preußischen Erbanspruch auf die kleine Markgrafschaft zu sichern. Diesen politischen Zweck erfüllte die Ehe jedoch nicht, auch wenn es zunächst den Anschein haben mochte. Nachdem Markgraf Carl Alexander 1791 Witwer geworden war, heiratete er noch im gleichen Jahr seine langjährige Geliebte, die attraktive Engländerin Lady Elizabeth Craven (1750–1828), mit der er schon zu Lebzeiten seiner Gemahlin am Ansbacher Hof gelebt hatte. Die Verantwortung für die Markgrafschaft jedoch, die noch immer unter dem Schuldenberg litt, den sein Vater hinterlassen hatte, wurde Carl Alexander schließlich zu viel. Unmittelbar nach seiner Hochzeit dankte er zugunsten Preußens ab, wofür er eine jährliche Zahlung von 300 000 rheinischen Gulden erhielt, und zog sich mit seiner Gemahlin nach England zurück, wo er schließlich 1806 im Alter von 70 Jahren starb. Da sich Carl Alexander und seine erste Frau Caroline Friederike noch schneller und tiefer entzweit hatten als die Eltern, war die Verbindung kinderlos geblieben. Carl Alexander war somit der letzte Spross der fränkischen Hohenzollern, nachdem er nicht nur über Ansbach, sondern seit 1769 auch über Bayreuth geherrscht hatte. Jetzt war Ansbach-Bayreuth also tatsächlich an Preußen gefallen. In den folgenden Jahren wurden beide Markgrafschaften von Carl August Freiherr von Hardenberg verwaltet, der mit durchgreifenden Reformen die Sympathie der Bevölkerung für die neuen preußischen Machthaber wecken konnte. Mit den Napoleonischen Kriegen aber und dem französischen Sieg bei Austerlitz 1806 änderte sich alles: Frankreich zwang Preußen zur Abtretung der fränkischen Territorien Ansbach und Bayreuth, die seitdem zu Bayern gehören.

Von Friederikes Schloss Unterschwaningen stehen heute nur Überreste. Der Hauptkomplex wurde schon zu Beginn des 19. Jahrhunderts abgerissen, sodass nur noch vier Pavillons an die unglückliche Markgräfin erinnern.

# CHARLOTTE
## Herzogin von Braunschweig-Wolfenbüttel
### (1716–1801)

*Die „dulle Lotte"*

Natürlich war Friedrich Wilhelm I. keineswegs begeistert, als seine Gemahlin am 13. März 1716 im Berliner Schloss schon wieder ein Mädchen zur Welt brachte. Und so überlegte man offenbar nicht lange und gab dem Kind kurzerhand den gleichen Namen, den das zwei Jahre zuvor gestorbene Töchterchen getragen hatte: Charlotte oder genauer gesagt, Philippine Charlotte. Glücklicherweise war dies kein schlechtes Omen für das weitere Leben der Preußenprinzessin, im Gegenteil. Charlotte sollte mit 85 Jahren ein ungewöhnliches hohes Lebensalter erreichen. Aber auch sonst machte sie ihren Eltern keine großen Probleme und fügte sich klug in das mitunter recht komplizierte Familienleben ein. Sie verstand es nicht nur, trotz aller Pressionen und Drohungen vonseiten der Mutter ein liebevolles Verhältnis zu ihrem Vater aufzubauen, sondern besaß wohl auch als einziges der preußischen Königskinder die wertvolle Gabe, sich in das komplizierte Innenleben des „Soldatenkönigs" hineinzudenken und den sprichwörtlichen weichen Kern zu entdecken, der sich hinter Friedrich Wilhelms rauer Schale versteckte. Für seine Charlotte soll er sogar heimlich Lieder auf der Flöte gespielt haben!

Mit ihrem fröhlichen, unkomplizierten Wesen und harmlosnetten Kinderstreichen brachte die Kleine selbst den bärbeißigen Vater öfters zum Lachen. In der Familie hieß sie deshalb schon

# Braunschweig-Wolfenbüttel

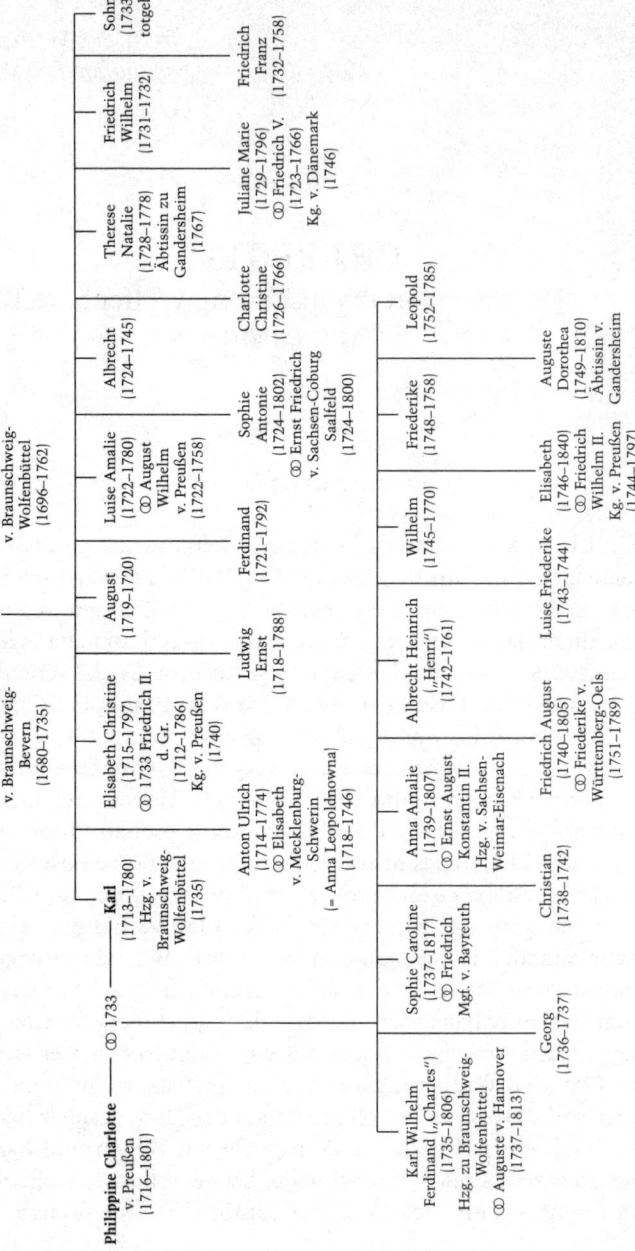

Ferdinand Albrecht — ⚭ — Antoinette Amalie
v. Braunschweig-        v. Braunschweig-
Bevern                   Wolfenbüttel
(1680–1735)              (1696–1762)

Philippine Charlotte ——— ⚭ 1733 ——— Karl
v. Preußen                            (1713–1780)
(1716–1801)                           Hzg. v.
                                      Braunschweig-
                                      Wolfenbüttel
                                      (1735)

August                Elisabeth Christine
(1719–1720)           (1715–1797)
                      ⚭ 1733 Friedrich II.
                      d. Gr.
                      (1712–1786)
                      Kg. v. Preußen
                      (1740)

Ferdinand             Anton Ulrich
(1721–1792)           (1714–1774)
                      ⚭ Elisabeth
                      v. Mecklenburg-
                      Schwerin
                      (= Anna Leopoldnowna)
                      (1718–1746)

Luise Amalie          Ludwig
(1722–1780)           Ernst
⚭ August              (1718–1788)
Wilhelm
v. Preußen
(1722–1758)

Sophie
Antonie
(1724–1802)
⚭ Ernst Friedrich
v. Sachsen-Coburg
Saalfeld
(1724–1800)

Albrecht
(1724–1745)

Charlotte
Christine
(1726–1766)

Therese
Natalie
(1728–1778)
Äbtissin zu
Gandersheim
(1767)

Juliane Marie
(1729–1796)
⚭ Friedrich V.
(1723–1766)
Kg. v. Dänemark
(1746)

Friedrich
Wilhelm
(1731–1732)

Friedrich
Franz
(1732–1758)

Sohn
(1733)
totgeb.

Karl Wilhelm           Sophie Caroline
Ferdinand („Charles")  (1737–1817)
(1735–1806)            ⚭ Friedrich
Hzg. zu Braunschweig-  Mgf. v. Bayreuth
Wolfenbüttel
⚭ Auguste v. Hannover
(1737–1813)

Georg                  Christian          Anna Amalie        Albrecht Heinrich
(1736–1737)            (1738–1742)        (1739–1807)        („Henri")
                                          ⚭ Ernst August     (1742–1761)
                                          Konstantin II.
                                          Hzg. v. Sachsen-
                                          Weimar-Eisenach

Friedrich August       Luise Friederike   Wilhelm            Elisabeth
(1740–1805)            (1743–1744)        (1745–1770)        (1746–1840)
⚭ Friederike v.                                              ⚭ Friedrich
Württemberg-Oels                                             Wilhelm II.
(1751–1789)                                                  Kg. v. Preußen
                                                             (1744–1797)

Friederike             Auguste            Leopold
(1748–1758)            Dorothea           (1752–1785)
                       (1749–1810)
                       Äbtissin v.
                       Gandersheim

bald die „dulle Lotte" (die tolle Lotte). Als Charlotte heranwuchs, freute es den sittenstrengen Preußenkönig ganz besonders, dass sie sich so ganz offensichtlich nicht viel aus Schmuck, Schminke und modischen Extravaganzen zu machen schien. Im Gegensatz zu ihr verbrachten die beiden älteren Schwestern Wilhelmine und Friederike wie auch die anspruchsvolle Mutter nämlich reichlich viel Zeit vor dem Spiegel. Die stets etwas wehleidige Wilhelmine, der es nicht gegeben war, die Dinge auch einmal von der heiteren Seite zu betrachten, war ganz offensichtlich neidisch auf die sieben Jahre jüngere Charlotte, der das Leben von Anfang an wesentlich weniger Steine in den Weg legte als ihr selbst. Zwar schrieb sie später in ihren Memoiren, Charlotte sei diejenige ihrer Schwestern, die sie am meisten liebe, fügte freilich einschränkend hinzu: „Sie hatte mich durch ihr einschmeichelndes Wesen, ihre Munterkeit und ihren Geist betört. Ich kannte ihr Innerstes nicht, sonst hätte ich meine Freundschaft einem würdigeren Gegenstand zugewandt. Sie gehörte zu jenen Charakteren, die sich um nichts als sich selbst kümmern; ohne Halt, maßlos spöttisch, falsch, eifersüchtig, etwas kokett und sehr eigennützig; aber stets freundlich, gefällig und sanft." Leider versäumt es Wilhelmine, ihr ambivalentes Urteil mit konkreten Beispielen zu belegen, sodass das Bild der „dullen Lotte" keine sonderlich tiefen Kratzer bekommt. Was die Jüngere von der Älteren grundlegend unterschied: Charlotte hat niemals gegen ihren Vater intrigiert oder rebelliert, war zu ihm tatsächlich „stets freundlich, gefällig und sanft", auch wenn sie auf diese Weise vielleicht nur den Weg des geringsten Widerstandes gehen wollte. So willigte sie auch bereitwillig ein, als ihr der königliche Vater mitteilte, er wolle sie mit dem Erbprinzen Karl von Braunschweig-Bevern (1713–1780) verloben. Charlotte war zu diesem Zeitpunkt 14 Jahre alt.

## Verlobungsfeier in Berlin

Inzwischen war die preußische Königsfamilie nahezu komplett. Nach Charlottes Geburt hatte Königin Sophie Dorothea noch sechs weiteren Kindern das Leben geschenkt: Wilhelm, der nur zwei Jahre alt wurde, Sophie, Ulrike und mit August Wilhelm endlich wieder einem heiß ersehnten Prinzen, dem wenig später Amalie und Heinrich folgten. Als man am 19. Mai 1730 am Berliner Hof Charlottes Verlobung mit dem drei Jahre älteren Braunschweiger feierte, war die Königin erneut hochschwanger und brachte nur wenige Tage später – am 25. Mai – ihr letztes Kind zur Welt, Sohn Ferdinand.

Sollte Sophie Dorothea daher Anlass gehabt haben, an ihrem künftigen Schwiegersohn herumzunörgeln – und davon kann man nach Lage der Dinge ausgehen –, so ließ sich ihre üble Laune getrost auf die fortgeschrittene Schwangerschaft schieben. Friedrich Wilhelm, der glückliche Brautvater, ließ sich seine gute Laune jedenfalls nicht verderben, sondern plauderte ausgelassen mit Charlottes künftigem Schwiegervater Ferdinand Albrecht von Braunschweig-Bevern (1680–1735). Die beiden Männer kannten und mochten sich schon seit Jahren. Der apanagierte Herzog aus einer Nebenlinie des altehrwürdigen Welfenhauses war nämlich vor längerer Zeit in die Dienste des Preußenkönigs getreten und hatte Friedrich Wilhelm I. durch Tüchtigkeit, Zuverlässigkeit und Trinkfestigkeit für sich einnehmen können. Im Laufe der Jahre war zwischen beiden eine echte und herzliche Männerfreundschaft entstanden.

Während sich Ferdinand Albrecht meist bei seiner preußischen Garnison aufhielt, lebte seine Gemahlin Antoinette Amalie mit ihren 13 Kindern – darunter Elisabeth Christine, die künftige Ehefrau des Kronprinzen – am Hof ihres Vaters Ludwig Rudolf, dem regierenden Herzog von Braunschweig-Wolfenbüttel. Reich und bedeutend waren Charlottes künftige Schwiegereltern also keineswegs, doch der Preußenkönig wusste seine Tochter in der großen Familie des guten Freundes bestens aufgehoben. Und selbst die ambitionierte Sophie Dorothea konnte ein besonderes „Highlight" in der künftigen Verwandtschaft ihrer Tochter kaum übersehen: Antoinette Amalies ältere Schwester Elisabeth Christine war seit 1708 mit Kaiser Karl VI. verheiratet und warf so zumindest etwas fürstlichen Glanz auf die eher unspektakuläre Bevern-Familie. Was allerdings zu diesem Zeitpunkt noch niemand ahnte: Kaisertochter Maria Theresia, die 1740 nach dem Tod ihres Vaters 23-jährig den Habsburger-Thron bestieg, sollte zu einer erbitterten Feindin des späteren Preußenkönigs Friedrich II. werden.

An Charlottes Verlobungstag aber war die Stimmung noch ungetrübt. Die junge Braut präsentierte sich stolz und glücklich, während ihr Bräutigam etwas schüchtern und linkisch wirkte. Aber bis zur Hochzeit der beiden sollten schließlich noch drei Jahre vergehen.

## Die Welfen – Deutschlands ältestes Adelsgeschlecht

Im Gegensatz zu den Hohenzollern, die erst unter dem Großen Kurfürsten (1640–1688) ins Rampenlicht der Historie getreten waren, konnten die Welfen auf eine jahrhundertealte Geschichte zurückblicken. Ihre Glanzzeit hatten sie unter Heinrich dem Löwen (1129–1195) erlebt, dessen Spuren man noch heute in Braunschweig begegnet. Berühmt ist vor allem das Wahrzeichen der Stadt, der Bronzelöwe, Heinrichs Wappentier, das der Welfe 1166 als Symbol seiner Macht und Gerichtsbarkeit auf dem Braunschweiger Burgplatz aufstellen ließ. Dieser Löwe – inzwischen durch eine Kopie ersetzt – war die erste monumentale Freifigur des Mittelalters. Als Residenz diente Heinrich damals noch die Burg Dankwarderode im Herzen der Stadt. Unmittelbar daneben ließ er den Dom errichten, der in seinem Todesjahr 1195 weitgehend fertig gestellt war. Hier wurde „der Löwe" auch beigesetzt.

Danach war es allerdings stiller um Deutschlands ältestes Adelsgeschlecht geworden. Große Namen gab es lange Zeit nicht mehr. Der Landbesitz der Welfen im Gebiet des heutigen östlichen Niedersachsen und des nördlichen Sachsen-Anhalt wurde im 13. Jahrhundert unter Heinrichs Enkeln aufgeteilt, sodass schließlich die Fürstentümer Braunschweig-Lüneburg und Braunschweig-Wolfenbüttel entstanden. In den folgenden Jahrhunderten kam es zu weiteren Teilungen. Die Residenz Braunschweig musste schließlich aufgegeben werden, weil die Bürger um ihre städtische Unabhängigkeit kämpften. Neuer Welfensitz wurde 1432 Wolfenbüttel am Fluss Oker, etwa zwölf Kilometer südlich von Braunschweig entfernt.

Der Dreißigjährige Krieg (1618–1648) brachte auch den welfischen Landen verheerende Zerstörungen. Dass es danach mit Wolfenbüttel vergleichsweise rasch wieder aufwärts ging, war in erster Linie Herzog Anton Ulrich (1633–1714) zu verdanken, dem Urgroßvater von Charlottes künftigem Ehemann. Anton Ulrich gehört zu den bedeutendsten und eindrucksvollsten Persönlichkeiten des weit verzweigten Welfenhauses. Es gelang ihm, sich nicht nur einen Namen als Landesherr zu machen, er betätigte sich ferner als Schriftsteller, der außer Kirchenliedern auch Opern und sogar galante historische Romane verfasste. Gleichzeitig war Anton Ulrich der Bauherr des Lustschlosses Salzdahlum sowie der Gründer der berühmten, nach ihm benannten Bibliothek in Wolfenbüttel. Durch geschickte Heiratspolitik versuchte Anton Ulrich, sein kleines Fürstentum in das Machtgefüge des Reiches einzubinden. Auf seine Initiative hin vermählte sich Enkelin Elisabeth Christine mit Kaiser Karl VI., obwohl sie deswegen entgegen ihrer religiösen Überzeugung zum Katholizismus konvertieren musste. Eine Niederlage freilich machte dem agilen Welfen schwer zu schaffen: Nur allzu gern hätte er sich für sein Fürstentum die Kurwürde gesichert, die mit einem erheblichen Macht- und Prestigezuwachs verbunden war. Doch er zog den Kürzeren. Stattdessen ging der begehrte Kurhut 1692 an seinen Verwandten Ernst August aus der Linie Braunschweig-Lüneburg. Pikanterweise handelte es sich dabei um keinen anderen als Charlottes Urgroßvater. Ernst August (1629–1698) war nämlich mit der berühmten Sophie von Hannover verheiratet, der gemeinsamen Großmutter des Preußenkönigs Friedrich Wilhelm und seiner Gemahlin Sophie Dorothea.

## „Eine Schwiegertochter, die uns zu schaffen machen wird" – Charlottes Hochzeit

Drei Jahre hatte Charlotte Zeit, sich mit der Geschichte ihrer künftigen Heimat vertraut zu machen und ihre standesgemäße Ausbildung zu beenden. Den Braunschweiger Bräutigam bekam sie hingegen nur ein einziges Mal zu Gesicht, im Juni 1731, an jenem Tag, an dem sich ihre Schwester Wilhelmine mit dem Erbprinzen von Bayreuth verlobte. Inzwischen war Charlotte 17 Jahre alt, eine immer noch nicht ganz erwachsene junge Frau, die in halb banger, halb freudiger Erwartung ihrem Hochzeitstag entgegensah.

Ende Juni 1733, kurz nach der Vermählung des preußischen Kronprinzen Friedrich mit der Bevern-Prinzessin Elisabeth Christine, kam die Braunschweiger Familie nach Berlin, wo traditionell die Hochzeit der preußischen Prinzessinnen gefeiert wurde. Bei aller Pracht, die anlässlich der Vermählungsfeier am 2. Juli 1733 aufgeboten wurde, war es jedoch kein ganz unbeschwertes Fest. Glaubt man Wilhelmines Memoiren, dann standen insbesondere die Mütter der Brautleute der Verbindung ihrer Kinder äußerst skeptisch gegenüber. Angeblich soll Antoinette Amalie von Braunschweig-Bevern sogar geäußert haben: „Ich werde da eine Schwiegertochter haben, die uns zu schaffen machen wird." Sollte sie das tatsächlich so gesagt haben, dann sprach sie damit wohl die ein wenig kindliche und unreife Seite der „dullen Lotte" an. Kein Zweifel, Charlotte würde an sich arbeiten müssen. Noch war sie jedenfalls viel zu spontan und ungeschliffen, um den strengen Ansprüchen der höfischen Etikette wirklich zu genügen.

Königin Sophie Dorothea dachte ohnehin nicht daran, anlässlich der Hochzeit ihrer Tochter mit einem „bettelarmen und unvernünftigen Menschen" eine fröhliche Miene zur Schau zu stellen. Schließlich war ihr preußisch-englisches Heiratsprojekt jetzt endgültig geplatzt, nachdem sie noch gleichsam in letzter Minute versucht hatte, Charlotte als Kandidatin für den Prinzen von Wales zu präsentieren. Auch Karls Großmutter zeigte sich leicht pikiert. Schon seit Tagen jammerte Herzogin Christine Luise von Braunschweig-Wolfenbüttel, dass man ihr als Mutter der Kaiserin hinsichtlich Rang und Etikette größeren Respekt erweisen müsse. Kronprinz Friedrich wiederum stand mit säuerlichem Gesicht neben seiner eingeschüchterten Gemahlin Elisabeth Christine, und selbst beim Preußenkönig wollte keine rechte Freude aufkommen, da er wieder einmal von unerträglichen Schmerzen gequält wurde, die ihm ein heftiger Gichtanfall bereitete.

Trotz allem nahmen die Hochzeitsfeierlichkeiten im Weißen Saal des Berliner Schlosses den gewohnten Verlauf: „Ich fand dort alles versammelt", berichtet Wilhelmine, „man führte mich in den Saal, der für die Fürstlichkeiten reserviert war. Ich traf dort die Kronprinzessin mit meinen jüngeren Schwestern, die Prinzessinnen des Hauses und die zwei Herzoginnen. Die Königin kam einen Augenblick später in Begleitung der Braut. Prinz Karl reichte ihr die Hand und führte sie nach dem Saale, wo sie eingesegnet werden sollten. Wir folgten alle nach der Rangordnung, wobei jede von einem Prinzen geführt wurde. Die ganze Zeremonie vollzog sich genau wie bei meiner Hochzeit ... Um zwei nach Mitternacht war alles vorüber." Nun blieb das junge Ehepaar endlich sich selbst überlassen.

Doch schon am nächsten Morgen gingen die Feierlichkeiten weiter, zumal Wilhelmine an diesem Tag im Kreis der Familie ihren 24. Geburtstag feierte. Die Bälle und Bankette, Empfänge und musikalischen Darbietungen schienen kein Ende zu nehmen, wenngleich die gesamte Hochzeitsgesellschaft angesichts der sommerlichen Hitze nichts anderes herbeisehnte. Erst am 17. Juli konnten Charlotte und Karl das Berliner Schloss verlassen und die Kutsche besteigen, die sie schließlich in die neue Heimat bringen sollte.

### Wolfenbüttel – Start in ein neues Leben

Nach einem Abstecher nach Salzdahlum, wo Karls Großvater Herzog Ludwig Rudolf seinen Enkel und dessen junge Frau feierlich empfing, ging es zunächst einmal weiter nach Braunschweig, die Stadt Heinrichs des Löwen, die die Ankunft des neuen Mitglieds der Herzogsfamilie ebenfalls gebührend feiern wollte. Charlotte machte ihre Sache durchaus gut, winkte und lächelte ihren neuen Untertanen zu, doch insgeheim sehnte sie sich danach, endlich ein wenig Ruhe zu haben und mit Karl ungestört zu sein. Die beiden hatten tatsächlich Gefallen aneinander gefunden, aber im Grunde war man sich noch immer ziemlich fremd. Der Alltag würde zeigen, ob Karl und Charlotte auf Dauer als Paar harmonieren würden.

Zumindest die äußeren Bedingungen dafür waren gegeben. Am 2. August 1733 konnte das junge Paar sein neues Zuhause beziehen, ein idyllisches Fachwerkhaus in Wolfenbüttel, das eher bürgerlich als fürstlich zu nennen war, doch gerade deshalb alle Voraussetzungen bot, ein behagliches Heim zu werden. Es handelte sich um das Wolfenbütteler Hofbeamtenhaus, ein geschlossener Komplex in der Reichsstraße am Kornmarkt (Ecke Brauergildengasse Nr. 1). Charlotte fühlte sich offensichtlich gleich wohl in den neuen vier Wänden und schrieb umgehend nach Berlin, es sei „reizend, sehr klein, aber bequem und sauber". Im Gegensatz zu ihrer Schwester Wilhelmine, die bei ihrer Ankunft in Bayreuth kein gutes Haar am dortigen Residenzschloss gelassen hatte, fand sich Charlotte rasch in die ungewohnte Umgebung ein und war fest entschlossen, vor allem ihre skeptische Schwiegermutter Antoinette Amalie davon zu überzeugen, dass sie keineswegs vorhatte, der Braunschweiger Herzogsfamilie „zu schaffen" zu machen.

Die junge Ehe begann gleich mit einer ersten Belastungsprobe. Kaum hatte Charlotte hinreichend Gelegenheit gehabt, mit ihrem Karl in Wolfenbüttel ein wenig heimisch zu werden, da brach der Polnische Erbfolgekrieg aus und der Prinz musste Anfang September Abschied nehmen. Als Reichsgeneralfeldmarschall nahm Vater Ferdinand Albrecht seinen Ältesten selbstverständlich mit ins Hauptquartier. Tapfer schrieb Charlotte am 10. September 1733 an ihren Vater: „Ich bin die Tochter des preußischen Königs, es gibt in seiner Familie keinen Feigling, und ich will tapfer sein, um meinem Vater Ehre zu machen." Dass Charlotte offensichtlich genau wusste, was der „liebe Papa" hören wollte, geht auch aus anderen Briefen hervor, die sie damals nach Berlin schickte und deren kindlich-munterer Plauderton beim Soldatenkönig sicherlich gut ankam: „Ich vergnüge mich mit Handarbeiten und bin ganz artig, damit der Heilige Christ mir etwas Schönes bringt und mich nicht in den Fluss wirft", schrieb sie am 25. September, „ich werde malen und werde auch so schöne Portraits malen wie mein lieber Papa das kann." Diese „schönen Portraits", die Friedrich Wilhelm auf die Leinwand zu bannen pflegte, waren freilich weniger Ausdruck seiner künstlerischen Kreativität, sondern dienten vielmehr zur Ablenkung des Schwerkranken, wenn ihn wieder einmal ein schmerzhafter Gichtanfall übermannte.

Der Preußenkönig wird befriedigt zur Kenntnis genommen

haben, dass Charlotte ihre neue Rolle am Hof von Wolfenbüttel höchst zufriedenstellend ausfüllte. Auf jeden Fall schrieb Antoinette Amalie im November 1733 nur Erfreuliches über ihre Schwiegertochter, die sie doch zunächst so skeptisch beurteilt hatte: „Unsere liebe Prinzess Charlotte würden Ew. Majestät auch gewachsen und schöner finden, immer aber von bestechendem Charme. Sie ist hier wirklich das Schmuckstück." Anders als ihre älteren Schwestern, die nur schwer in ihre jeweils neue Position hineinwuchsen, zeigte sich Charlotte überaus anpassungsfähig und reagierte auch nicht gleich mit ätzender Kritik, wenn ihr etwas nicht passte. Sie nahm die Dinge so, wie sie waren, und freundete sich sogar mit ihrer Schwägerin Elisabeth Christine an, der schüchternen Gemahlin des preußischen Kronprinzen, die im Spätherbst der Familie in Wolfenbüttel einen kurzen Besuch abstattete. In Berlin hatte Elisabeth Christine einen ungewöhnlich schweren Stand. Die königlichen Damen, allen voran Sophie Dorothea selbst, aber auch ihre noch daheim wohnenden Töchter, ließen die Kronprinzessin Tag für Tag spüren, wie unwillkommen sie am Hohenzollernhof war. Allein der Preußenkönig zeigte ihr unverhohlen seine väterliche Zuneigung, doch das war für die verunsicherte junge Frau nur ein schwacher Trost. Umso erfreulicher war es für Friedrich Wilhelm zu hören, dass wenigstens Charlotte Zugang zu ihrer Schwägerin gefunden hatte. Antoinette Amalie schrieb nämlich: „Es ist entzückend, die Kronprinzessin und die Prinzessin Charlotte zusammen zu sehen; es ist das schönste Verhältnis, das man sich vorstellen kann; sie sind unzertrennlich." Tatsächlich sollte Charlotte Elisabeth Christines Vertraute bleiben und bis zu deren Tod mit ihr korrespondieren.

*„Wider jede Erwartung ..." – Charlotte wird Herzogin*
*von Braunschweig*

Zum Glück waren alle Sorgen und Ängste um den Gemahl umsonst gewesen, denn Karl kehrte schon nach kurzer Zeit unverletzt aus dem Polnischen Erbfolgekrieg zurück, auch wenn sich die Kampfhandlungen noch bis 1735 hinzogen. Sorgen machte sich Charlotte stattdessen um den „lieben Papa", dessen Gesundheitszustand sich seit Ende Oktober 1734 zunehmend verschlechterte. Während sich Kronprinz Friedrich bereits heimlich auf einen baldigen Thronwechsel vorbereitete, betete Charlotte für den leidenden Preußenkönig, den sie wohl als Einzige der Schwestern wirklich geliebt hat. Ihre Gebete wurden erhört. Zu Beginn des neuen Jahres erholte sich Friedrich Wilhelm ganz unverhofft und Charlotte konnte wieder ein wenig aufatmen.

Unterdessen aber bahnten sich in Wolfenbüttel einschneidende Veränderungen an. Am 1. März 1735 starb der regierende Herzog Ludwig Rudolf im Alter von 64 Jahren. Da er selbst keine männlichen Erben hatte, bestieg nun sein 55-jähriger Schwiegersohn Ferdinand Albrecht von Braunschweig-Bevern den Fürstenthron. Damit verschwand die Bevernsche Nebenlinie aus der Geschichte.

Der Hof in Wolfenbüttel legte protokollgemäß Trauer an. Doch es scheint nicht, als habe Charlotte den Tod des alten Herzogs allzu schwer genommen. Dazu war sie in Wirklichkeit viel zu glücklich und das nicht nur, weil es ihrem Vater wieder so gut ging. Seit wenigen Tagen wusste Charlotte, dass sie ihr erstes Kind erwartete und hoffte sehnlichst auf einen Sohn. Die bedrückte Atmosphäre in Wolfenbüttel widersprach damit ganz eindeutig ihren inneren Empfindungen. Anfang April 1735 schrieb sie ihrem Bruder Friedrich einen ziemlich pietätlosen Brief, wohl wissend, dass der preußische Kronprinz so etwas nur allzu gerne las: „Hier ist alles schwarz wie der Teufel. Diese tiefe Trauer ist infam und diabolisch; man sieht kaum das Gesicht, nichts außer der Nasenspitze, wer die größte hat, die guckt am meisten hervor, alles ist in Hauben und Schleier gewickelt ... Die ganze Woche hat man nichts anderes gemacht als von einer Kirche in die andere zu gehen. Das ist das langweiligste Leben der Welt. Die einzige Musik, die man zu hören bekommt, sind die Kirchenglocken."

Charlotte und Karl hatten inzwischen ihr Haus am Kornmarkt verlassen und waren in das Wolfenbütteler Prinzenpalais umgezogen, in dem bisher Karls Eltern gelebt hatten, die jetzt selbstverständlich im Schloss residierten.

Die nächsten Monate verliefen ohne größere Vorkommnisse,

sodass sich Charlotte in aller Ruhe auf die Geburt ihres Kindes vorbereiten konnte. Doch dann veränderte ein weiterer Todesfall das Leben des jungen Erbprinzenpaares radikal: Am 3. September 1735 starb völlig unverhofft Herzog Ferdinand Albrecht während eines Aufenthalts auf Schloss Salzdahlum. Karl war nun der neue Herrscher des Herzogtums Braunschweig-Wolfenbüttel.

Wilhelmine, unterdessen Markgräfin von Bayreuth, kommentierte dieses Ereignis und Charlottes unerwartete Rangerhöhung nicht ohne Neid: „Ich erhielt um diese Zeit einen Brief von der Herzogin von Braunschweig, die mir den Tod ihres Gatten anzeigte", heißt es in Wilhelmines Memoiren, „ihr Sohn, Prinz Karl, wurde durch diesen Tod regierender Herzog. Meine Schwester durfte von Glück sagen, sofern man anlässlich des Verlustes eines so wackeren Fürsten also sprechen darf, denn sie sah sich zwei Jahre nach ihrer Verheiratung und wider jede Erwartung als regierende Herzogin."

Ob die 19-jährige Charlotte tatsächlich so glücklich war, wie Wilhelmine unterstellte, ist eher zweifelhaft. Mit der neuen Position kamen schließlich allerlei Aufgaben und Verpflichtungen auf sie zu, deren Erledigung sie gewiss gerne noch längere Zeit ihrer Schwiegermutter überlassen hätte, um selbst ein unbeschwertes Familienleben zu führen. Doch nun war es eben anders gekommen. Der junge Karl hatte keine andere Wahl als die schwere Bürde des Herzogsamts auf sich zu nehmen und Charlotte musste fest an seiner Seite stehen.

Wirklich glücklich war die junge Herzogin jedoch wenige Wochen später, als sie am 9. Oktober 1735 nach einer schweren Geburt ihr erstes Kind zur Welt brachte. Zur allgemeinen Freude der Braunschweiger Untertanen war es ein gesunder Sohn, dem die stolzen Eltern den Namen Karl Wilhelm Ferdinand gaben. Genannt wurde das Kind allerdings Charles, denn noch liebte man auch am Wolfenbütteler Hof alles Französische. Zur Taufe des kleinen Prinzen kam der Preußenkönig eigens nach Wolfenbüttel und verlieh seinem Enkel den Schwarzen Adlerorden – die höchste Auszeichnung, die das Königreich zu vergeben hatte.

Nachdem der Vater wieder nach Berlin abgereist war, schrieb Charlotte sichtlich zufrieden an ihren Bruder Friedrich: „Wir haben den König hier gehabt, schön, charmant und in der besten Laune; am meisten fand er Spaß daran, spazieren zu gehen und auszureiten, seine Tabagie war ihm gefolgt und überhaupt hat man ihn tun lassen, was er wollte, ohne ihn zu genieren, er schien sehr zufrieden zu sein."

Auch dem „lieben Papa" schickte Charlotte weiterhin regelmäßig Briefe nach Berlin, um den Großvater über das Wohlergehen und die erfreuliche Entwicklung seines Braunschweiger Enkels auf dem Laufenden zu halten. Was jedoch den Reifeprozess der jungen Herzogin selbst betraf, so scheint Friedrich Wilhelm bei seinem Besuch in Wolfenbüttel nicht gerade den Eindruck gehabt zu haben, als habe Charlotte entscheidende Fortschritte auf dem Weg zum Erwachsensein gemacht. Anders ist das Weihnachtsgeschenk der preußischen Königsfamilie wohl kaum zu verstehen, für das sich die Tochter am 26. Dezember 1735 artig bedankte: „Als ich aus der Kirche kam, fand ich mein Zimmer ganz voll lustiger Puppen und mit Zweigen und Kerzen illuminiert. Erst dachte ich, dass der Herzog mir einen Streich spielen wollte, aber Madame de Zanthier sagte mir, das wäre das, was mir der heilige Christ von meinem lieben Papa gebracht hätte. Ich habe alle Puppen examiniert, wobei ich zählte, es sei ein rundes Dutzend Kinder. Ich wünschte, dass mein lieber Papa so lange leben möge, bis jede meiner Schwestern ihn zwölfmal zum Großvater gemacht hat." Doch so vermehrungsfreudig waren die preußischen Prinzessinnen bei weitem nicht. Allein Charlotte sollte in den kommenden Jahren noch zwölf weiteren Kindern das Leben schenken, die jedoch nicht alle das Erwachsenenalter erreichten.

Das neue Jahr begann für die herzogliche Familie mit einem erneuten Umzug ins Schloss Wolfenbüttel. Die gewaltige Vierflügelanlage, ursprünglich eine mittelalterliche Wasserburg, seit 1432 Residenz des Herzogtums Braunschweig-Wolfenbüttel, war ein für das kleine Land ausgesprochen eleganter Repräsentationsbau. Charlottes herzogliches Appartement bestand aus sieben

Räumen im ersten Obergeschoss des Nordflügels zur ruhigen Hofseite hin. Hier verfügte sie über ein kleines Schlafzimmer, ein Kabinett „ganz aus Porzellan von oben bis unten", zwei Bildergalerien, eine Spiegelgalerie, einen Salon sowie ein Musikzimmer, in dem hin und wieder kleine Konzerte gegeben wurden. Die Galerien dienten in erster Linie als Wandelgänge, wenn man sich nach den Mahlzeiten oder bei ungünstiger Witterung ein wenig die Füße vertreten wollte.

Auch für Herzogin-Witwe Antoinette Amalie wurde im Wolfenbütteler Schloss ein Appartement eingerichtet, das sie allerdings nur in den Wintermonaten bewohnte, während sie sich in der warmen Jahreszeit meist in ihrem nahe gelegenen Sommerschlösschen Antoinettenruhe am Südrand des Lechlumer Holzes aufhielt. Karls etwas schrullige Großmutter Christine Luise hingegen lebte seit dem Tod ihres herzoglichen Gemahls fern von der Familie in Blankenburg. 1747 ist sie dort auch gestorben.

Der junge Herzog Karl I. erkannte zwar sehr wohl, dass eine solch aufwändige Hofhaltung viel zu kostspielig war, gleichwohl konnte er sich nicht dazu durchringen, den großen Hof zu reduzieren. Trotz knapper Kassen plante er sogar, aus seiner Residenzstadt ein kulturelles Zentrum machen – mit Opern, Konzerten, Schauspiel und Ballettvorführungen. Diese leichtfertige Geldverschwendung sollte sich in späteren Jahren noch bitter rächen.

### Die Familie wird größer

Schon bald nach Charles' Geburt wurde Charlotte erneut schwanger. Das nächste Kind des Herzogpaares erblickte am 26. September 1736 auf Schloss Wolfenbüttel das Licht der Welt: Es war wieder ein Sohn, Georg Franz, genannt Görge. Doch bereits im Dezember des folgenden Jahres starb der Kleine, wie man damals glaubte, „an den Zähnen". Schmerzerfüllt schrieb die 21-jährige Mutter am 13. Dezember 1737 ihren Eltern nach Berlin: „Ich bin zutiefst getroffen, denn ich kann gegenwärtig nur sagen, dass es ein hübsches Kind war, Gott hatte bei ihm nichts vergessen. Schließlich ist alles, was mich trösten kann, dass es Gottes Wille war, in den man sich absolut ergeben muss ... Das Kind ist an den

118

Zähnen gestorben, hinzu kam ein Husten und eine schreckliche Diarrhöe. Er hat ganz außerordentlich gelitten und war von einer erstaunlichen Geduld. Ich habe ihn erst verlassen, als er den ersten Seufzer getan hatte, zum Schluss sah man, dass keine Hoffnung mehr war, ich habe gewünscht, dass der liebe Gott ihn erlöst, um seine Leiden abzukürzen. Man hat bei ihm nichts vernachlässigt, sodass es ein weiterer Trost ist, dass ich mir nichts vorzuwerfen habe. Der Herzog ist sehr traurig und war während seiner Krankheit stets um ihn. Gott sei Dank befinden sich die beiden Kinder, die mir bleiben, sehr wohl." Wenige Wochen vor dem Tod des kleinen Görge hatte Charlotte nämlich am 7. Oktober 1737 ein drittes Kind zur Welt gebracht. Diesmal war es eine Tochter: Sophie Caroline, die später einmal Friedrich von Bayreuth heiraten sollte, den Witwer ihrer Tante Wilhelmine.

Auch im folgenden Jahr, am 13. November 1738, wurde wieder ein Kind geboren. Doch Sohn Christian Ludwig starb ebenfalls schon im frühen Kindesalter mit nur dreieinhalb Jahren. Das fünfte Kind war wiederum eine Tochter, Anna Amalia, die am 24. Oktober 1739 zur Welt kam. Charlotte bemühte sich in den kommenden Jahren vergeblich, Zugang zu diesem etwas schwierigen Mädchen zu finden, das so ganz anders geartet war als sie selbst und von der Veranlagung her eher ihrer Bayreuther Schwester Wilhelmine ähnelte. Beide Frauen aber waren vollkommen verschieden und hatten einander nur wenig zu sagen. Niemals hätte Charlotte geglaubt, dass die spröde Anna Amalia eines Tages zum umschwärmten Mittelpunkt des von ihr mitbegründeten Weimarer Musenhofs werden würde.

Die rasch aufeinander folgenden Geburten ihrer Kinder sowie die schmerzliche Erfahrung, dass das Leben der Kleinen stets an einem seidenen Faden hing, hatten Charlotte sichtlich reifen lassen. Die kindliche Unbekümmertheit der „dullen Lotte" war einer heiteren Grundstimmung gewichen. Jetzt endlich ruhte die junge Frau in sich selbst.

Das Leben auf Schloss Wolfenbüttel gefiel Charlotte ganz offensichtlich gut. Wenn sie nicht gerade als regierende Herzogin repräsentieren musste, blieb ihr meist genügend Zeit für sich selbst. Die Kinder befanden sich in der Obhut von Gouvernanten und waren in dem weitläufigen Schloss auch räumlich so weit von ihrer Mutter entfernt, dass sich Charlotte in ihrer freien Zeit ungestört auf die Dinge konzentrieren konnte, die sie gerne tat: Lesen, Malen und mit der Familie korrespondieren. Hinsichtlich ihrer Lektüre ließ sich die Herzogin nach wie vor von ihrem Bruder Friedrich beraten, dem intellektuellen Vorbild aller preußischen Königstöchter. Der Kronprinz lebte seit 1736 gemeinsam mit Elisabeth Christine auf Schloss Rheinsberg und hatte endlich Muße, seinen vielfältigen Interessen nachzugehen. Deshalb empfand er den Aufenthalt dort als die schönste Zeit seines Lebens.

Auf Friedrichs Empfehlung las Charlotte pflichtbewusst die Klassiker wie Cicero und Marc Aurel oder vertiefte sich in die französischen Schriften von Molière und Racine, ganz wie es dem damaligen Zeitgeschmack entsprach. Zur Entspannung malte sie gern, doch keines von Charlottes Bildern ist erhalten geblieben. Man muss daher annehmen, dass sie ähnlich wie ihre Schwägerin Elisabeth Christine über die Anfänge einer fürstlichen Dilettantin nicht hinausgekommen ist.

Nach der Geburt von Anna Amalia dauerte es nur wenige Monate, bis das sechste Kind des Herzogpaares unterwegs war. Diesmal aber wurde Charlottes Schwangerschaft von großem Kummer überlagert, denn im Frühjahr 1740 stand endgültig fest, dass der Preußenkönig nicht mehr lange leben würde. Gleich mehrere Krankheiten, darunter Gicht und ein schweres Herzleiden, ließen Friedrich Wilhelm I. dahinsiechen. Es gab nur noch wenige Tage, an denen sich der 52-jährige Monarch ein wenig wohler fühlte. Charlotte machte sich die größten Sorgen und beschwor ihren „lieben Papa" in zahllosen Briefen, nur ja auf den Rat der Ärzte zu hören, weniger zu rauchen, keinen Alkohol mehr zu trinken und überhaupt strenge Diät zu halten. Doch alle guten Ratschläge waren vergebens. Die Ärzte konnten den König nicht mehr retten. Friedrich Wilhelm I. starb am 31. März 1740 in seinem geliebten Potsdam, und der 28-jährige Kronprinz konnte endlich nach ungeduldigem Warten als Friedrich II. den preußischen Thron besteigen. Charlotte war zunächst untröstlich, letztlich aber musste sie doch zugeben, dass der Tod den schrecklichen Leidensweg ihres geliebten Vaters beendet hatte und hoffte im Vertrauen auf einen gnädigen Gott, dass es ihm im Jenseits besser ergehen möge.

Die Folgen des Thronwechsels in Berlin waren schon bald auch im Herzogtum Braunschweig-Wolfenbüttel zu spüren. Zunächst einmal plante Friedrich II., seinen 18-jährigen Bruder August Wilhelm mit Karls gleichaltriger Schwester Luise Amalie von Braunschweig-Wolfenbüttel zu verheiraten. Dies sollte die dritte Verbindung zwischen beiden Häusern sein. Da die Ehe des jungen Preußenkönigs selbst bislang kinderlos geblieben war und man nach sieben Jahren wohl kaum mehr auf Nachwuchs hoffen konnte – zumal das preußische Königspaar inzwischen getrennt von Tisch und Bett lebte –, musste Friedrich II. die Thronfolge auf andere Weise sichern. Dass er seinen Bruder mit der aufgezwungenen Ehe unglücklich machen würde, schien ihm gleichgültig zu sein. Am 20. September 1740 wurde auf Schloss Salzdahlum jedenfalls mit üblichem Pomp und aufgesetzter Fröhlichkeit Verlobung gefeiert – ungeachtet der Hoftrauer um den verstorbenen Friedrich Wilhelm I. Herzog Karl hoffte natürlich, die Verbindung seiner Schwester mit dem Prinzen von Preußen würde seinem Herzogtum letztlich nur Vorteile bringen. Der Einzige, der allerdings tatsächlich einen Vorteil davon hatte, war Friedrich II., der sich damit der lästigen Pflicht entzogen hatte, doch noch einen Thronfolger zeugen zu müssen. Die Ehe seines Bruders mit Luise Amalie, die schließlich im Dezember 1742 geschlossen wurde, gestaltete sich ebenso unglücklich wie die des Preußenkönigs selbst. Immerhin aber erfüllte sie dessen Erwartungen: Der 1744 geborene älteste Sohn sollte nach dem Tod seines königlichen Onkels 1786 als Friedrich Wilhelm II. den Thron besteigen. Glücklicherweise konnte Charlotte während der Verlobungsfeier auf Salzdahlum noch nicht wissen, dass ihr dieser Berliner Neffe noch allerhand Kopfschmerzen bereiten würde.

Das sechste Kind des Herzogpaares kam am 29. Oktober 1740 zur Welt und war wieder ein Sohn, der auf den Namen Friedrich August getauft wurde. Zur Freude der Eltern wuchs der kleine Prinz ohne größere Probleme heran. Probleme kamen hingegen aus Berlin.

Bislang hatte Charlotte zu ihrem Bruder Friedrich stets ein entspanntes Verhältnis gehabt, hatte ihn bewundert und war bereitwillig seinem Rat gefolgt. Daran schien sich auch nach dessen Thronbesteigung zunächst nichts geändert zu haben. In ihren Briefen an den neuen König war schon bald wieder die alte Vertrautheit zu spüren. Doch dann zeigte Friedrich II. seiner Braunschweiger Schwester mit einem Mal ein ganz anderes Gesicht, nicht mehr die freundliche Miene des heiteren Philosophen, sondern das strenge Antlitz königlich-preußischer Autorität. Anlass war der Ausbruch des Schlesischen Krieges im Dezember 1740. Friedrich II., fest entschlossen, die verstreuten Besitzungen Brandenburg-Preußens enger zusammenzufügen, nutzte die Gunst der Stunde und fiel in Schlesien ein, das damals noch zu Österreich gehörte (s. S. 64). Jetzt aber brauchte er zusätzliche Soldaten. Über seine Gemahlin Elisabeth Christine ließ der Preußenkönig Herzog Karl I. schriftlich auffordern, ihm unverzüglich ein Regiment von 1300 Mann zur Verfügung zu stellen. Als dieser ablehnte, drohte Friedrich II. mit „Gewaltmaßnahmen", wie immer die auch aussehen würden. Charlotte war entsetzt und schrieb ihrem Bruder: „Kein Blitzschlag hätte mich vernichtender treffen können als dieser in einer Zeit, wo ich Trost darüber suchen muss, einen Vater verloren zu haben und wir, der Herzog und ich, uns immer Eurer Huld erfreuten." Friedrich II. blieb bei seinen Forderungen, auch wenn er sich letztlich mit 700 Soldaten unter der Führung des 19-jährigen Ferdinand von Braunschweig-Wolfenbüttel begnügen musste. Mit dem jungen Braunschweiger, dem Bruder Karls I., hatte Friedrich II. ein gutes Gespür bewiesen. Ferdinand wurde später neben dem königlichen Bruder Heinrich zum bedeutendsten Feldherrn der preußischen Armee.

### Prinzenerzieher Abt Jerusalem

Die zwölf Puppen, die Friedrich Wilhelm I. seiner Tochter zum Weihnachtsfest 1735 geschenkt hatte, erwiesen sich als gutes Omen. Auf jeden Fall wurde die Braunschweiger Familie immer größer. Am 26. Februar 1742 kam Albrecht Heinrich zur Welt, Henri genannt, im Dezember 1743 wurde Luise Friederike geboren, die nur zwei Monate später starb. Von acht Kindern, die Charlotte bislang zur Welt gebracht hatte, waren ihr nur fünf geblieben, zwei Töchter und drei Söhne. Der älteste Sohn, Erbprinz Charles, hatte inzwischen ein Alter erreicht, in dem er aus der Obhut seiner Gouvernante entlassen und einem männlichen Erzieher übergeben wurde. Charlotte und Karl I. waren zwar strenge Eltern, trotzdem wollten sie ihre Kinder „modern", also im Geiste der Aufklärung, erziehen lassen. Sie übertrugen die Aufgabe 1742 einem hoch gebildeten und fortschrittlichen Theologen, der sich fortan als kompetenter Prinzenerzieher einen Namen machen sollte: Abt Jerusalem.

Johann Friedrich Wilhelm Jerusalem wurde 1709 in Osnabrück geboren, studierte in Leipzig und Wittenberg Theologie und kam nach mehrjährigen Aufenthalten in England und in den Niederlanden 1742 als Hoftheologe und Prinzenerzieher nach Wolfenbüttel. In den Niederlanden hatte sich Abt Jerusalem mit den Ideen der Aufklärung vertraut gemacht. „Ich denke, also bin ich" war die Maxime des französischen Philosophen René Descartes (1696–1750) gewesen, der seinerzeit in Den Haag politisches Asyl gefunden hatte. Nicht mehr der Glaube sollte künftig die Fragen der Menschen beantworten, das denkende Ich musste sich mit seinem Verstand selbst die Wirklichkeit erarbeiten. Die neuen Ideen der Aufklärung wirkten sich auch auf die Kindererziehung aus, wenngleich das „Zeitalter der Pädagogik" noch nicht so recht angebrochen war. Doch ganz allmählich entstanden neue Vorstellungen vom Lehren, Lernen und Erziehen. Kinder sollten nicht mehr gewaltsam „zurechtgebogen", sondern durch eine „natürliche" Erziehung behutsam geführt werden. Man begann damals, das Kind als individuelles Wesen zu begreifen. Hatte der Pietismus den „Unfug des Spiels" noch bekämpft, so gestand man den Kleinen nunmehr das Recht zu, zu spielen und herumzutoben, weil sie sich nur so in ihrer Welt zurechtfinden konnten. Dadurch, dass Kinder in ihrer Individualität gefördert wurden, sollte ihrer „wahren" Bestimmung zum Durchbruch verholfen werden. Letztlich erwartete man auf diese Weise, ein besseres Kind heranzubilden, um so eine bessere menschliche Gesellschaft überhaupt entstehen zu lassen. Das galt für Fürstenkinder natürlich ganz besonders. Schließlich würden sie später einmal für die gesellschaftlichen Verhältnisse in ihrem Land verantwortlich sein. Auch Erbprinz Charles sollte nach dem Willen seiner

Eltern einmal als aufgeklärter Landesherr über das Herzogtum Braunschweig-Wolfenbüttel herrschen.

Charlotte und Karl hatten mit ihrem Prinzenerzieher eine wirklich gute Wahl getroffen. Abt Jerusalem, wenngleich Theologe, zeigte sich allen fortschrittlichen Entwicklungen gegenüber aufgeschlossen, beriet auch Herzog Karl I. in diesem Sinne und war 1745 der Initiator der Gründung des Collegium Carolinum am Braunschweiger Bohlweg, aus dem die heutige TU Braunschweig hervorgegangen ist.

In den folgenden Jahren war Charlotte ebenfalls nahezu ununterbrochen schwanger. Am 18. Mai 1745 kam Wilhelm Adolf zur Welt, im Jahr darauf am 9. November wieder eine Tochter Elisabeth Christine Ulrike, die später als „schlimme Elisabeth" in die Geschichte eingehen sollte. Die drei letzten Kinder des Braunschweiger Herzogspaares waren Friederike Wilhelmine, die am 8. April 1748 geboren wurde, Auguste Dorothea, die am 2. Oktober 1749 das Licht der Welt erblickte und schließlich Leopold, der am 11. Oktober 1752 den Kindersegen beendete. Charlotte war zu diesem Zeitpunkt 36 Jahre alt. In 19 Ehejahren hatte sie 13 Kinder geboren und damit nur knapp den „Rekord" verfehlt, den ihre Mutter Sophie Dorothea aufgestellt hatte. Wenngleich Charlotte nicht die korpulente Figur der Preußenkönigin besaß, sondern eher klein und zierlich war, so hatte sie gleichwohl deren robuste Gesundheit geerbt, dank derer sie die vielen Schwangerschaften und Geburten problemlos überstanden hat.

*Umzug nach Braunschweig*

Inzwischen hatte sich das angespannte Verhältnis zu Friedrich II. wieder gebessert. Im Sommer 1746 kam der Preußenkönig nach Salzdahlum. Anlässlich seines Besuchs wurden damals einige Räume im Erdgeschoss des linken Schlossflügels im Stil des französischen Rokoko umgestaltet. In diesen „Königlichen Gemächern" residierte Friedrich II. während seines mehrtägigen Aufenthalts, der, wie es scheint, in recht angenehmer Atmosphäre verlief. Der Schlesische Krieg war inzwischen beendet, nachdem der Friede von Dresden im Dezember 1745 bestätigt hatte, dass

Schlesien preußisch blieb. Friedrich II. hatte also allen Grund, zufrieden zu sein. Vom Krieg wollte er nach eigenem Bekunden nichts mehr wissen, sich stattdessen wieder seinen schriftstellerischen, musischen und philosophischen Interessen widmen. Das Potsdamer Schloss Sanssouci, Schauplatz dieses künftigen sorglosen Lebens, stand kurz vor der Fertigstellung.

Während Sanssouci noch heute von zahllosen Touristen besucht wird, ist von dem prachtvollen Lustschloss Salzdahlum nichts mehr zu sehen. Auf Dauer überstiegen die Kosten, die für den Erhalt des Anwesens aufgebracht werden mussten, die finanziellen Möglichkeiten der Braunschweiger Herzöge ganz erheblich. Schon 1797 entschloss man sich daher, den größten Teil der stark einsturzgefährdeten Orangerie abzutragen, wollte den Gesamtkomplex aber möglichst erhalten. Doch die napoleonischen Kriege, die auch vor dem Herzogtum Braunschweig-Wolfenbüttel nicht Halt machten, besiegelten schließlich das Schicksal Salzdahlums. Während dieser Zeit war die Schlossanlage bereits dem Verfall preisgegeben. In Braunschweig herrschte Napoleons Bruder als König Jérôme von Westfalen. Er hatte vor, das Braunschweiger Residenzschloss im Stil des französischen Empire ausbauen zu lassen. Die Kosten hierfür sollte die Stadt übernehmen, die jedoch kein Geld für derlei Extravaganzen hatte. Und so beschloss man, alles, was in Salzdahlum irgendwie von Wert war, zu versteigern, um die nötigen Mittel doch noch aufzubringen. Zwischen 1811 und 1813 wurden schließlich die Reste des Schlosskomplexes dem Erdboden gleichgemacht, ohne dass es zu dem geplanten Umbau der Braunschweiger Residenz kam.

Seit zwanzig Jahren lebte Charlotte nun schon im beschaulichen Wolfenbüttel und fühlte sich hier längst zu Hause. Sie liebte die gemütlichen Fachwerkbauten, die das Bild der Stadt prägten und erinnerte sich gerne an ihre erste Zeit, die sie mit Karl im Hofbeamtenhaus am Kornmarkt verbracht hatte. Doch nun musste sie Abschied nehmen, denn ihren Gemahl zog es aus Repräsentationsgründen mit aller Macht in die alte Welfenstadt Braunschweig. 1753 verlegte die herzogliche Familie daher ihren Wohnsitz in die Braunschweiger Residenz, das so genannte „Graue Hofschloss" am Bohlweg.

Die neue Residenz hatte eine alte Geschichte. Im Mittelalter war der „graue Hof" die städtische Niederlassung der Zisterziensermönche des Klosters Riggadshausen gewesen. Der Name entstand, weil die Braunschweiger den „grauen Hof" nach der Kleidung der dort lebenden Mönche zu bezeichnen pflegten. Nachdem das Herzogtum Braunschweig-Wolfenbüttel im Zuge der Reformation protestantisch geworden war und man die Klöster aufgelöst hatte, ging der „graue Hof" in den Besitz der Landesherren über. 1718 wurde mit dem Bau einer neuen Welfenresidenz begonnen, die aus dem „grauen Hof" das „Graue Hofschloss" machte. Seitdem hatten alle Braunschweiger Herzogsfamilien hier ihren „zweiten Wohnsitz". Auch Karl und Charlotte besaßen bereits seit 1736 eine Wohnung im Südflügel des Schlosses und kamen häufiger hierher, um Schauspiele, Opernaufführungen oder die berühmte Braunschweiger Messe zu besuchen. Mit dem Umzug der Herzogsfamilie nach Braunschweig ging nach 320 Jahren die glanzvolle Epoche Wolfenbüttels als herzogliche Residenzstadt zu Ende.

## Das Erwachen der deutschen Literatur

Für Charlotte begann mit dem Umzug nach Braunschweig in mancherlei Hinsicht ein neuer Lebensabschnitt. Sie war jetzt 37 Jahre alt, hatte ihre Mutterpflichten zur Genüge erfüllt und konnte voll Stolz auf ihre zehnköpfige Kinderschar blicken, die sie in Wolfenbüttel zur Welt gebracht hatte. Jetzt aber wollte sie sich neuen Dingen zuwenden. Schon in den vergangenen Jahren war Charlotte häufiger mit ihrem Gemahl im Braunschweiger Theater gewesen und hatte erfahren, dass hier bereits die berühmte „Neuberin" auf der Bühne gestanden hatte, jene Schauspielerin, die unter dem Einfluss des deutschen „Literaturpapstes" Johann Christoph Gottsched (1700–1766) das deutsche Theater revolutioniert hatte. Nachdem Charlotte bislang nur französische Werke gelesen hatte, begann sie sich in Braunschweig erstmals für die deutsche Dichtung zu interessieren.

Der aus Ostpreußen stammende Literaturprofessor Johann Christoph Gottsched hatte es sich zur Aufgabe gemacht, die bislang wenig anspruchsvolle deutsche Bühnenkunst umfassend zu reformieren. Sein zentraler Kritikpunkt zielte dabei auf den populären „Hanswurst". Diese Lieblingsfigur des volkstümlichen Theaters vollführte gewöhnlich dumme Scherze und derbe Späße, die meist keinen direkten Zusammenhang mit der eigentlichen Handlung besaßen und nur den Zweck hatten, die Zuschauer zum Lachen zu bringen. Gemeinsam mit der Schauspielerin Caroline Neuber (1697–1760) und ihrer Theatergruppe gründete Gottsched daher 1737 eine „alternative" Bühne in Leipzig, von der die „Neuberin" den Hanswurst schließlich in einer symbolischen Handlung hinunterstieß.

Friederike Caroline Neuber war eine der ersten großen deutschen Schauspielerinnen, die das Ansehen des bislang wenig angesehenen Berufes entscheidend aufgewertet hat.

Johann Christoph Gottsched, ein entschiedener Vertreter der Aufklärung, lehnte in seiner Dichtungstheorie alles Wunderbare und Unwahrscheinliche ab und plädierte stattdessen für Deutlichkeit und Moralität. Dichtung hatte für ihn hauptsächlich die Aufgabe, den Menschen zu erziehen und sittlich zu bessern, indem sie seinen „gesunden Menschenverstand" ansprach. In dem Werk „Versuch einer Critischen Dichtkunst vor die Deutschen" legte Gottsched seine Theorien schriftlich nieder und vertrat darin das Ideal des französischen Klassizismus. Noch also war Frankreichs das literarische Vorbild Deutschlands. Erst der spätere „Literaturpapst" Gotthold Ephraim Lessing sollte wenige Jahre später die Franzosen vom Thron stoßen.

Charlotte verfolgte den Wandel des deutschen Theaters mit großem Interesse. Es war ihr daher eine besondere Freude, im „Grauen Hofschloss" Gottscheds Ehefrau Luise zu empfangen, die sich im August 1753 vorübergehend in Braunschweig aufhielt. Beide Damen scheinen sich lebhaft über literarische Fragen unterhalten zu haben, denn Frau Gottsched schrieb später: „Das Gespräch der Herzogin verrät einen trefflichen Verstand und weitläufige Belesenheit".

Trotzdem ist kaum anzunehmen, dass sich Charlotte bei der Auswahl ihrer Lektüre strikt an Gottscheds strenge Regeln gehalten hat. Wahrscheinlich werden ihr daher auch die phantastischen Geschichten des so genannten „Lügenbaron" Karl Friedrich Hieronymus von Münchhausen zu Ohren gekommen sein, die damals an den norddeutschen Fürstenhöfen die Runde machten. Höchstwahrscheinlich hat Charlotte den jungen Münchhausen sogar persönlich kennen gelernt. Der 1720 geborene Freiherr stand nämlich in jungen Jahren als Page im Dienst von Anton Ulrich (1714–1774), dem Bruder Karls I. von Braunschweig-Wolfenbüttel. Nachdem der 19-jährige Prinz 1733 eine Militärkarriere in Russland angetreten hatte, blieb Münchhausen noch eine Weile am Hof von Wolfenbüttel, wo ihm Charlotte des Öfteren begegnet sein dürfte.

Münchhausens Laufbahn war mit dem unglücklichen Schicksal Anton Ulrichs eng verknüpft. Der Braunschweiger Prinz heiratete nämlich 1739 Anna Leopoldowna, eine geborene Prinzessin Elisabeth von Mecklenburg-Schwerin (1718–1746) und Nichte der Zarin Anna Iwanowna. 1740 kam die ehrgeizige Mecklenburgerin als Regentin für ihren unmündigen Sohn Iwan durch eine Palastrevolte auf den Zarenthron, wurde jedoch nur ein Jahr später selbst gestürzt und gemeinsam mit ihrem Ehemann verhaftet. Im Kerker brachte Anna vier weitere Kinder zur Welt, bevor sie mit nur 28 Jahren starb. Anton Ulrich und die Kleinen blieben aber weiter in russischer Gefangenschaft. Nur Münchhausen, der seinem Herrn 1738 nach St. Petersburg gefolgt war, entging dem unglücklichen Schicksal, weil er sich zum Zeitpunkt der Verhaftung zufällig gerade außer Landes aufhielt. Der Freiherr setzte seine militärische Laufbahn noch wenige Jahre fort, bis er sich 1750 auf seinem Gut Bodenwerder nahe Wolfenbüttel zur Ruhe setzte. Hier pflegte Münchhausen abends zahlreiche Gäste zu empfangen, denen der eloquente Erzähler am Kaminfeuer gerne unglaubliche Geschichten erzählte. Legendär ist Münchhausens Ritt auf der Kanonenkugel oder die Schilderung, nach der er sich am eigenen Schopf aus dem Sumpf gezogen haben soll.

Natürlich machten die dreisten Lügengeschichten auch am Braunschweiger Hof die Runde, wo sich so mancher noch an den ehemaligen Pagen Anton Ulrichs erinnern konnte.

Anfang des Jahres 1756 beschäftigte sich Charlotte mit den Vorbereitungen für die Hochzeit ihrer 16-jährigen Tochter Anna Amalia, die als Erstes der herzoglichen Kinder vor den Traualtar treten sollte. Bräutigam der Prinzessin war der zwei Jahre ältere Ernst August Konstantin von Sachsen-Weimar, Sohn des bereits verstorbenen Herzogpaares Ernst August I. und Sophie Charlotte Albertine, einer Schwägerin Wilhelmines von Bayreuth.

Anna Amalias Hochzeit sollte am 16. März 1756 im Braunschweiger „Grauen Hofschloss" gefeiert werden. Nach eigenem Bekunden war die junge Frau überaus froh, ihr strenges Elternhaus endlich verlassen zu können: „Von Kindheit an, die schönste Frühlingszeit meiner Jahre, was ist da alles gewesen?" klagte sie in ihrer 1772 verfassten Schrift „Meine Gedanken". „Nichts als Aufopferung für andere! ... Jeder Tag und jede Stunde ist mit Schmerz und Kummer ausgefüllt ... Gott! Jeder Gefangene sucht sich selbst von seinen Ketten loszureißen, und ich, ich soll mit Geduld, mit so sehr bestürmter Sanftmut meine Banden tragen? Ist das die Bestimmung, die du mir zugedacht hast? ... Meine Erziehung zielte auf nichts weiter, als mich zur Regentin zu bilden. Sie war: wie alle Fürstenkinder erzogen werden. Diejenigen, die zu meiner Erziehung bestimmt waren, hatten es selber nötig, gouverniert zu werden ... Nicht geliebt, von meinen Eltern immer zurückgesetzt, meinen Geschwistern in allen Stücken nachgesetzt, nannte man mich nur den Ausschuss der Natur. Ein feines Gefühl, welches ich von der Natur bekommen hatte, machte, dass ich sehr empfindlich die harte Begegnung fühlte. Es brachte mich öfters zur Verzweiflung ... Durch diese harten Unterdrückungen zog ich mich ganz in mich selbst. Ich wurde zurückhaltend, ich bekam eine gewisse Standhaftigkeit, die bis zum Starrsinn ausbrach. Ich ließ mich mit Geduld schimpfen und schlagen und tat doch so viel wie möglich nach meinem Sinn. In meinem sechzehnten Jahre wurde ich aus den harten Banden erlöst. Man verheiratete mich so, wie man gewöhnlich Fürstinnen vermählt."

Mit diesen bitteren Klagen rechnete die 33-Jährige später mit ihrem Elternhaus ab, ähnlich wie es Wilhelmine von Bayreuth getan hat. Wurde die junge Braunschweigerin wirklich so lieblos und ungerecht behandelt? Es scheint tatsächlich, als sei Anna Amalia ein schwieriges Kind gewesen, dem die Sympathien der Umgebung nicht von alleine zuflogen. Sie war introvertiert, still und wohl auch schnell beleidigt. Ihre äußere Unscheinbarkeit – klein und nicht sonderlich hübsch – trug überdies nicht unbedingt dazu bei, sie liebenswerter erscheinen zu lassen. Im großen Kreis der munteren Geschwister ging das Mädchen wohl ein wenig unter, zumal sie nicht durch ungewöhnliche Intelligenz oder andere Gaben auf sich aufmerksam machen konnte. Abt Jerusalem schrieb über die 15-jährige Anna Amalia: „Sie hat die brillante Lebhaftigkeit nicht, aber eben den soliden Verstand, die feine Empfindung, das edle Herz. Ihr Geist hat die Zeit nicht gehabt, sich schon völlig zu entwickeln. Sie fängt erst an, in der großen Welt zu erscheinen und sie hat noch nicht Mut genug, wie sie ist, zu scheinen. Sie hätte alles Feuer, ihren Sentiments das schönste Leben zu geben. Aber sie verbirgt sich noch vor sich selbst." Der kluge Abt hatte sehr wohl erkannt, dass es sich bei Anna Amalia um eine „Spätzünderin" handelte, die ihr geistiges Potenzial erst in Zukunft würde entfalten können.

Die herzoglichen Eltern aber, vor allem Charlotte selbst, besaßen wohl weit weniger Verständnis für die kleine Außenseiterin. Aufgrund der eindeutigen „Nebenrolle", die Anna Amalia in der großen Familie spielte und dem mangelnden Zuspruch, den sie schmerzlich zu spüren bekam, konnte das junge Mädchen auch kein ausgeprägtes Selbstbewusstsein entwickeln. Dass sich die Weimarer Herzogin in ihrer kleinen Schrift selbstmitleidig als „Ausschuss der Natur" bezeichnete, zeigt deutlich, wie sie sich als Kind gefühlt haben muss. Es ist allerdings höchst unwahrscheinlich, dass die Familie das genauso gesehen hat. Vielmehr handelte es sich bei diesem „Bonmot" um eine Marotte des preußischen Großvaters, der weiblichen Nachwuchs gerne mit dem unfreundlichen, aber keineswegs sonderlich ernst gemeinten Attribut belegt hat. Als 1720 Charlottes Schwester Ulrike geboren wurde, bereits die fünfte Tochter der Königsfamilie, schrieb Friedrich Wilhelm I. seinem Freund, dem Fürsten Leopold von Anhalt-Dessau, mit bitterem Humor: „Gestern ist wieder eine auf die Welt gekommen … Man muss sie versaufen oder Nonnen daraus machen. Männer kriegen sie nit alle." Ähnlich hielt es der Preußenkönig mit seinen Enkelinnen. Als 1737 Charlottes erste Tochter Caroline zur Welt kam, schrieb sie ihrem „lieben Papa" am 18. Oktober: „Ich sehe doch, dass Er immer guter Laune ist, weil Er mich aufzieht mit dem ‚Unkraut', was ich in die Welt gesetzt habe." Anstatt beleidigt zu sein, parierte Charlotte geschickt und humorvoll: „Wenn mein lieber Papa zustimmt, meine Schwestern Ulrike und Amalie zu ertränken, so bin ich zufrieden, dass meine Tochter in ihrer Gesellschaft umgebracht wird. Aber dessen ungeachtet würde ich sie lieber hüten, denn ich liebe sie sehr … Sie wird versuchen, mit der Zeit den Titel Unkraut nicht mehr zu verdienen …" Wie es scheint, wurde das väterliche „Bonmot" also von der Braunschweiger Familie aufgegriffen und auf die eigenen Töchter angewandt, ohne es damit jedoch ernst zu meinen. Anna Amalia war das einzige Kind, das so empfindlich reagiert und die Jugendjahre ausschließlich mit „Schmerz und Kummer" in Verbindung gebracht hat.

Doch jetzt sollte sie ja aus den „harten Banden" endlich erlöst werden. Bereits Anfang 1756 war der 18-jährige Ernst August Konstantin nach Braunschweig gekommen, um seine künftige Braut endlich persönlich kennen zu lernen. Bislang hatte er nur ein Portrait von ihr gesehen, das erheblich geschmeichelt gewesen sein dürfte, aber die Ehe war ohnehin schon arrangiert worden. Der junge Konstantin trug nämlich bereits große Verantwortung. Kurze Zeit zuvor hatte ihn der Kaiser für volljährig erklärt, damit er die Regierung über das kleine Herzogtum Sachsen-Weimar antreten konnte. Konstantin war zudem Ernst Augusts I. einziger Sohn. Sollte er ohne männliche Erben sterben, dann würde das Herzogtum an die Linie Sachsen-Coburg fallen.

Am 20. Februar 1756 hielt Konstantin offiziell um Anna Amalias Hand an und bereits vier Wochen später wurde im Braunschweiger Residenzschloss die Hochzeit der Prinzessin mit dem Herzog von Sachsen-Weimar gefeiert. Wie üblich wechselten mehrere Tage lang Hofbälle, Komödien- und Operettenbesuche einander ab, bis sich das junge Paar am 30. März endlich mit einer Mitgift von 18 000 Talern in der Tasche verabschieden konnte. Trotz allem trennte sich Charlotte doch mit einer gewissen Wehmut von ihrer Tochter, die nun einer eher ärmlichen neuen Heimat entgegenreiste. Die Stadt Weimar, die heute mit klangvollen Namen wie Goethe und Schiller in Verbindung gebracht wird, war damals noch ein dorfähnliches Städtchen mit gerade einmal 6000 Einwohnern. Die Gassen waren eng und winkelig, die meisten Gebäude mit Stroh oder Holzschindeln gedeckt. Ansehnliche Bürgerhäuser suchte man vergebens. Auch Anna Amalia erlebte den Beginn ihres neuen Lebens durchaus mit gemischten Gefühlen. In ihrer Schrift „Meine Gedanken" jedenfalls schrieb die junge Herzogin: „Sie werden glauben, da ich nun aus den Fesseln befreit war, müsse ich gewesen sein wie ein junges Füllen, welches seine Freiheit bekommt. Nichts weniger! Ich fühlte mich vielmehr wie eine Person, die nach einer großen ausgestandenen Krankheit in ihrer Genesung sich noch kraftlos fühlt." Charlotte zweifelte daran, dass Anna Amalia die Kraft und Fähigkeiten aufbringen würde, ihre Pflichten als Herzogin von Sachsen-Weimar zu erfüllen und die Herzen der Untertanen zu gewinnen. Dass man den Namen ihrer Tochter schon bald in einem Atemzug mit Weimar nennen würde, hätte sich Charlotte in ihren kühnsten Träumen nicht vorstellen können.

## Sieben Jahre Unglück

Nur wenige Monate nach Anna Amalias Hochzeit erlosch der festliche Lichterglanz im Braunschweiger Residenzschloss, denn noch im gleichen Jahr begann der Siebenjährige Krieg. Mit seinem Einmarsch in Sachsen löste Friedrich II. im August 1756 einen Konflikt aus, in dem es schließlich um die Existenz seines Landes gehen sollte. Russland, Frankreich und Österreich waren zumindest fest entschlossen, das aggressive Preußen wieder zu einem bedeutungslosen Zwergstaat zurückzustutzen.

Neben Hannover und Hessen gehörte auch Braunschweig-Wolfenbüttel zu den Verbündeten Preußens. Damit aber geriet nun das Herzogtum selbst in größte Gefahr. Zwar hatte Karl I. bereits 1750 eine Konvention mit Frankreich abgeschlossen, die ihm zumindest für sein Fürstentum Blankenburg im Harz Neutralität im Kriegsfall zusicherte. Doch als die Franzosen jetzt ins Braunschweiger Land einzogen, forderten sie die kampflose Übergabe von Braunschweig und Wolfenbüttel. Die gesamte Herzogsfamilie musste das „Graue Hofschloss" verlassen. Während Karl I. gemeinsam mit Erbprinz Charles und dem 16-jährigen Friedrich August aufseiten Preußens kämpfte, floh Charlotte mit ihren Kindern ins neutrale Blankenburg. Seit dem Tod von Herzogin Christine Luise, die im November 1747 gestorben war, gehörte das dortige Schloss Antoinette Amalie, Charlottes Schwiegermutter. Weil die sich jedoch bevorzugt auf Antoinettenruhe aufhielt, stand Blankenburg seit Jahren leer. Inzwischen bedeckten Moos und Unkraut die Terrassen und Steinfiguren im Park und auch im Inneren machten sich die ersten Verfallserscheinungen bemerkbar. Aber Charlotte blieb nichts anderes übrig, als sich hier mit ihren sieben Kindern so gut wie möglich einzurichten. Zumindest befanden sie sich in Sicherheit, als im Herbst 1757 überall im Braunschweiger Land die Dörfer in Flammen aufgingen und die Bewohner um ihr Leben fürchteten. Letztlich blieb den Braunschweigern keine andere Wahl, als den Franzosen enorme Geldsummen zu zahlen. Nur so konnten sie verhindern, dass Brandschatzung und Plünderungen noch weiter um sich griffen.

Doch auch Charlotte selbst hatte Verluste zu beklagen. Am 28. Juni 1757 war Königin-Witwe Sophie Dorothea von Preußen gestorben, nur wenige Tage nachdem Friedrich II. bei Kolin eine verheerende Niederlage hatte hinnehmen müssen. Im November brachen in Blankenburg die Masern aus, an denen nacheinander alle Herzogskinder erkrankten. Die kleine Friederike Wilhelmine litt ganz besonders und hatte hohes Fieber. Weitere Komplikationen stellten sich ein und nach neuntägigem Kampf starb das Mädchen am 22. Januar 1758 mit knapp zehn Jahren. Auch beim Tod ihres vierten Kindes suchte und fand Charlotte Trost in ihrem christlichen Glauben: „Ich ergebe mich dem Willen des Höchsten in allem, ergebe mich in Demut, wie es ihm mit mir und den Meinen gefällt", schrieb sie noch am gleichen Tag an ihren Bruder Friedrich II.

Unter dem Kommando von Charlottes Bruder Heinrich von Preußen und ihrem Schwager Ferdinand von Braunschweig-Wolfenbüttel gelang es schließlich, die Franzosen immer weiter zurückzudrängen. Ende Februar 1758 mussten sie Braunschweig und

Wolfenbüttel endgültig räumen, sodass die herzogliche Familie unter dem Jubel der Bevölkerung ins Braunschweiger Residenzschloss zurückkehren konnte. Doch der Krieg ging weiter und auch die Todesfälle rissen nicht ab. Im Mai 1758 erhielt das Herzogspaar die Unglücksbotschaft aus Weimar, dass Anna Amalias Gemahl Ernst August II. Konstantin kurz vor seinem 21. Geburtstag gestorben war. Wenngleich der junge Mann seit jeher eine äußerst schwache Konstitution gehabt hatte, so kam sein Tod doch für alle überraschend. Die eigentliche Todesursache wurde nie geklärt. Eine Obduktion ergab, dass vor allem Magen und Lunge nicht in Ordnung gewesen waren. Anna Amalia, die am 3. September 1757 ihr erstes Kind zur Welt gebracht hatte, Erbprinz Karl August, war inzwischen erneut schwanger.

Karl I. reiste nach Erhalt der Todesnachricht unverzüglich zu seiner Tochter nach Weimar, während Charlotte, die aufgrund der anhaltenden Kriegswirren daheim in Braunschweig blieb, zumindest versprach, zur bevorstehenden Geburt zu kommen. Mit nur 18 Jahren war Anna Amalia Witwe geworden und musste nun für ihren kleinen Sohn Karl August die Regentschaft über das Herzogtum Sachsen-Weimar übernehmen. Im September 1758 wurde dann der zweite Sohn geboren, Friedrich Ferdinand Konstantin.

Der Tod hielt die herzogliche Familie weiter in Atem: Kaum war der junge Konstantin beigesetzt, da starb am 12. Juni 1758 Charlottes Bruder August Wilhelm im Alter von 35 Jahren an einem Schlaganfall. Nachdem Friedrich II. ihm die Alleinschuld an der Niederlage von Kolin gegeben hatte, war August Wilhelm aus der preußischen Armee ausgetreten. Wie ihre Geschwister, so hatte auch Charlotte die ganze Zeit gehofft, dass sich beide Brüder doch noch versöhnen würden. Dazu war es nicht mehr gekommen.

Selbst wenn sich das Braunschweiger Land allmählich von den Kriegswirren erholte, so war die Gefahr noch längst nicht gebannt. Siege und Niederlagen des preußischen Heeres und seiner Verbündeten wechselten einander ab. Nachdem die Österreicher am 14. Oktober 1758 bei Hochkirch einen entscheidenden Sieg davongetragen hatten, schien die Lage Preußens zunächst völlig aussichtslos. Am gleichen Tag starb Charlottes Bayreuther Schwester Wilhelmine nach langer Krankheit im Alter von 49 Jahren. Sonderlich gut war das Verhältnis der beiden Preußinnen niemals gewesen. Dennoch kam nur ein Jahr später ein etwas ungewöhnliches Arrangement zustande. Da der 48-jährige Witwer Friedrich von Bayreuth die Hoffnung auf einen männlichen Erben noch nicht begraben wollte, fasste er schon bald nach dem Tod seiner Gemahlin den Plan, erneut zu heiraten. In der Korrespondenz mit Charlotte entstand allmählich die Idee, dass ihre älteste Tochter, die inzwischen 21-jährige Sophie Caroline, wohl eine geeignete Kandidatin sein würde. Die Ehe wurde im September 1759 geschlossen, aber Friedrichs Hoffnung auf Nachwuchs erfüllte sich nicht. Der Markgraf starb nur vier Jahre später.

Unterdessen ging der Siebenjährige Krieg weiter. Immer wieder hatte es den Anschein, als sei das preußische Schicksal endgültig besiegelt und Friedrich II. spielte mitunter sogar mit dem Gedanken, seinem Leben selbst ein Ende zu setzen: „Alles ist verloren, retten Sie die königliche Familie! Adieu für immer!", schrieb er nach der Niederlage von Kunersdorf am 12. August 1759 verzweifelt an einen Minister nach Berlin. Doch die erbitterten Kämpfe zogen sich weiter hin. Unter den zahllosen Opfern, die dieser Krieg forderte, war auch Charlottes 19-jähriger Sohn Henri. Am 8. August 1761 erhielt sie die Nachricht, dass der junge Prinz seinen im Gefecht erlittenen Verletzungen erlegen war.

Als kaum noch jemand daran glaubte, dass der Zusammenbruch Preußens abzuwenden sei, trat das ein, was als „Mirakel des Hauses Brandenburg" in die Geschichte eingegangen ist. 1762 starb die russische Zarin Elisabeth und ihr Nachfolger Peter III., ein schwärmerischer Verehrer des Preußenkönigs, löste nicht nur das Bündnis mit Österreich, sondern wechselte auf die Seite Preußens. Obwohl nach nur wenigen Monaten ein weiterer Thronwechsel folgte, blieb auch die neue Zarin Katharina II. neutral, bestätigte den Friedensvertrag und zog alle russischen Truppen aus Ostpreußen ab. Preußen war gerettet! Letztlich aber war es wohl weniger ein „Mirakel", als vielmehr die allgemeine Erschöpfung sämtlicher Beteiligten gewesen, die die Einstellung der Feindseligkeiten erzwang. Nach sieben zermürbenden Jahren waren alle des Kämpfens müde geworden und sehnten sich nach Ruhe und Frieden. Auf dem sächsischen Jagdschloss Hubertusburg wurde der Siebenjährige Krieg am 15. Februar 1763 beendet. Preußen konnte nicht nur Schlesien behalten, es wurde sogar in den Kreis der Großmächte katapultiert und stand fortan gleichberechtigt neben Frankreich, Großbritannien, Russland und Österreich.

### Die „schlimme Elisabeth"

Endlich wieder Frieden! Endlich konnte man wieder für die Zukunft planen. Das wollte nun auch Friedrich II., weswegen er im Juni 1763 gemeinsam mit seinem Neffen Friedrich Wilhelm zu einem Besuch nach Salzdahlum kam. Charlotte, die den Bruder seit Jahren nicht mehr gesehen hatte, konnte nur mühsam das Entsetzen verbergen, das sie beim Anblick Friedrichs II. befiel: Von dem einst so strahlenden „Philosophen von Sanssouci" war nichts mehr übrig geblieben. Der Preußenkönig wirkte verbittert, niedergeschlagen und vorzeitig gealtert. Der 51-Jährige hatte sich während des Siebenjährigen Krieges in den „Alten Fritz" verwandelt, den Misanthropen, der er bis zu seinem Lebensende bleiben sollte.

Jetzt aber ging es um die Zukunft seines Landes. Mit dem Tod August Wilhelms, des Prinzen von Preußen, im Juni 1758 war dessen ältester Sohn, der 1744 geborene Friedrich Wilhelm, zum Thronerben aufgerückt. Friedrich II. mochte den „langen Neffen" nicht besonders, denn der junge Mann war überhaupt nicht nach seinem Geschmack geraten. Ihn störten vor allem die zahllosen Affären, die der inzwischen 19-jährige Kronprinz mit verschiedenen Schauspielerinnen des Berliner Theaters hatte. Ein preußischer Thronfolger aber musste in erster Linie Soldat sein! In dieser Hinsicht dachte Friedrich II. nicht anders als sein königlicher Vater Friedrich Wilhelm I. Das Lotterleben musste ein Ende haben und es schien nur einen Weg zu geben, den jungen Mann auf den „Pfad der Tugend" zu führen: die Ehe. Dabei hatte der Preußenkönig Charlottes Tochter Elisabeth im Auge, ein gleichermaßen hübsches wie aufgewecktes Mädchen, das mit jetzt 17 Jahren zum Heiraten genau das richtige Alter hatte. Der wundervolle Garten, der Schloss Salzdahlum damals umgab, schien die geeignete Kulisse für eine sich anbahnende Liebesbeziehung abzugeben. Charlotte und ihr königlicher Bruder beobachteten daher mit Genugtuung, wie die „Kinder" lange Spaziergänge durch die blühende Parkanlage machten.

Über diesen Park, der 1689 von Herzog Anton Ulrich angelegt wurde, hatte schon Charlottes Urgroßmutter Sophie von Hannover, die begeisterte Gartenfreundin, 1710 an ihre Enkelin Sophie Dorothea geschrieben: „Der, welcher in der Schwärmerkomödie von einem herrlichen Schloss und Garten phantasiert, hat sich nichts eingebildet, was an die hiesigen Herrlichkeiten heranreicht." Ganz anders als die tonangebenden französischen Gärten Ludwigs XIV. diente der Park von Salzdahlum weniger der Demonstration fürstlicher Größe, als vielmehr dem ungestörten Kunst- und Kulturgenuss. Das Auge sollte sich nicht satt sehen an den reich ornamentierten Beeten und der großen Zahl vergoldeter Vasen und Statuen. Zäune und hohe Mauern am Gartenrand sorgten für die erwünschte paradiesische Abgeschiedenheit.

Die Hochzeit von Elisabeth und Friedrich Wilhelm wurde am 14. Juli 1764 auf Schloss Charlottenburg gefeiert: „Die königliche Tafel zeigt eine erstaunliche Pracht", notierte Graf Lehndorff, der Kammerdiener der Königin Elisabeth Christine, in sein Tagebuch, „alles Gerät ist von Gold, und die zweiundzwanzig Prinzen und Prinzessinnen, die sich daran befinden, sind mit Schmuck überladen … Die Menge der Zuschauer ist so groß, dass man hin- und hergestoßen wird. Nach aufgehobener Tafel begibt sich die ganze königliche Familie in die Galerie zum Fackeltanz. Danach führt man das junge Paar ins Schlafgemach."

Charlotte war stolz und glücklich, immerhin konnte sie ja davon ausgehen, dass ihre Tochter eines Tages preußische Königin sein würde.

Im Mai 1767 brachte Elisabeth eine Tochter zur Welt, Friederike. Doch bereits damals suchte ihr Gemahl die wahre Liebe außerhalb des Ehebetts und fand sie bei der Bürgerlichen Wilhelmine Encke. Das war nicht weiter ungewöhnlich. Auch Charlotte selbst musste ihren Karl seit einigen Jahren mit zwei Mätressen teilen. Das still schweigend hinzunehmen, wurde von jeder Fürstin selbstverständlich erwartet. Elisabeth aber beschloss, Gleiches mit Gleichem zu vergelten und suchte sich ebenfalls einen Liebhaber. Das blieb am Berliner Hof indes nicht lange geheim. Die Verfehlungen der Prinzessin machten die Runde und bald erfuhr auch Charlotte vom Fehltritt ihrer Tochter. Bestürzt schrieb sie am 29. September 1768 an Friedrich II.: „Sie können sich nicht den unendlichen Schmerz vorstellen, den ich empfinde, wie ich von Ihnen die empörenden Umstände erfahre über das schlechte Benehmen meiner Tochter. Ich bin verzweifelt, dass sie sich so weit vergessen hat, sich zu so großen Niedrigkeiten und Unwürdigkeiten hinreißen zu lassen, die sie entehren und die ein ewiger Flecken auf dem Ehrenschild der Familie sein werden. Ich begreife nicht, wo sie diese schlimmen Neigungen her hat, für die sie niemals Beispiele gesehen hat." Deutlicher wurde Graf Lehndorff, der im November 1768 seinem Tagebuch Folgendes anvertraute: „Nach meiner Rückkehr aus Paris bekomme ich von den schrecklichen Vorgängen im Hause des Prinzen von Preußen zu hören. Ein junger Musiker namens Pietro ist der Gegenstand aller Geschichten, die man von der Prinzessin von Preußen zu erzählen weiß. Das Volk war so entrüstet, dass es laut schrie, man solle sie fortschicken und dem Prinzen eine andere Frau geben." Die moralische Entrüstung der Berliner hatte natürlich guten Grund. Während die männlichen Mitglieder des Königshauses ihren sexuellen Bedürfnissen durchaus freien Lauf lassen durften – vor allem vor, notfalls aber auch während der Ehe –, wurde von den Frauen, ganz besonders aber von der Kronprinzessin, unbedingte eheliche Treue verlangt. Anderenfalls bestand die Gefahr, dass ein „Bastard" den Hohenzollernthron bestieg, in dessen Adern nicht ausschließlich „blaues Blut" floss.

Dank Lehndorff sind wir über weitere pikante Details der Liebesaffäre unterrichtet: „Die Sache mit der Prinzessin von Preußen wird immer schlimmer; sie wird jetzt fortwährend beobachtet und wagt ohne die Königin oder die Prinzessin-Witwe keinen Schritt zu tun. Viele glauben, dass sie fortgeschickt wird … Der berüchtigte Pietro ist verhaftet und nach Magdeburg gebracht worden. Man hat Briefe gefunden, die alles beweisen, wessen man die Prinzessin anklagt …" Laut Lehndorff hatte Elisabeth ihrem Geliebten geschrieben: „Mein teurer Pietro, komm doch nach Berlin auf den Ball, den der Prinz Heinrich am 24. Januar gibt. Ich kann nicht leben ohne dich! Du musst mich von hier entführen und ich will Dir überall hin folgen. Ich will lieber trockenes Brot essen als mit meinem dicken Tölpel leben."

Es war Charlotte schon peinlich genug, dass sich ihre Tochter Elisabeth zu solchen „Niedrigkeiten und Unwürdigkeiten" hatte hinreißen lassen. Noch schlimmer war, dass die Liebesaffäre auch weit über Berlin hinaus unrühmliche Kreise zog: „Die schauderhafte Geschichte hat zu viel Lärm gemacht", schrieb Lehndorff im Februar 1769, „ganz Europa weiß davon. Der Gemahl ist entrüstet, die königliche Familie voller Verachtung gegen die Sünderin. Einige behaupten, sie würde für verrückt erklärt werden und man würde daraufhin die Scheidung aussprechen. Es ist ein Jammer, dass diese junge Person auf so merkwürdige Abwege geraten musste, denn sie ist hübsch und liebenswürdig."

Im April 1769 entschloss sich Friedrich II., die Ehe des Thronfolgers mit Elisabeth aufzulösen. Die ehemalige Kronprinzessin musste Berlin verlassen und wurde zunächst nach Küstrin, später nach Stettin verbannt, wo sie 1840 im hohen Alter von 94 Jahren gestorben ist. Ihre Tochter Friederike kam in die Obhut ihrer preußischen Großmutter Luise Amalie und wurde nach deren Tod im Januar 1780 von Königin Elisabeth Christine erzogen. Die „schlimme Elisabeth" galt fortan in Berlin wie in Braunschweig als persona non grata und noch nicht einmal Charlotte hat ihre Tochter jemals wiedergesehen.

Doch kehren wir nach diesem Blick in die Zukunft zurück ins Jahr 1764.

### Die „englische Heirat"

Von den vier noch lebenden Töchtern Charlottes war jetzt nur noch die Jüngste, die 1749 geborene Auguste Dorothea, unverheiratet und sollte es auch blieben. Es war gewissermaßen Tradition, dass eine der Braunschweiger Prinzessinnen als Äbtissin von Gandersheim die „geistliche Laufbahn" einschlug. Der Name „Gandersheim" des berühmten, westlich des Harzes gelegenen Klosters, ist eng verbunden mit der vielseitig begabten Nonne Roswitha (um 935–975), die schon als junges Mädchen in die Abtei eingetreten war und sich hier zu einer der berühmtesten

Dichterinnen des Mittelalters entwickelte. Damals, im 10. Jahrhundert, erlebte das Kloster seine große Glanzzeit.

Im Zeitalter der Reformation wurde Gandersheim unter Herzog Julius von Braunschweig 1568 in ein reichsfürstliches protestantisches Damenstift umgewandelt, ähnlich wie Quedlinburg, das vorübergehend von Charlottes jüngster Schwester Amalie geleitet wurde. Am 4. Juni 1767 wählte das Kapitel des Stifts Gandersheim zunächst einmal die 1728 geborene unverheiratete Schwester Karls I., Theresie Nathalie von Braunschweig-Wolfenbüttel, zur Äbtissin. In Anwesenheit des Braunschweiger Herzogpaares wurde sie am 3. Dezember des gleichen Jahres feierlich inthronisiert. Als Theresie 1778 starb, trat Auguste Dorothea ihre Nachfolge an, hielt sich jedoch auch weiterhin meistens in Braunschweig auf. Durch den Reichsdeputationshauptschluss verlor das Stift 1803 seine Unabhängigkeit. Auguste Dorothea war die letzte Äbtissin. Nach ihrem Tod wurde das Stift Gandersheim endgültig aufgelöst. Heute erinnert nur noch die Stiftskirche an das ehemals bekannte Kloster.

Unterdessen hatte auch Erbprinz Charles in London geheiratet. Seine „Auserwählte" war Augusta, die Tochter des Prinzen Friedrich Ludwig von Großbritannien. Der mittlerweile verstorbene Friedrich Ludwig war seinerzeit der „Traum-Schwiegersohn" von Königin Sophie Dorothea gewesen, doch dann kam bekanntlich alles anders (s. S. 28 f.). Der englische Prinz, ein Sohn Georgs II. (1683–1760), vermählte sich stattdessen mit Augusta von Sachsen-Coburg-Altenburg. Die Tochter des Paares, die 1737 zur Welt kam, erhielt den gleichen Namen wie die Mutter – jetzt war sie Charlottes Schwiegertochter. Mit dem Tod Friedrich Ludwigs, der 1751 an einer Rippenfellentzündung gestorben war, ging die Thronfolge auf Augustas ein Jahr jüngeren Bruder über, der inzwischen als Georg III. über Großbritannien herrschte.

Die Ehe, die Erbprinz Charles im Januar 1764 in der Chapel Royal im Londoner St. James Palace mit der 26-jährigen Augusta schloss, war alles andere als eine Liebesheirat. Weil England aber im Siebenjährigen Krieg als Bündnispartner aufseiten Preußens und Braunschweigs gestanden hatte, war schon früh der Gedanke an eine dynastische Verbindung aufgetaucht. Ursprünglich sollte der junge Georg III., der mitten im Siebenjährigen Krieg den Thron von seinem Großvater übernehmen musste, eine Braunschweiger Prinzessin heiraten, doch der Plan zerschlug sich. Er entschied sich 1761 für Charlotte von Mecklenburg-Strelitz, die Schwester des Statthalters von Hannover und Tante der späteren preußischen Königin Luise.

Da die Hochzeit von Charles und Augusta ohne die Eltern des Bräutigams stattgefunden hatte, kannte Charlotte ihre englische Schwiegertochter bislang nur von Gemälden. Im Februar 1764 aber zog das junge Paar unter dem Jubel der Bevölkerung in Braunschweig ein. Die Herzogin war zutiefst enttäuscht. Von Anfang an waren Charlotte und Augusta einander unsympathisch und das sollte sich auch in Zukunft nicht ändern. Das neue Familienmitglied hatte ganz offensichtlich keinerlei Interesse daran, im vergleichsweise unbedeutenden Braunschweig heimisch zu werden, sondern präsentierte sich weiterhin als stolze Engländerin, die aus dem damals noch größten Weltreich stammte. Als Augusta wenig später ihr erstes Kind erwartete, reiste sie gleich wieder „nach Hause", um den Nachwuchs in gewohnter Umgebung zur Welt zu bringen. Im Dezember 1764 gebar sie eine Tochter, die wiederum Augusta genannt wurde, bereits die dritte dieses Namens in Folge. Mutter und Kind blieben nach der Geburt noch längere Zeit in London, sodass Charles über den Kanal reisen musste, wollte er seine kleine Familie hin und wieder zu Gesicht bekommen. Am 8. Februar 1766 wurde – natürlich wiederum in London – das zweite Kind geboren, Sohn Karl. Doch schon bald stellte sich heraus, dass der kleine Prinz aufgrund einer angeborenen Behinderung als Thronfolger nicht in Frage kam.

## Gotthold Ephraim Lessing

Charlotte war 50 Jahre alt, als sie wie so viele ihrer Zeitgenossen an den Pocken erkrankte, jener jahrhundertealten Geißel der Menschheit, die in den Griff zu bekommen man unablässig bemüht war. Voltaire schätzte, „dass von hundert Personen, die auf die Welt kommen, mindestens sechzig an Pocken erkranken; von diesen sechzig sterben zwanzig und weitere zwanzig behalten ihr Leben lang sehr unangenehme Narben zurück." Zwar experimentierten englische Ärzte schon seit Jahrzehnten, um einen wirksamen Impfschutz zu entwickeln, doch erst gegen Ende des 18. Jahrhunderts entdeckte der Chirurg Edward Jenner eine wirksame Methode, indem er seine Patienten mit den harmlosen Kuhpocken infizierte und sie so gegen die richtigen Pocken immun machte. Charlotte aber hatte Glück und überstand die gefährliche Krankheit ohne größere Probleme.

Kopfzerbrechen bereitete ihr hingegen die Ehe des Erbprinzen, die mit den Jahren nicht besser wurde. Zunächst hatte sich Charles noch bemüht, es seiner anspruchsvollen Gemahlin recht zu machen. Obwohl es nach dem Tod von Antoinette Amalie 1762 mehrere leer stehende Schlösser in der Umgebung gab, verschaffte er Augusta sogar eine elegante neue Unterkunft – natürlich nach englischem Vorbild: Auf dem Zuckerberg im Süden Braunschweigs an der Oker wurde Schloss Richmond als Sommersitz für Augusta erbaut. Hier kam am 17. Mai 1768 das dritte Kind zur Welt, Caroline Amalie Elisabeth. Doch die Erbprinzessin blieb in ihrem edlen Schlösschen meist allein. Inzwischen widmete sich Charles nämlich lieber der schönen Maria Pessina de Branconi, einer jungen Witwe, die er 1766 auf einer Italienreise in Neapel kennen gelernt und bei seiner Rückkehr mit nach Braunschweig gebracht hatte. Die attraktive Geliebte schenkte ihm im Dezember 1767 einen Sohn Carl Anton Ferdinand.

Als letztes von Charlottes Kindern heiratete der 28-jährige Friedrich August am 6. September 1768 Prinzessin Friederike Sophie, die Tochter des letzten regierenden Herzogs von Württemberg-Oels. Allmählich wurde es also ruhig im Braunschweiger „Grauen Hofschloss". Jetzt lebten nur noch Auguste Dorothea, Wilhelm Adolf sowie „Nesthäkchen" Leopold bei den Eltern. Schwiegertochter Augusta ließ sich nur zu ganz besonderen Anlässen blicken.

Charlotte aber war ganz ohne Zweifel der gesellschaftliche wie auch der intellektuelle Mittelpunkt des Braunschweiger Hofes. Sämtliche Professoren, die am Collegium Carolinum lehrten, machten der klugen Herzogin gerne ihre Aufwartung und diskutierten mit ihr über Kunst und Wissenschaft. Charlotte freute sich besonders darüber, dass der Dichter Gotthold Ephraim Lessing, Verfasser des Lustspiels „Minna von Barnhelm", für die Stellung des Hofbibliothekars in Wolfenbüttel gewonnen werden konnte. Der Dichter selbst schrieb am 27. Juli 1770 an seinen Vater: „Eigentlich ist es der Erbprinz, welcher mich hierher gebracht. Er ließ mich auf die gnädigste Art zu sich einladen und ihm alleine habe ich es zu danken, dass die Stelle des Bibliothekars, welche gar nicht leer war, für mich eigentlich leer gemacht ward. Auch der regierende Herzog hat mir hierauf alle Gnade erwiesen, deren ich mich von dem gesamten Hause zu rühmen habe, welches aus den leutseligsten besten Personen der Welt besteht. Ich bin indes der Mensch nicht, der sich zu ihnen dringen sollte; vielmehr suche ich mich von allem, was Hof heißt, soviel wie möglich zu entfernen und mich lediglich in den Zirkel meiner Bibliothek einzuschränken."

Hatte Charlotte gehofft, in Lessing einen charmanten Gesprächspartner zu finden, so wurde sie enttäuscht. Der Dichter, ein eher kauziger und wenig verbindlicher Mann, war nicht gerade der geborene Höfling. 1729 als Sohn eines Pfarrers in Kamenz in der Oberlausitz geboren, ging der 17-jährige Lessing zum Theologiestudium nach Leipzig, wechselte jedoch nur wenig später zur Medizin. Doch auch das blieb Episode. 1748 begann Lessing in Berlin als freier Journalist zu arbeiten und schrieb für ein Vorläuferblatt der später berühmten Vossischen Zeitung. Jetzt endlich wusste er, was er wollte – und konnte: Schreiben, und zwar nicht nur für die Zeitung, sondern auch fürs Theater, das seit Gottscheds Reformen ganz neue Möglichkeiten bot. Nachdem 1755 sein Drama „Sara Simpson" erschienen war, machte sich Lessing auch einen Namen als Kritiker, der zwischen 1759 und 1765 zusammen mit Moses Mendelssohn und Friedrich Nicolai die Wochenschrift „Briefe, die neueste Literatur betreffend" herausgab. 1767 verarbeitete der 38-Jährige seine Erfahrungen aus dem Siebenjährigen Krieg in dem Lustspiel „Minna von Barnhelm", dem ersten Stück des neu gegründeten deutschen Nationaltheaters in Hamburg, das gleich ein gewaltiger Erfolg wurde. Doch nur ein Jahr später musste das Nationaltheater aus finanziellen Gründen wieder schließen und Lessing stand erneut ohne Perspektive da. Insofern kam ihm das Angebot, als Hofbibliothekar in Wolfenbüttel zu arbeiten, gerade recht.

Nachdem sich Lessing in dem oben zitierten Brief an den Vater noch so enthusiastisch gegeben und von der Braunschweiger Herzogsfamilie als den „besten Personen der Welt" gesprochen hatte, zeigte sich der Dichter schon bald ernüchtert. Karl I. hatte ihn offenbar mit falschen Versprechungen nach Wolfenbüttel gelockt, denn nun blieben die zugesagten Zahlungen weitgehend aus. Die Braunschweiger Staatskasse war leer. Jahrelang hatte der Herzog das Geld mit vollen Händen ausgegeben. Spätestens aber der Siebenjährige Krieg und die damit verbundenen Kontributionszahlungen hatten zu einer ernsten finanziellen Misere geführt. War die Herzogsfamilie 1753 eigens nach Braunschweig gezogen, um das vielfältige kulturelle Angebot besser nutzen zu können, so musste jetzt den Sängern und Schauspielern gekündigt werden, weil man sie nicht mehr bezahlen konnte. Auch Lessing haderte mit seinem Schicksal: „Ich möchte rasend werden", schrieb er am 3. April 1773, „lieber betteln gegangen als so mit sich handeln lassen!" Eine Alternative gab es jedoch nicht. Vorübergehend hoffte er zwar auf eine Anstellung in Wien, doch die Pläne zerschlugen sich und so blieb Lessing bis zu seinem Tod am 15. Februar 1781 als Bibliothekar in Wolfenbüttel.

Charlotte las nicht nur die Theaterstücke des Dichters, sie interessierte sich auch für den „privaten" Lessing, dessen „wilde Ehe" mit der Hamburger Witwe Eva König in Wolfenbüttel schon Anlass zu allerlei Klatsch und Tratsch gegeben hatte Zwar waren die beiden seit 1771 verlobt, doch an eine Heirat konnten sie erst denken, als Lessing ein regelmäßiges Einkommen bezog, und so eine Familie ernähren konnte. Aber erst im Februar 1776 zahlte ihm Herzog Karl I. die seit langem versprochene finanzielle Absicherung. Wenige Monate später, am 8. Oktober, gaben sich Lessing und Eva König das Ja-Wort.


*Und wieder ein Skandal ...*


Als Lessing in die Dienste des Herzogs von Braunschweig-Wolfenbüttel trat, war Charlotte 54 Jahre alt und wurde von den ersten Beschwerden des Älterwerdens geplagt. Offenbar litt sie an Rheuma oder Arthrose, denn sie konnte sich nur noch unter

Schmerzen bewegen. Zum Spazierengehen benötigte die Herzogin fortan einen Stock. Während Charlotte den körperlichen Einschränkungen mit stoischem Gleichmut begegnete, warf sie hingegen der Tod ihres Sohnes Wilhelm Adolf völlig aus der Bahn. Auf Wunsch Friedrichs II. hatte sich der Prinz an einem Feldzug beteiligt, den Russland gegen die Türkei führte. In Bessarabien am Schwarzen Meer erkrankte der 25-Jährige an Diphterie und starb wenig später am 24. August 1770. Es dauerte mehrere Wochen, bis Charlotte die Nachricht vom Tod ihres Sohnes erhielt, die sie nach eigenem Bekunden „fast um den Verstand gebracht" hätte. Warum nur wurde sie von Gott so hart bestraft? Von dreizehn Kindern, die sie zur Welt gebracht hatte, lebten nur noch sieben, und wirklich glücklich war wohl keines von ihnen geworden. Noch etwas anderes bereitete ihr Kummer. Drei Söhne ihres Sohnes Charles kamen mit einer Behinderung zur Welt. Nur der 1771 geborene Friedrich Wilhelm wurde gesund geboren und würde so den Vater später in seinem Amt beerben können. Die Braunschweiger aber hatten kein Mitleid mit ihrer Erbprinzessin, im Gegenteil. Für die meisten von ihnen stand fest, dass Augusta die Behinderungen ihrer Kinder selbst verursacht hatte, weil sie die Neugeborenen angeblich „nach englischer Sitte" kalt zu baden pflegte. Das war natürlich völliger Unsinn, zeigte aber gleichwohl, wie unbeliebt sich die stolze „Engländerin" inzwischen bei ihren künftigen Untertanen gemacht hatte. War sie zunächst noch mit stürmischem Jubel empfangen worden, so verachtete man sie inzwischen als kaltherzig und hochmütig. Die Stimmung wurde nicht besser, als Augustas jüngere Schwester Karoline Mathilde einen Skandal verursachte, der noch erheblich größer war als der Eklat um die „schlimme Elisabeth". In Braunschweig redete man vorübergehend von nichts anderem.

Juliane Marie (1729–1796), eine jüngere Schwester Karls I. von Braunschweig-Wolfenbüttel, lebte als Königin-Witwe in Dänemark. Als sie 1752 nach ihrer Hochzeit mit Friedrich V. nach Kopenhagen gekommen war, hatte sie dort einen völlig abgewirtschafteten Hof vorgefunden. Ihr Stiefsohn, der spätere König Christian VII. (1749–1808), litt an epileptischen Anfällen und war psychisch krank. Deshalb übernahm Juliane Marie nach dem Tod ihres königlichen Gemahls 1766 die Regentschaft – und geriet in

Konflikt mit ihrer Schwiegertochter Karoline Mathilde. Die englische Prinzessin, Augustas Schwester, war 1765 als 15-Jährige mit Christian VII. von Dänemark verheiratet worden und empfand das Leben an der Seite ihres Gemahls als einzige Qual. Nicht weniger litt sie unter der herrischen und feindseligen Haltung ihrer Schwiegermutter Juliane Marie, die energisch versuchte, die Zügel in der Hand zu behalten. Karoline Mathilde flüchtete in ihrer Not in die Arme des königlichen Leibarztes und Beraters Johann Graf von Struensee, der seinerseits versuchte, die Richtlinien der dänischen Politik zu bestimmen und damit zwangsläufig in Gegensatz zur ambitionierten Königin-Witwe geriet. Während das dänische Volk den frischen Wind begrüßte, den Struensee in die Politik gebracht hatte – gravierende Veränderungen in Gesetzgebung und Verwaltung sowie die Beschneidung adeliger Privilegien –, reagierte die Aristokratie entsprechend feindselig. Als das Verhältnis des Arztes mit der jungen Königin bekannt wurde, hatte sie endlich einen willkommenen Vorwand, um den verhassten Reformer von seinem „Thron" zu stürzen. Nach einem großen Maskenball wurden Struensee und Karoline Mathilde verhaftet. Der Leibarzt wurde des Hochverrats angeklagt und am 28. April 1772 hingerichtet. Zunächst hatte man auch der ehebrecherischen Königin den Prozess machen wollen, doch das konnte ihr Bruder Georg III. von England letztlich doch noch verhindern. Die 21-Jährige wurde nach Schloss Celle verbannt, wo sie drei Jahre später an einer unbekannten Krankheit gestorben ist. Die Braunschweigerin Juliane Marie aber war damit wieder die eigentliche Herrin Dänemarks.

## Schwere Zeiten

Während der dänische Skandal in Braunschweig noch hohe Wellen schlug, hielt sich Charlotte bereits in Berlin auf, um am Hof des königlichen Bruders ihren 56. Geburtstag zu feiern. Natürlich wurde die Struensee-Affäre auch hier heftig diskutiert, zumal Friedrich II. ein Brieffreund und großer Bewunderer seiner Schwägerin Juliane Marie war, die er als „Lichtstrahl in schwarzer Finsternis" bezeichnete.

In Braunschweig war man jedoch ein wenig darüber verärgert, dass die Herzogin ihren Ehrentag an der Spree feierte. Schließlich hatte man sich für Charlotte eine ganz besondere Überraschung ausgedacht: Im Rahmen eines festlichen Programms sollte Lessings Trauerspiel „Emilia Galotti" uraufgeführt werden, ungeachtet der Tatsache, dass das Drama erhebliche Kritik an der höfischen Welt übt. So aber mussten die Theaterbesucher auf ihre Landesmutter verzichten.

In Berlin genoss Charlotte unterdessen das Wiedersehen mit ihren Geschwistern, die sie schon so lange nicht mehr gesehen hatte. Zum ersten Mal nach 26 Jahren traf sie mit Ulrike zusammen, der ehemaligen Königin von Schweden, die seit einem Jahr verwitwet war. Auch ihrer Schwägerin Elisabeth Christine, die seit der Thronbesteigung Friedrichs II. einsam auf Schloss Schönhausen im Norden Berlins lebte, stattete die Herzogin einen Besuch ab und freute sich, die preußische Königin bei guter Gesundheit anzutreffen. Doch der ehemals so große Kreis der Königskinder hatte sich gelichtet: Wilhelmine, August Wilhelm und Sophie waren schon seit Jahren tot, Friederike lebte in geistiger Umnachtung ...

Ganz abgesehen vom dänischen Skandal machte sich Charlotte große Sorgen um das Herzogtum Braunschweig-Wolfenbüttel, Sorgen, die ihr auch in Berlin schlaflose Nächte bereitet haben dürften. Die kritische Finanzlage daheim hatte bereits zu erheblichen Spannungen innerhalb der herzoglichen Familie selbst geführt. Erbprinz Charles drängte seinen Vater, endlich entscheidende Reformen in die Wege zu leiten, doch dem kränkelnden Herzog fehlte dazu ganz offensichtlich die Kraft. Während sein Land an einer kaum noch zu bewältigenden Staatsverschuldung zu zerbrechen drohte, verharrte Karl I. trotzig im Zeitalter des Absolutismus. Nicht nur die große finanzielle Belastung durch den Siebenjährigen Krieg, auch die aufwändige Hofhaltung hatten die wirtschaftliche Lage Braunschweigs dramatisch zugespitzt. Prunkvolle Empfänge, das in früheren Jahren reiche Kulturangebot, die Versorgung der unverheirateten Verwandten sowie eine rege Bautätigkeit waren für die leeren Kassen verantwortlich. Obwohl die Landstände bereits 1768 einen erheblichen Teil der Staatsschulden übernommen hatten, war die Finanznot kaum geringer geworden. Karl I. aber wusste weder ein noch aus. Um das Braunschweiger Land vor dem endgültigen Bankrott zu bewahren, entschloss sich Erbprinz Charles bereits 1773, die Zügel selbst in die Hand zu nehmen und die Finanzen zu sanieren. Karl I. war damit faktisch entmachtet. Noch im gleichen Jahr richtete Charles das Finanzkollegium ein, das von nun an alle Einnahmen und Ausgaben kontrollierte und zur Sanierung des Staatshaushalts beitrug. Den entscheidenden Durchbruch aber brachte der Anfang 1776 mit England geschlossene Subsidienvertrag. Er verfügte, dass braunschweigisches Militär im Krieg um die nordamerikanischen Kolonien eingesetzt wurde. Die Kolonien gingen bekanntlich schon wenige Monate später verloren, doch Braunschweig erhielt als Gegenleistung für die Bereitstellung eines recht großen Truppenkontingents insgesamt zwei Millionen Taler, mit denen Charles die Entschuldung des Staates weiter vorantreiben konnte.

*„Er ist wirklich eingeschlafen" – Der Tod des Herzogs*

Besorgt musste Charlotte in dieser Zeit miterleben, dass ihr Gemahl seinen Aufgaben als regierender Herzog nicht mehr gewachsen war. Karl I. war krank, müde und ausgebrannt, die Verantwortung für ein Land mit schier unlösbaren Problemen drückte ihn nieder. Und so ließ er seinen Sohn gewähren. Im März 1780 erlitt der Herzog einen schweren Schlaganfall: „Seine Schwäche wird täglich größer, besonders seit einigen Tagen", schrieb Charlotte am 12. März an Friedrich II., „ich wurde alarmiert durch eine Verdoppelung der Lähmung, die sich auf die Zunge und den Gaumen gelegt hat, sie beraubt ihn völlig der Sprache und der Schluckfähigkeit … Sein Zustand ist so traurig, so betrüblich zu sehen, dass es mir beinahe mehr Kummer macht; ich bezweifle, dass er sich erholt."

Charlottes schlimmste Befürchtungen sollten sich bestätigen. Karls Gesundheitszustand verschlechterte sich in den nächsten Tagen rapide. Der Herzog von Braunschweig-Wolfenbüttel starb am 26. März 1780 im Alter von 67 Jahren. Über ihre Empfindungen schrieb Charlotte erst vier Tage später an Friedrich: „In den ersten Augenblicken meines sehr starken Schmerzes war ich nicht imstande, Ihnen zu schreiben, noch Ihnen wenigstens eine Notiz zukommen zu lassen über den Verlust, den ich erlitten habe ... er (der Herzog) blieb immer in derselben Ohnmacht ohne das geringste Bewusstsein, obwohl er alle nur denkbaren Mittel bekam, und am 26. um Mitternacht hat er seine Laufbahn beendet. So glücklich, so sanft ist er aus der Welt gegangen, ohne das Herannahen des Todes zu spüren noch meine Schrecken zu sehen. Er ist wirklich eingeschlafen."

Fast 47 Jahre lang waren Karl und Charlotte verheiratet und es waren meist glückliche Jahre gewesen. Zuletzt aber hatte der Herzog, ein schwer kranker und depressiver Mann, sämtliche Lebensfreude verloren. Das wird Charlotte den endgültigen Abschied erleichtert haben.

Die 64-jährige Herzogin-Witwe musste nun das Braunschweiger Residenzschloss räumen, um ihrem Sohn und dessen Familie Platz zu machen. Mit Schwiegertochter Augusta wollte sie ohnehin nicht unter einem Dach leben. Am 7. April 1780 wurde Karl I. in der Gruft des Braunschweiger Domes beigesetzt. Am nächsten Tag begab sich Charlotte nach Salzdahlum. Von dort aus schrieb sie an Friedrich II.: „Die Trauerfeierlichkeit für den verstorbenen Herzog war gestern. Ich rechne damit, in ein paar Tagen aus der Stadt zurückzukehren, wo ich anfangen werde, mich mit meinem neuen Haushalt zu beschäftigen. Ich habe mir ein Haus in der Stadt ausgewählt, das mein Sohn mir noch bequemer einrichten will. Obwohl es von außen weder schön noch prächtig ist, die Architektur dort keinerlei Zierrat aufweist, ist es das komfortabelste von allen in Braunschweig, wo ich meine Welt um mich haben könnte und bequem logiert wäre, das genügt mir."

Nur wenig später verließ Charlotte das Graue Hofschloss, in dem sie 27 Jahre lang gelebt hatte. Das Braunschweiger Stadtpalais, von dem sie Friedrich II. bereits berichtet hatte, wurde ihr neues Zuhause. Es handelte sich um das so genannte Bevernsche Schloss im Langen Hofe, das heute jedoch nicht mehr existiert. Als Sommersitz wurde der Herzogin-Witwe Antoinettenruhe zugesprochen, wo ihre Schwiegermutter bis zu ihrem Tod 1762 gelebt hatte. Seitdem stand es leer. Auch von diesem Schloss sind keine Überreste mehr erhalten.

Charlotte überlebte ihren herzoglichen Gemahl um knapp 21 Jahre, die weitgehend ruhig verliefen. Glücklicherweise fühlte sie sich im Bevernschen Schloss schon bald heimisch und genoss es, keine repräsentativen Pflichten mehr erfüllen zu müssen. Gesellschaft leistete ihr Tochter Auguste Dorothea, die zwar, wie bereits erwähnt, 1778 zur Äbtissin von Gandersheim gewählt worden war, sich jedoch meist daheim in Braunschweig aufhielt. Hin und wieder besuchte Charlotte auch ihren Bruder Friedrich in Potsdam oder Berlin und informierte ihn ansonsten schriftlich über ihr Befinden. Beide Geschwister fühlten das Alter herannahen: „Ich sollte Ihnen einmal sagen, dass ich eine ganz minimale Esserin geworden bin", schrieb Charlotte am 13. Mai 1781 nach Berlin, „einfache Kost; diese Diät unterhält mein schwaches Gerippe, welches bald am Boden läge, würde ich anders leben." Auch der Gedanke an den Tod nahm einen immer größeren Raum ein: „Ich bedaure sehr, dass Sie während der letzten Reise nach Charlottenburg Tränen vergossen haben, als Sie sich der lieben Personen erinnerten, die wir verloren haben", heißt es wenige Zeilen später, „die gleichen Überlegungen stelle ich manchmal im Geiste an. Ich unterhalte mich mit ihren Porträts, vor denen ich in Ehrfurcht meditiere, hoffend, sie seien glücklicher als sie es in dieser Welt voller Unzulänglichkeiten waren. Doch die Verlorenen lassen immer einen Raum für die Sehnsucht frei in der Seele derer, die hier geblieben sind." Der Kreis der Geschwister verkleinerte sich weiter, 1782 starb Ulrike, die ehemalige Königin von Schweden, mit der Charlotte zuletzt vor zehn Jahren während ihres Besuchs in Berlin zusammengetroffen war.

Doch im Gegensatz zu dem verbitterten Friedrich II. hatte die Braunschweigerin ihre Lebensfreude noch nicht eingebüßt und nahm auch weiterhin regen Anteil am Schicksal ihrer Kinder. Mit dem ältesten Sohn, dem jetzigen Herzog Karl Wilhelm Ferdinand, verstand sie sich ausgesprochen gut. Erfreut konnte sie feststellen, dass sich ihr Charles zu einem verantwortungsvollen, den Ideen der Aufklärung verpflichteten Landesvater entwickelt hatte. Er hielt zudem an seinem eisernen Sparkurs fest, um die maroden Finanzen des Herzogtums zu konsolidieren.

Nicht weniger glücklich war Charlotte, dass ihre einst so unscheinbare Tochter Anna Amalia Großartiges geschafft und sich vom sprichwörtlichen „hässlichen Entlein" in einen „stolzen Schwan" verwandelt hatte, zu einer Fürstin, der es weder an Geist und Charme noch an staatspolitischer Tatkraft mangelte. Von 1758 bis 1775 hatte Anna Amalia die Regentschaft über das kleine Herzogtum Sachsen-Weimar geführt und zugleich den Grundstein für die weitere Entwicklung Weimars gelegt. Ihrer Initiative ist es mit zu verdanken, dass das kleine Städtchen an der Ilm zum Zentrum des deutschen Geisteslebens und Brennpunkt der Literatur in ihrer Glanzzeit werden konnte. 1772 hatte Anna Amalia Christoph Martin Wieland eingeladen, als Erzieher ihrer beiden pubertierenden Söhne nach Weimar zu kommen. Zwar war er als Pädagoge nur mäßig erfolgreich, dafür aber begann sich unter Wielands Einfluss das brachliegende Weimarer Geistesleben allmählich zu entfalten. Nachdem Karl August 1775 im Alter von 18 Jahren die Regierungsgeschäfte selbst übernommen hatte, machte Anna Amalia aus ihrem Haus einen Salon und lud Dichter und Wissenschaftler, Generale und Philosophen zum geistigen Austausch ein. Wenngleich es in höfischen Kreisen noch immer üblich war, sich des Französischen zu bedienen, ermunterte die Herzogin-Witwe ihre Gäste, die deutsche Sprache zu benutzen und machte sie so erstmals „hoffähig". Einer ihrer Gäste, der junge Dichter Graf Christian zu Stolberg, schwärmte damals von der 36-Jährigen: „Die alte (!) Herzogin ist das Ebenbild des personifizierten Verstandes und dabei so angenehm, so natürlich."

Prominentestes Mitglied des illustren Kreises um Anna Amalia aber war kein Geringerer als der junge Dichter Johann Wolfgang von Goethe, der im November 1775 nach Weimar kam. Kurz nach seinem Regierungsantritt hatte Karl August eine längere „Bildungsreise" gemacht, während der er nicht nur Luise von Hessen-Darmstadt geheiratet, sondern auch den inzwischen berühmten Dichter des „Werther" kennen gelernt hatte. Beide Männer verstanden sich offenbar ausnehmend gut, sodass der junge Herzog den nur wenige Jahre Älteren einlud, mit nach Weimar zu kommen. Dabei ging es ihm freilich nicht um dessen literarische Werke, sondern um die staatspolitischen Kenntnisse des Juristen

Goethe. Karl August konnte jeden klugen Kopf gut gebrauchen. Sachsen-Weimar mit seinen gerade einmal 110 000 Einwohnern war noch immer ein armes Land, dessen industrielle Entwicklung in den Kinderschuhen steckte. So fügte es sich gut, dass Goethe damals gerade einen neuen Lebensabschnitt beginnen wollte und der Einladung des jungen Herzogs Folge leistete. Fortan stand der Dichter Karl August aber nicht nur als Staatsminister, sondern ebenso als Freund und Berater zur Seite. Und natürlich wurde er zum Mittelpunkt von Anna Amalias „Musenhof", der später auch Herder und Schiller anziehen sollte. Ohne ihre Tochter, das musste Charlotte voller Stolz eingestehen, wäre Weimar gewiss das unscheinbare kleine Städtchen geblieben, das es vorher gewesen ist.

Im August 1784 freute sich die Herzogin-Witwe ganz besonders, endlich ihren Weimarer Enkel Karl August in Braunschweig begrüßen zu können, einen aufgeweckten jungen Mann, der gemeinsam mit dem berühmten Goethe angereist war. Charlotte empfing die beiden in ihrem „Bevernschen Schloss" und zeigte sich auch von dem deutschen Dichter sehr angetan.

## „Närrische Possenspiele des Schicksals"

Am 27. April 1785 verlor Charlottes jüngster Sohn Leopold auf tragische Weise sein Leben in der Hochwasser führenden Oder. Der 33-jährige Prinz, seit 1775 Kommandant über das preußische Infanterieregiment in Frankfurt an der Oder, war in einem Kahn unterwegs, um die von den Wassermassen eingeschlossenen Menschen zu retten. Dabei stürzte er unglücklich aus dem Boot, wurde von einem Strudel in die Tiefe gerissen und ertrank. Wenig später fanden Helfer seinen Leichnam in einem Weidengestrüpp am Flussufer.

Der 1752 geborene Leopold war bereits das siebte ihrer dreizehn Kinder, das Charlotte verloren hatte, und wieder blieb ihr nichts anderes übrig, als sich in christlicher Demut in ihr Schicksal zu fügen. Vielleicht dachte sie aber ähnlich wie Friedrich II., der ihr am 12. Mai 1785 einen reichlich verbitterten Kondolenzbrief schickte: „Seit 70 Jahren bin ich nun in der Welt, und in der ganzen Zeit habe ich nichts als närrische Possenspiele des Schicksals gesehen, das uns zu vielem Verdruss nur wenig Freudiges beschert. Ohne Unterlass schaukeln wir hin und her zwischen einer Fülle von Kummer und ein paar Augenblicken der Befriedigung. Dies Los, meine gute Schwester, ist allen Menschen gemeinsam ... Die Toten haben uns das Eine voraus, dass sie vor allen Schicksalsschlägen geborgen sind, denen wir unaufhörlich ausgesetzt sind, solange wir leben. All diese Betrachtungen, meine gute Schwester, sind nicht gerade tröstlich, das gebe ich zu. Zum Glück aber besitzt Du in Deiner Abgeklärtheit und Geistesstärke die nötige Widerstandskraft einem Schmerz gegenüber, wie ihn ein weiches Mutterherz beim Verlust eines geliebten Kindes erfährt."

Es mag Charlotte ein wenig getröstet haben, dass Leopold nun in weiten Kreisen der Bevölkerung zum Volkshelden aufstieg und vor allem in Frankfurt an der Oder geradezu schwärmerisch verehrt wurde. Es hieß sogar, er sei für die Idee der Menschlichkeit in den Tod gegangen, gewissermaßen eine Fleisch gewordene Figur der gefühlsbetonten literarischen Sturm- und Drangperiode.

Tatsächlich war Leopolds Lebenslauf eher unspektakulär. Der einzige Bruch in seiner Biografie war der vergebliche Versuch, dem preußisch-braunschweigischen Familiengeflecht zu entrinnen, indem er sich 1775 um einen Rang in der österreichischen Armee bemühte, was nicht unerhebliche diplomatische Entwicklungen zur Folge hatte. Letztlich aber gab der junge Braunschweiger klein bei und trat noch im gleichen Jahr als Kommandant des Infanterieregiments in Frankfurt an der Oder in preußische Dienste.

Nach seinem tragischen Tod wurde Leopolds Leichnam unter großer Anteilnahme der Bevölkerung nach Braunschweig überführt und in der Gruft des Domes beigesetzt. Die Garnisonsstadt Frankfurt, die dem jungen Braunschweiger stets am Herzen gelegen hatte, ehrte Leopold mit einem Denkmal an der Oder (1945 im Zweiten Weltkrieg zerstört).

Charlottes Briefwechsel mit ihrem königlichen Bruder wurde immer düsterer. Friedrich II. hatte sich seit dem Ende des Siebenjährigen Krieges mehr und mehr zu einem Menschenverächter gewandelt, der die Gesellschaft seiner Hunde der aller Gäste und Höflinge vorzog. Nicht selten ließ der Preußenkönig seine üble Laune an Beamten und Dienern aus, die er, wie einst der Vater, mit Schimpfworten und Stockschlägen traktierte. Seine Windhunde hingegen vergötterte er und ließ sie allesamt in kleinen Särgen auf den Terrassen von Sanssouci bestatten. In seinem Lieblingsschloss, das die Bezeichnung Lustschloss schon längst nicht mehr verdiente, verbrachte Friedrich II. die letzten einsamen Monate seines Lebens. Sie waren durch ein qualvolles Dahinsiechen gezeichnet. Nach einem Schlaganfall litt er an Koliken, Atemnot und Hustenanfällen, die ihm zunehmend den Schlaf raubten. Angetan mit seinem abgetragenen blauen Rock, der über und über mit Tabakflecken beschmutzt war, verbrachte er die meiste Zeit im Lehnstuhl. Niemand konnte ihm mehr helfen, auch nicht jener Arzt, den Charlotte empfohlen hatte. Am 10. August 1786 schickte Friedrich den letzten Brief nach Braunschweig: „Der hannöversche Arzt hat Ihnen nur sagen wollen, er habe das Äußerste getan, was er konnte, liebe Schwester; die Wahrheit ist aber, dass er mir nicht helfen konnte. Die Alten müssen den jungen Leuten Platz machen; und wenn man recht überlegt, was das Leben so ist, so ist es nichts als dass man seine Mitbürger sterben und geboren werden sieht."

Nur eine Woche später, am 17. August 1786, starb Friedrich II. im Alter von 74 Jahren. Der neue König von Preußen hieß jetzt Friedrich Wilhelm II. Ob Charlotte wohl insgeheim daran dachte, dass ihre Tochter Elisabeth jetzt preußische Königin geworden wäre, hätte sie sich vor vielen Jahren anders verhalten?

### Ein kurzer Blick in eine neue Zeit

Wieder war es um Charlotte einsamer geworden. Im Jahr darauf starb auch ihre jüngste Schwester Amalie, zu der sie allerdings kaum Kontakt gehabt hatte. Charlotte selbst war jetzt 71 Jahre alt, aber abgesehen von kleineren Beschwerden erfreute sie sich noch immer guter Gesundheit. Vieles hatte sich im Laufe ihres Lebens geändert, doch die Welt, so musste sie bedrückt feststellen, war um keinen Deut friedlicher geworden. Schon wieder drohte ein neuer Krieg. Die Französische Revolution hatte 1789 ganz Europa in seinen Grundfesten erschüttert. Jetzt aber fürchteten die benachbarten Monarchen ein Überschwappen revolutionärer Ideen auch in ihre Länder. Doch Frankreich selbst wollte den Krieg, denn die Revolutionäre versprachen sich davon ein engeres Zusammenrücken der Bevölkerung und damit eine weitere Identitätsstiftung.

Dass ihr eigener Sohn, Herzog Karl Wilhelm Ferdinand, ebenfalls mit dem Gedankengut von „Freiheit, Gleichheit und Brüderlichkeit" liebäugelte, scheint Charlotte nicht geahnt zu haben. Deshalb erfuhr sie auch nichts davon, als Anfang Januar 1792 ein französischer Diplomat ins „Graue Hofschloss" nach Braunschweig kam, um dem Herzog die Führung im französischen Revolutionsheer anzubieten. Es hatte sich bis Paris herumgesprochen, dass Braunschweig seit der Amtsübernahme des jungen Herzogs 1780 zu einem Zentrum der Aufklärung und Reformen geworden war. Schon sein Erzieher, der 1789 verstorbene Abt Jerusalem, hatte über seinen Schützling gesagt, dass „der leere Adelsstolz" seinen „lauten Unwillen" erregte. Ein Revolutionär war Charles deswegen allerdings nicht geworden. Er befürwortete einen allmählichen Reformprozess zugunsten des Bürgertums und sah auch den Adel durchaus in der Pflicht – ohne ihn deshalb entmachten zu wollen. Letztlich aber war Charlottes Sohn im tiefsten Herzen vor allem Soldat, ein deutscher Soldat. Die französischen Sondierungen gingen daher ins Leere, der Herzog zeigte sich zögerlich und unentschlossen. Als er hingegen am 13. Februar nach Potsdam berufen wurde, um im Auftrag des preußischen Königs Friedrich Wilhelm II. den Oberbefehl über ein Koalitionsheer gegen Frankreich zu übernehmen, erklärte er sich umgehend dazu bereit.

Im April des gleichen Jahres begann der Krieg, den Österreich und Preußen gegen das revolutionäre Frankreich führten – und der letztlich für die Koalition erfolglos war. Charlotte aber verlor damals ihren jüngeren Weimarer Enkel Konstantin, der im Kampf gefallen ist. Charles jedoch kehrte im Februar 1794 körperlich weitgehend unverletzt nach Braunschweig zurück, von der Bevölkerung mit großem Jubel empfangen. Inzwischen jubelten auch diejenigen Braunschweiger Intellektuellen mit, die sich zunächst noch für die revolutionären Ideen begeistert hatten.

Unter dem Eindruck der Schreckensherrschaft sowie der Hinrichtung des französischen Königspaares hatte sich ihre anfänglich positive Einstellung grundlegend geändert.

Charlotte, noch weitgehend in der Zeit des Absolutismus verhaftet, war froh, dass der „Spuk" nun ein Ende hatte. Dass nur wenige Jahre später Napoleon Europa erneut mit einem jahrelangen Krieg überziehen und auch das Herzogtum Braunschweig-Wolfenbüttel zu Fall bringen sollte, hat sie nicht mehr erlebt. Charlotte starb nach kurzer Krankheit am 16. Februar 1801 im Alter von 84 Jahren und fand an der Seite ihres Gemahls in der Gruft des Braunschweiger Doms ihre letzte Ruhestätte.

Auch nach Charlottes Tod blieb die enge Bindung des Herzogtums Braunschweig-Wolfenbüttel an Preußen erhalten. Karl Wilhelm Ferdinand erklärte sich 1806 daher bereit, im Krieg gegen Napoleon erneut den Oberbefehl über das preußische Heer zu übernehmen. Damals war er schon 71 Jahre alt. Der Braunschweiger bezahlte sein Pflichtgefühl mit dem Leben. Zu Beginn der Entscheidungsschlacht gegen Napoleon erlitt der Herzog am 14. Oktober 1806 eine schwere Verletzung, an deren Folgen er am 10. November starb. Auf dem Sterbebett bestimmte er seinen vierten Sohn, den 1771 geborenen Friedrich Wilhelm, zum Nachfolger, weil die älteren Brüder aufgrund ihrer Behinderungen regierungsunfähig waren. Dennoch konnte der junge Mann das Erbe nicht antreten, denn mit dem Frieden von Tilsit fiel das Herzogtum Braunschweig-Wolfenbüttel 1807 an Napoleons Bruder Jérôme und sein „Königreich Westfalen". Kurz vor der Schlacht bei Waterloo wurde Friedrich Wilhelm in Belgien von einer tödlichen Kugel getroffen und starb am 16. Juni 1815. Sein ältester Sohn Karl aus der Ehe mit Maria von Baden war zu diesem Zeitpunkt erst zehn Jahre alt und konnte die Regierungsgeschäfte im befreiten Braunschweig erst mit dem Erreichen der Volljährigkeit 1823 übernehmen. Der ebenso reaktionäre wie prunksüchtige Karl II. machte sich bei seinen Untertanen derart unbeliebt, dass sie einen Aufstand gegen ihn anzettelten und den verhassten Herzog am 7. September 1830 aus der Stadt vertrieben. Karl II. floh ins Ausland und starb 1873 in Genf. Das bei dieser Revolution zerstörte Graue Hofschloss am Bohlweg wurde bis 1838 durch einen Neubau ersetzt. Auch dieser Neubau existiert heute nicht mehr. Nach Zerstörungen im Zweiten Weltkrieg beschloss der Rat der Stadt Braunschweig 1960, die Ruine abreißen zu lassen.

Karls Bruder Wilhelm (1806–1884) schrieb das letzte Kapitel des Herzogtums. Als er schließlich ohne Erben starb, erlosch die Linie des neuen Hauses Wolfenbüttel, die ehemalige Linie Braunschweig-Bevern, die seit 1533 in den welfischen Stammlanden regiert hatte. Die Erbfolge ging an das welfische Haus Hannover, das jedoch erst 1913 die Herrschaft über Braunschweig antreten konnte, weil Preußen die hannoverschen Lande 1866 annektiert hatte. Die Versöhnung wurde schließlich mit einer dynastischen Verbindung besiegelt: 1913 heiratete der Prinz von Hannover und Herzog von Braunschweig Ernst August (1887–1953) die Tochter des letzten deutschen Kaisers Wilhelm II., Viktoria Luise. Mit Ausbruch des Ersten Weltkriegs aber musste der Braunschweiger Herzog 1918 abdanken und die Familie ging daraufhin ins österreichische Exil.

# SOPHIE
## Markgräfin von Brandenburg-Schwedt
### (1719–1765)

*Die gekaufte Markgrafschaft*

Ganz ohne Zweifel ist Sophie diejenige unter den Schwestern Friedrichs II., die die geringsten Spuren in der Geschichte hinterlassen hat. Selbst im brandenburgischen Schwedt an der Oder, wo sie drei Jahrzehnte ihres Lebens verbrachte, erinnert heute kaum noch etwas an sie.

Die vierte Tochter des preußischen Königspaares wurde am 25. Januar 1719 geboren. Nur wenige Monate später starb der kleine Prinz Wilhelm, der 1717 zur Welt gekommen war. Jetzt ruhten alle Hoffnungen auf dem mittlerweile siebenjährigen Fritz, einem zarten und eher ängstlichen Kind, das so ganz und gar nicht den Ansprüchen des königlichen Vaters genügte.

Als Mädchen stand Sophie – im Familienkreis Tobise genannt – ohnehin nicht im Fokus des höfischen Interesses und wuchs gleichsam „nebenher" auf. Wie ihre Schwestern Friederike und Charlotte blieb auch sie weitgehend den Hofdamen und Erzieherinnen überlassen. Doch während die beiden älteren Mädchen die Aufmerksamkeit der Umgebung auf sich lenkten – die eine, weil sie ausgesprochen hübsch war, die andere, weil sie als „dulle Lotte" dem väterlichen Kosenamen alle Ehre machte – blieb Sophie ein Leben lang vergleichsweise farblos und unauffällig.

Man interessierte sich daher erst für „Tobise", als sie allmählich das heiratsfähige Alter erreichte. Friedrich Wilhelm I. scheute

# Brandenburg-Schwedt

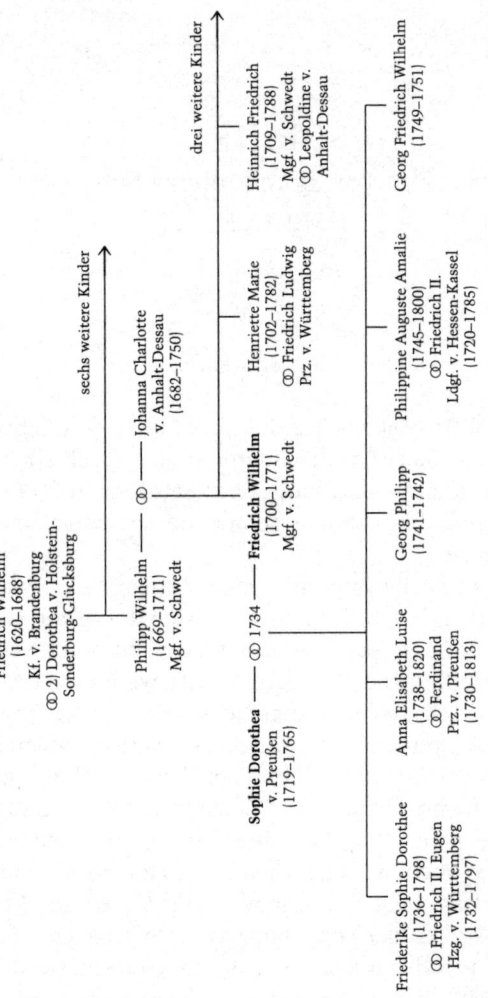

Friedrich Wilhelm
(1620–1688)
Kf. v. Brandenburg
∞ 2) Dorothea v. Holstein-
Sonderburg-Glücksburg

Philipp Wilhelm
(1669–1711)
Mgf. v. Schwedt

∞ ——— Johanna Charlotte
v. Anhalt-Dessau
(1682–1750)

sechs weitere Kinder →

Friedrich Wilhelm
(1700–1771)
Mgf. v. Schwedt

Henriette Marie
(1702–1782)
∞ Friedrich Ludwig
Prz. v. Württemberg

Heinrich Friedrich
(1709–1788)
Mgf. v. Schwedt
∞ Leopoldine v.
Anhalt-Dessau

drei weitere Kinder →

Sophie Dorothee
v. Preußen
(1719–1765)

∞ 1734

Friederike Sophie Dorothee
(1736–1798)
∞ Friedrich II. Eugen
Hzg. v. Württemberg
(1732–1797)

Anna Elisabeth Luise
(1738–1820)
∞ Ferdinand
Prz. v. Preußen
(1730–1813)

Georg Philipp
(1741–1742)

Philippine Auguste Amalie
(1745–1800)
∞ Friedrich II.
Ldgf. v. Hessen-Kassel
(1720–1785)

Georg Friedrich Wilhelm
(1749–1751)

sich bekanntlich nicht, seine Töchter möglichst früh unter die Haube zu bringen, wobei es ihm aber wichtig war, dass er den künftigen Schwiegersohn kannte und mochte. Im Falle von Sophie hatte er schon früh den Markgrafen Friedrich Wilhelm von Brandenburg-Schwedt (1700–1771) im Visier. An ihm imponierte dem Preußenkönig nicht nur, dass er ebenso wenig von höfischer Etikette hielt wie er selbst, beide gingen auch leidenschaftlich gern auf die Jagd und waren einem guten Tropfen keineswegs abgeneigt. Außerdem dachte Friedrich Wilhelm I. natürlich machtpolitisch: Die Verbindung seiner Tochter mit dem Markgrafen würde die Chance erhöhen, dass Schwedt, ähnlich wie Ansbach und Bayreuth, eines Tages wieder an Preußen zurückfiel. Aber wie auch immer, die kleine Herrschaft würde so auf jeden Fall in der Familie bleiben.

Friedrich Wilhelms gleichnamiger Großvater, der als Großer Kurfürst (reg. 1640–1688) von Brandenburg-Preußen in die Geschichte eingegangen ist, hatte nach dem frühen Tod seiner Gemahlin Luise Henriette von Oranien ein zweites Mal geheiratet, Dorothea von Schleswig-Holstein-Sonderburg-Glücksburg, die damals 32-jährige Witwe des Herzogs von Braunschweig-Lüneburg. Nachdem ihre Ehe mit dem Welfen kinderlos geblieben war, schenkte sie dem Kurfürsten in den folgenden Jahren vier Söhne und drei Töchter, von denen ein Mädchen frühzeitig starb. Natürlich wollte Dorothea all ihre Kinder gut versorgt wissen, insbesondere die Söhne, die sich freilich kaum Hoffnungen auf den Thron machen konnten. Schließlich hatte Kurfürst Friedrich Wilhelm aus seiner ersten Ehe bereits drei männliche Nachkommen: den hoffnungsvollen Kurprinzen Karl Emil, der allerdings 1674 an der Ruhr erkrankte und starb, das schwächliche „Fritzchen", das später der Preußenkönig wurde und schließlich den Jüngsten, Ludwig, der aber mit 21 Jahren der Diphterie erlag. Der Tod dieser beiden Prinzen löste damals am Hohenzollernhof eine regelrechte Hysterie aus, denn man beschuldigte Dorothea, die beiden jungen Männer vergiftet zu haben, um den Thron für ihren 1669 geborenen ältesten Sohn Philipp frei zu machen. Das war natürlich völliger Unsinn und bekanntlich trat „Fritzchen" auch 1688 als Kurfürst Friedrich III. von Brandenburg die Nachfolge seines verstorbenen Vaters an.

Sein Halbbruder Philipp aber ging nicht ganz leer aus – und das hatte er seiner resoluten Mutter zu verdanken. Philipp erhielt nach dem Tod seines Vaters die eigens für ihn eingerichtete Markgrafschaft Brandenburg-Schwedt, ohne allerdings eine landesfürstliche Stellung einzunehmen. Aufgrund erheblicher finanzieller Schwierigkeiten – unter anderem eine Folge des Dreißigjährigen Krieges – hatte der Große Kurfürst das an der Oder gelegene Schwedt 1664 an einen schlesischen Grafen verpfändet. Doch nur wenig später griff Dorothea beherzt in ihre eigene Schatulle und kaufte Schwedt für 26 500 Taler wieder zurück, eine kleine Herrschaft, die aus drei Städten, drei Schlössern und mehreren Dörfern bestand. Kurfürstin Dorothea, die durch die vermeintliche Giftaffäre zu Unrecht einen schlechten Ruf hatte, erwies sich nicht nur als gute Landesmutter, sie tat auch viel für den von ihr erworbenen Besitz. Auf den Grundmauern des alten Schwedter Schlosses aus dem 16. Jahrhundert ließ sie von dem holländischen Baumeister Cornelius Rykwaerd einen neuen Bau im Stil der Spätrenaissance errichten. Und mehr noch: Nachdem zwei schwere Feuersbrünste 1681 und 1684 Schwedt in Schutt und Asche gelegt hatten, sorgte sie dafür, dass die zerstörte Stadt wieder aufgebaut und zugleich Zufluchtstätte für französische Flüchtlinge wurde. Viele der Hugenotten, die 1685 nach der Aufhebung des Edikts von Nantes durch Ludwig XIV. zu tausenden nach Brandenburg-Preußen geströmt waren, ließen sich dankbar an der Oder nieder. Wie in ganz Brandenburg, so belebten sie auch hier Handel und Gewerbe und führten den später für die Gegend so wichtigen Tabakanbau ein, mit dem sie schon in ihrer Heimat einige Erfolge erzielt hatten. Allmählich kam Schwedt wieder auf die Beine. Hatten 1648, zum Zeitpunkt des Westfälischen Friedens, nur noch 49 Häuser am Oderufer gestanden, so waren es 1689, im Todesjahr Dorotheas, bereits 125. Der junge Markgraf Philipp von Brandenburg-Schwedt hatte allen Grund, seiner resoluten Mutter dankbar zu sein.

## „Verlassen Sie die arme Sophie nicht" – Hochzeit mit dem „wilden Markgrafen"

Als Philipp von Brandenburg-Schwedt und seiner Gemahlin Johanna Charlotte von Anhalt-Dessau im Jahr 1700 ein Sohn geboren wurde, nannten sie ihn in Erinnerung an den verstorbenen brandenburg-preußischen Großvater Friedrich Wilhelm. Nachdem der erst elfjährige Prinz seinen Vater verloren hatte, der mit 43 Jahren an einem „hitzigen Fieber" starb, übernahm die Mutter bis zur Volljährigkeit des Sohnes 1718 die Regentschaft.

Schon früh pflegte der junge Markgraf einen Lebensstil, der vor allem durch gutes Essen und Trinken, die Jagd, das Kartenspiel und schöne Frauen geprägt war. Als eingefleischter Junggeselle brauchte er sich schließlich nicht um das empfindsame Gemüt einer Gemahlin zu kümmern. Das jedoch sollte sich bald ändern. So gern der Preußenkönig aber den robusten Schwedter in seiner Familie gehabt hätte, er wusste genau, dass er äußerst behutsam vorgehen musste, wollte er seine schüchterne Tochter Sophie nicht gleich mit der leichtlebigen Seite des „wilden Markgrafen" verschrecken. Er lud ihn zunächst hin und wieder nach Berlin ein und bat ihn, sich ein wenig um die inzwischen 15-jährige Sophie zu kümmern und ihr dabei den Hof zu machen. Die Taktik ging auf, Markgraf Friedrich Wilhelm zeigte sich in Berlin nur von seiner besten Seite und plauderte charmant mit der 19 Jahre jüngeren Prinzessin. Und so geschah, was niemand – außer dem königlichen Vater – vermutet hatte: Sophie verliebte sich Hals über Kopf in den 34-jährigen Markgrafen und hatte daher nichts einzuwenden, als der Preußenkönig den Vorschlag machte, beide in Kürze zu verheiraten.

Während Sophie im siebten Himmel schwebte, zeigte sich der Rest der Familie eher betroffen. Vor allem Königin Sophie Dorothea war empört, dass schon wieder eine ihrer Töchter mit einem Habenichts vermählt werden sollte. Auch Wilhelmine schrieb am 8. April 1734 an den Kronprinzen: „Die Königin ist in Verzweiflung darüber. Ich fürchte, dass dieser Kummer ihr den Rest geben wird. Stellen Sie sich vor, was ich leide. Bitte erweisen Sie mir den Gefallen und verlassen Sie die arme Sophie nicht. Ich versichere Ihnen, dass sie wirklich ein wenig Liebe verdient, denn sie hat das Herz auf dem rechten Fleck und einen edlen Charakter. Ich kann wohl sagen, dass sie meine Lieblingsschwester ist. Wollte Gott, dass sie glücklich wird."

Nichtsdestotrotz fand die Hochzeit am 20. November 1734 statt. Aufgrund des Besorgnis erregenden Gesundheitszustands des Preußenkönigs hatte man den Termin sogar vorgezogen. Nun gaben sich Sophie und Friedrich Wilhelm von Brandenburg-Schwedt das Ja-Wort vor dem Krankenbett des Brautvaters. Zunächst schien es tatsächlich, als würde Sophie glücklich werden. Der königliche Vater zumindest konnte in den nächsten Tagen mit Wohlwollen beobachten, wie zuvorkommend seine Tochter von ihrem Markgrafen behandelt wurde. Niemand aber weiß, was der Schwedter tatsächlich für die kleine Preußenprinzessin empfunden hat. Handelte er lediglich auf königlichen Befehl? Wähnte er sich in der Rolle des väterlichen Beschützers? Oder waren bei ihm ehrliche Gefühle im Spiel, wer vermag das schon zu sagen? Vielleicht erhoffte er sich auch nur eine reiche Mitgift, wohl wissend, dass der sparsame Preußenkönig seit dem Tod seines verschwenderischen Vaters 1713 den Staatshaushalt gründlich saniert und schließlich die unglaubliche Summe von zehn Millionen Talern angehäuft hatte. Die 100 000 Taler, die Sophie mit in die Ehe einbrachte, waren daran gemessen zwar nicht unbedingt üppig, letztlich aber doch mehr, als ein eher bedeutungsloser Markgraf erwarten konnte.

Das gute Verhältnis des jungen Paares dauerte an, als Sophie und Friedrich Wilhelm nach Abschluss der Hochzeitsfeierlichkeiten nach Schwedt kamen. Ihr neues Zuhause erwies sich keineswegs als so schlicht, wie es sich Sophie vorgestellt hatte. Schon ihr verstorbener Schwiegervater hatte sowohl am Residenzschloss wie am nahe gelegenen Lustschlösschen Monplaisir aufwändige Gärten anlegen lassen, die jetzt in der Novembersonne noch einmal ihre letzte Schönheit präsentierten. Als die junge Markgräfin wenige Monate später ihren 16. Geburtstag feierte, veranstaltete der Gemahl ein riesiges Fest mit Maskeraden, Bällen sowie einem prachtvollen Feuerwerk. Auch die Geschenke für Sophie waren mehr als großzügig, insbesondere eine Kutsche, die mit Diamanten, Smaragden und Rubinen verziert war.

Vorübergehend sah es also tatsächlich so aus, als würde es eine harmonische Verbindung werden, und der Preußenkönig hörte mit großer Genugtuung, dass sich seine Sophie in Schwedt sichtlich wohl fühlte. Diese guten Nachrichten wirkten wie Balsam für den schwer kranken Friedrich Wilhelm I., der damals eine lebensbedrohliche gesundheitliche Krise durchmachte.

Doch mit dem Feuerwerk, das Friedrich Wilhelm von Brandenburg-Schwedt zu Ehren seiner jugendlichen Gemahlin veranstaltet hatte, schien auch das Feuerwerk der Gefühle zwischen beiden Ehepartnern bereits wieder erloschen zu sein. Jetzt zeigte sich allmählich, wie groß der Altersunterschied von 19 Jahren tatsächlich war, zumal sich hier ein unerfahrenes Mädchen und ein erwachsener reifer Mann gegenüberstanden. Nur wenig später kam es zu ersten ernsthaften Differenzen, die Sophies Vater im Juli 1735 dazu veranlassten, persönlich nach Schwedt zu reisen, um Tochter und Schwiegersohn ins Gewissen zu reden. Als das nichts half, setzte er die weinende Sophie kurzerhand in seine Kutsche und brachte sie mit nach Berlin. Auf Schloss Monbijou, dem Wohnsitz von Königin Sophie Dorothea, sollte sie der Mutter erst einmal ihr Herz ausschütten, um dann wieder ein wenig zur Ruhe zu kommen.

Sophie aber legte sich zunächst einmal mit einer akuten Mandelentzündung zu Bett. Als es ihr wieder ein wenig besser ging, erzählte sie der Mutter, was sie so bedrückte: Der Markgraf nahm sich kaum noch Zeit für sie und widmete sich stattdessen seinen alten Leidenschaften, der Jagd, der Fischerei, dem Kartenspiel, dem Wein – und vielleicht auch anderen Frauen. Das zumindest hatte sie gehört. Sollte er den Ruf, ein „wilder Markgraf" zu sein, also zu Recht tragen? Dass Sophie Dorothea keine unparteiische Ratgeberin war, versteht sich von selbst. Doch indem sie so eindeutig Partei gegen den Schwedter Schwiegersohn bezog, machte sie es der unglücklichen Sophie nur noch schwerer, schließlich konnte die junge Markgräfin nicht ewig in Berlin bleiben, sondern musste schon bald wieder an die Oder zurückkehren. Dabei konnte der 16-Jährigen niemand ihre maßlose Enttäuschung verdenken. Naiv wie sie war, hatte sie sich einen immerwährenden Himmel voller Geigen ausgemalt und wurde – völlig unvorbereitet – schon nach wenigen Monaten auf den Boden der Tatsachen zurückgeholt. Zwar ermahnte die Mutter sie wie üblich zu Nachsicht und Geduld. Doch jetzt musste sich zeigen, ob Sophie wirklich in der Lage war, für ihren „wilden" Gemahl ein wenig mehr Verständnis aufzubringen.

## Warten auf den Erbprinzen

Als Sophie schließlich mit guten Vorsätzen nach Schwedt zurückkehrte, gab sich auch der Markgraf zunächst reumütig. Die beiden versöhnten sich wieder und am 18. Dezember 1736 wurde das erste Kind des Paares geboren, Tochter Friederike Sophie Dorothee. Doch Schwangerschaft und Geburt hatten die Eheprobleme des Markgrafenpaares nur notdürftig kaschiert. Die tiefen Gräben brachen wieder auf, als Friedrich Wilhelm in seine alten Gewohnheiten zurückfiel. Derweil saß Sophie im Schwedter Residenzschloss und langweilte sich. Abwechslung gab es hier nur wenig, und anders als beispielsweise ihren Schwestern Wilhelmine und Charlotte war es ihr nicht gegeben, ihre freie Zeit mit Musik, Malerei oder anderen Dingen zu füllen, die ihr Freude bereiteten. Stattdessen wartete sie darauf – ähnlich wie Friederike in Ansbach –, dass der Markgraf zurückkehrte, um sie zu unterhalten. Tat er das nicht – was meistens der Fall war –, zog sie sich schmollend in ihre Gemächer zurück.

Auch in Schwedt waren heftige Auseinandersetzungen fortan an der Tagesordnung und Sophie zog dabei stets den Kürzeren. Vielleicht ist hier eine Ursache zu suchen, warum sich bereits bei der jungen Markgräfin ernsthafte gesundheitliche Probleme bemerkbar machten. Als Sophie im Mai 1737 wieder einmal zu ihren Eltern nach Berlin geflüchtet war, wurde sie erneut krank, litt an Fieber und heftigen Gallenbeschwerden. Aber auch diesmal tat der Abstand gut. Nach ihrer Genesung reiste sie versöhnungsbereit zu ihrem Markgrafen zurück und hoffte sehr, dass er sich vielleicht doch noch ändern würde. Wenig später wurde Sophie zum zweiten Mal schwanger, aber die Hoffnung auf einen Sohn, einen Erbprinzen, erfüllte sich auch diesmal nicht: Am 22. April 1738 brachte sie eine weitere Tochter zur Welt, Anna Elisabeth Luise, jenes Kind, das siebzehn Jahre später seinen preußischen Onkel Ferdinand heiraten sollte.

Der Preußenkönig, der sich fünf Jahre lang redlich bemüht hatte, seine schützende Hand über die markgräfliche Ehe zu halten, starb am 31. Mai 1740. Jetzt wurde es für die unglückliche Sophie noch schwerer, an der Seite ihres Gemahls auszuharren. Friedrich II. nämlich hatte keine enge Beziehung zu seiner unscheinbaren jüngeren Schwester – und ihren Ehemann pflegte er sogar ganz unverhohlen als „Hanswurst" zu bezeichnen. „Verlassen Sie die arme Sophie nicht", hatte Wilhelmine den Bruder vor Sophies Hochzeit angefleht, doch der neue König von Preußen dachte überhaupt nicht daran, sich die Eheprobleme seiner Schwester zu Eigen zu machen. Er wusste überhaupt nicht, was er mit ihr reden sollte. Sophie teilte weder seine philosophischen noch seine literarischen Interessen und war daher für den jungen Preußenkönig nichts weiter als ein fades Geschöpf, mit dem er keinerlei privaten Umgang zu pflegen gedachte. Ebenso wenig wie seine Gemahlin Elisabeth Christine passte Sophie in das Schema, das Frauen in seinen Augen Respekt verschaffte. Eigentlich mochte Friedrich II. das weibliche Geschlecht ja überhaupt nicht, von ganz wenigen Ausnahmen abgesehen. Dazu gehörten neben seiner Mutter, die er jedoch auch nur eingeschränkt akzeptierte, die Schwestern Wilhelmine und Charlotte, Frau von Camas, die alte Hofdame von Elisabeth Christine, sowie die „Große Landgräfin" Caroline von Hessen-Darmstadt, mit der er eine umfangreiche Korrespondenz führte und deren Tochter er schließlich mit seinem Neffen und Nachfolger Friedrich Wilhelm II. verheiratete.

Was Friedrich an diesen Frauen schätzte, das waren – wie er es sah – männliche Eigenschaften wie Intelligenz und Esprit. Sanftmut und Güte zählten nicht dazu, weshalb Sophie ebenso wie Elisabeth Christine durch das strenge Raster fielen. Besonders die preußische Königin hat unter Friedrichs Ablehnung erheblich gelitten. Als im Juni 1746 eine Familienfeier auf Schloss Charlottenburg geplant war und überlegt wurde, ob man auch die preußische Königin und ihre Schwester einladen solle, schrieb Friedrich II. voller Verachtung an seinen Bruder August Wilhelm: „Wie soll man diese stets unzufriedene Spezies weiblichen Geschlechts füttern und wie das ganze Pack, das im Dienst der verschiedenen Hofhaltungen steht, unter einen Hut bringen?"

Auch Sophie zählte für den König zu dieser „stets unzufriedenen Spezies", selbst wenn er sich im Umgang mit seiner Schwester Zurückhaltung auferlegt und sie niemals so herablassend behandelt haben mag wie Elisabeth Christine. Immer wieder lud Sophie den königlichen Bruder nach Schwedt ein, um ihm ein wenig näher zu kommen. Doch Friedrich II. erfand stets neue Ausreden, um seine „langweilige Schwester" und den verhassten Schwager nicht besuchen zu müssen.

Sophies Ehe machte unterdessen weitere Höhen und Tiefen durch. In den nächsten Jahren brachte sie noch drei weitere Kinder zur Welt. Im September 1741 wurde endlich der lang ersehnte Erbprinz geboren, doch Georg Philipp Wilhelm wurde nur sieben Monate alt und starb im April des folgenden Jahres. 1745 folgte ein weiteres Mädchen, Philippine Auguste Amalie, und vier Jahre später schließlich ein zweiter Sohn, Georg Friedrich Wilhelm. Auch er starb bereits im Alter von zwei Jahren. Damit blieben der markgräflichen Familie nur drei Töchter, denn weitere Kinder wurden nicht mehr geboren.

## Getrennt von Tisch und Bett

Mochte Friedrich Wilhelm von Brandenburg-Schwedt auch seine privaten Schwächen und Laster haben, bei der Bevölkerung war der Markgraf überaus beliebt. Er kümmerte sich um die weitere Urbarmachung seines kleinen Landes, ließ große Kastanienalleen anlegen, die schnurgerade von Ortschaft zu Ortschaft verliefen, und gab schließlich dem Schwedter Residenzschloss sowie dem Schlossgarten die endgültige Gestalt. Des Weiteren wurde die Prachtstraße nach Monplaisir mit zahlreichen Standbildern aus dem klassischen Altertum geschmückt, sodass sich das kleine Schwedt in ein durchaus attraktives Residenzstädtchen verwandelte. Die Untertanen waren jedenfalls stolz auf ihren „wilden Markgrafen", zumal sie sich alle eines bescheidenen Wohlstands erfreuten.

Während Friedrich Wilhelm die meiste Zeit mit der Jagd in der Grabower Heide verbrachte, wo er einen großen Wildpark besaß, kümmerte sich Sophie daheim um die drei Töchter, die allmählich zu viel versprechenden Prinzessinnen heranwuchsen. Insbesondere Dorothee, die Älteste, war ein aufgewecktes Mädchen, das sich offenbar erheblich von der eher schüchternen Mutter unterschied. Schon 1744, als Sophie gemeinsam mit der Kleinen ihre Familie in Berlin besucht hatte, überraschte das Mädchen die preußische Verwandtschaft mit seinem munteren Wesen. Charlotte jedenfalls schilderte ihre achtjährige Nichte in einem Brief an Friedrich II. vom 5. Juli durchaus positiv: „Die gute Tobise ist angekommen mit ihrer Tochter, die ganz reizend und amüsant ist; sie hat die Königin-Mutter sehr belustigt mit ihren schlagfertigen Antworten und ihrer Lebhaftigkeit. Meine Schwester hat sie sehr hübsch erzogen ..."

Die eheliche Gemeinschaft des Schwedter Paares aber zerbrach endgültig. Nach dem Tod des zweiten Sohnes 1751 gingen Sophie und Friedrich Wilhelm weitgehend getrennte Wege. Während der Markgraf im Schwedter Residenzschloss verblieb, zog sich Sophie mit den Töchtern auf das kleine Lustschlösschen Monplaisir zurück, wo sie bis zu ihrem Lebensende wohnte. Sie war damals erst 32 Jahre alt, doch gesundheitlich ging es ihr bereits sehr schlecht. Es handelte sich keineswegs nur um psychosomatische Beschwerden, die ihr zu schaffen machten. Viel gravierender war ein ernstes, möglicherweise vom Vater geerbtes, Herzleiden, das sie immer wieder zwang, längere Ruhephasen einzulegen. Der lebensfrohe Markgraf aber tröstete sich unterdessen mit anderen Frauen.

## Hochzeit der Töchter

Mittlerweile waren die beiden ältesten Töchter so weit herangewachsen, dass man sich allmählich auf die Suche nach einem geeigneten Ehemann machen konnte. Wichtigste Voraussetzung dafür war die enge Bindung des jeweiligen Kandidaten an Preußen. Auf eine Liebesheirat durften die Schwedter Prinzessinnen gar nicht erst zu hoffen wagen. Doch Dorothee hatte Glück. Sie heiratete am 29. November 1753 den Stuttgarter Friedrich Eugen von Württemberg (1732–1797), den sie bereits seit zwei Jahren kannte und gerne mochte. Schon als Jugendlicher war der Prinz längere Zeit am Berliner Hof gewesen, um dort seine Ausbildung zu absolvieren und hatte 1749 eine Militärlaufbahn in preußischen Diensten eingeschlagen. So gab auch Friedrich II. gerne seinen Segen zu dieser Verbindung, obwohl er sich weigerte, zur Trauung zu erscheinen. Am 23. November schrieb er an seinen Bruder August Wilhelm: „Hoffentlich unterhalten Sie sich bei der Hochzeit Ihrer Nichte gut. Ich bezweifle nicht, dass unser Hanswurst von Schwager Ihnen zu lachen gibt. Bitte bestellen Sie meiner Schwester tausend herzliche Grüße von mir und sagen Sie ihr, wie leid es mir tut, der Hochzeit ihrer Tochter nicht beizuwohnen. Ich hätte mich jedoch nicht dazu entschließen können, weil ich den Vater unumgänglich getroffen hätte ..." Der Preußenkönig ließ offenbar keine Gelegenheit aus, um dem Schwager seine Verachtung zu zeigen.

Auch Sophie litt unter der Überheblichkeit ihres königlichen Bruders, schließlich traf Friedrich II. indirekt sie selbst, wenn er den Markgrafen beleidigte. Wenige Monate vorher war ein Besuch des Markgrafenpaares in Berlin daher völlig misslungen. Am 30. August 1753 schrieb Graf Lehndorff in sein Tagebuch: „Der Markgraf könnte liebenswürdig sein, wenn er's wollte. Er ermangelt nicht der Kenntnisse, er ist gereist und er kann höflich sein, aber das wird alles durch sein schroffes ungleiches Wesen verdorben, in dem das Schweigen seine Lieblingsbeschäftigung ist ..." Während es Friedrich Wilhelm offensichtlich vorzog, sich in Gegenwart des zwölf Jahre jüngeren Preußenkönigs in grimmiges Schweigen zu hüllen, scheint Sophie ein wenig zu viel geredet zu haben. Über sie berichtete Lehndorff zumindest: „Etwas Schreckliches ist die Aufschneiderei der Markgräfin." Leider verrät er uns nicht, womit Sophie geprahlt haben soll. Was hätte sie von ihrem entsetzlich eintönigen Leben denn schon erzählen können?

Mit Freude und Genugtuung wird aber Sophie registriert haben, dass ihre Älteste in Stuttgart sehr glücklich wurde. Ein Jahr nach der Hochzeit brachte Dorothee 1754 ihr erstes Kind zur Welt, Sohn Friedrich Wilhelm Karl, den späteren ersten König von Württemberg. Das zweite Kind, die 1759 geborene Tochter Sophie Dorothee, heiratete den russischen Zaren Paul I. und hieß später Maria Feodorowna.

Zwei Jahre nach Dorothees Vermählung läuteten auch für

Sophies 1738 geborene Tochter Anna Elisabeth Luise die Hochzeitsglocken. Dass der künftige Gemahl eine enge Beziehung zu Preußen besaß, stand außer Frage, denn es war kein anderer als ihr Onkel Ferdinand, Sophies jüngster Bruder. Als Sophie seinerzeit Berlin verlassen hatte, um nach Schwedt zu gehen, war Ferdinand erst vier Jahre alt gewesen, ein recht eigenwilliger Knabe, der seinen Eltern und Erzieherinnen manchen Kummer bereitet hatte. Ein Ausbund an Charme war der inzwischen 25-Jährige zwar immer noch nicht, dennoch empfanden Onkel und Nichte ganz offensichtlich mehr füreinander als rein verwandtschaftliche Gefühle. Selbst Graf Lehndorff gab sich optimistisch und notierte im Mai 1755 in sein Tagebuch: „Man verspricht sich Gutes von dieser Heirat, da beide Teile sich kennen und der Prinz unter mehreren Prinzessinnen sich diese gewählt hat."

Die Ehe, die am 27. September 1755 auf Schloss Charlottenburg geschlossen wurde, hielt allerdings nicht, was man sich davon erwartet hatte. Beide waren doch sehr verschieden. Ferdinand quittierte 1757 den Militärdienst und zog sich als Privatmann auf sein Schloss Friedrichsfelde bei Berlin zurück. Ohne wirkliche Aufgabe aber entwickelte er sich schon bald zum launischen Haustyrannen und auch Anna Elisabeth Luise scheint keineswegs eine unkomplizierte Gefährtin gewesen zu sein. Sechs Jahre lang blieb die Ehe kinderlos, erst 1761 wurde Tochter Friederike geboren, ein kränkliches Mädchen, das nur elf Jahre alt wurde. Danach kamen noch sechs weitere Kinder zur Welt, darunter Louis Ferdinand, der charismatische Preußenprinz, der 1806 auf dem Schlachtfeld bei Saalfeld einen frühen Tod fand.


„*Mit unserer armen Schwester geht es zu Ende*" –
*Sophies Tod*


Den Tod ihrer Enkelin und die Geburt Louis Ferdinands 1772 hat Sophie nicht mehr erlebt. Schon seit Jahren war ihr Gesundheitszustand Besorgnis erregend. Das schwere Herzleiden machte es ihr oftmals unmöglich, ihr Bett zu verlassen. „Unsere arme Schwester in Ansbach ist sehr krank, die von Schwedt hat einen neuen Anfall von Wassersucht bekommen", schrieb Friedrich II., dem damals selbst Gichtanfälle zu schaffen machten, im Juli 1764 an Ulrike in Schweden, „unsere Familie ist beinahe ganz im Krankenhaus." Bereits zu der Zeit stand zu befürchten, dass Sophie nicht mehr lange leben würde. Pflichtbewusst schickte der Preußenkönig seinen Leibarzt Cothenius nach Schwedt, woraufhin die kranke Markgräfin am 1. Mai 1765 dankbar schrieb: „Seine Wirkung war besser als alle Medizinen der Welt! Herr Cothenius wird die Ehre haben, Ihnen zu berichten, dass ich mich seit etwa acht Tagen sehr viel besser fühle, ausgenommen die Kräfte. Der schreckliche Husten beginnt sich zu mildern, was mir Ruhe verschafft, um die ich gänzlich gebracht worden war. Ich beginne selbst zu glauben, dass ich mich diesmal noch aus der Affäre ziehen kann ..." Doch Sophie irrte sich, denn letztlich konnte auch Cothenius nicht mehr helfen.

Charlotte, die zuvor in Berlin an der Hochzeit des preußischen Kronprinzen mit ihrer Tochter Elisabeth teilgenommen hatte, machte auf der Heimreise nach Braunschweig einen Abstecher nach Schwedt, begleitet von Amalie, um ihre drei Jahre jüngere Schwester noch einmal zu sehen. Erschüttert schrieb sie am 26. Juli 1765 an Friedrich II.: „Man hat mich sehr gebeten, meine Contenance zu wahren bei meiner ersten Zusammenkunft, um meine Schwester nicht allzu sehr zu erschüttern; mit den besten Vorsätzen der Welt gab ich dieses Ehrenwort, und bevor ich meine Schwester mit den zärtlichsten Empfindungen umarmte, versuchte ich den Schmerz zu unterdrücken, den der Anblick ihres Zustands mir verursachte. Nach den ersten Momenten der Freude und der Ergriffenheit tat ich mein Möglichstes, um zu versuchen, sie aufzuheitern. Wir haben alle vier zusammen soupiert, meine beiden Schwestern, die Prinzessin Philippine und ich ... Man sagt, meine Schwester befinde sich zur Zeit relativ wohl, zumindest ist sie in der Lage zu gehen. Für mich, die ich sie seit 20 Jahren nicht mehr gesehen habe, hat sie sich so verändert – wenn ich nicht gewusst hätte, dass sie es ist, ich würde Mühe gehabt haben, sie wiederzuerkennen."

Die warmen Sommermonate brachten Sophie noch einmal ein wenig Linderung, doch dann verschlechterte sich ihr Zustand erneut, sodass die beiden verheirateten Töchter dringend gebeten wurden, nach Schwedt zu kommen, um von der Mutter

Abschied zu nehmen. Selbst Markgraf Friedrich Wilhelm empfand großes Mitleid mit der todkranken Sophie und entschloss
sich schließlich, sich am Sterbebett mit ihr zu versöhnen. Am
14. Oktober 1765 informierte Friedrich II. die schwedische Königin Ulrike über Sophies hoffnungslosen Zustand: „Mit unserer
armen Schwester geht es zu Ende. So sehr sich die Ärzte auch
bemühen, ihre Krankheit macht immer weitere Fortschritte. Sie
erträgt ihre vielen Leiden mit bewundernswerter Geduld und
Seelenruhe ..." Einen Tag später starb Markgräfin Sophie. Sie war
nur 46 Jahre alt geworden.

Markgraf Friedrich Wilhelm von Brandenburg-Schwedt überlebte seine Gemahlin um fünfeinhalb Jahre und starb am 4. März
1771. Weil er keinen männlichen Erben hatte, fiel Schwedt zunächst an seinen jüngeren Bruder Heinrich Friedrich. Mit dessen
Tod 1788 ging die Geschichte der Markgrafschaft Brandenburg-
Schwedt nach 100 Jahren zu Ende und die kleine Herrschaft fiel
an Preußen zurück. Damit endete auch die kurze Glanzzeit des
kleinen Städtchens an der Oder. Fortan stand das prächtige Residenzschloss meist leer und sah nur noch ganz wenige fürstliche
Gäste. Eine eher unfreiwillige Besucherin war Königin Luise von
Preußen, die hier am 18. Oktober 1806 auf der Flucht vor den
Franzosen Obdach fand. Heute ist vom Residenzschloss nichts
mehr erhalten, es wurde im Zweiten Weltkrieg zerstört. Nur
Sophies Refugium Monplaisir existiert noch – allerdings in stark
veränderter Form.

# LUISE ULRIKE
### Königin von Schweden
(1720–1784)

*Zwischen Mars und Venus*

Dass Friedrich Wilhelm I. als „Soldatenkönig" in die Geschichte
eingegangen ist, mag sicherlich seine Berechtigung haben. Immerhin vergrößerte er während seiner Regierungszeit das preußische
Heer von 38 000 auf 85 000 Mann und gab jährlich allein fünf
Millionen Taler für militärische Zwecke aus, zwei Drittel des gesamten Etats. Und doch bescherte er seinem Land Brandenburg-
Preußen eine lange Zeit des Friedens, denn er erhob weder Anspruch auf fremde Länder, noch stellte er seine Soldaten anderen
Monarchen zur Verfügung, wie es sein Vater Friedrich I. getan
hatte. Nur ein einziges Mal griff er in den Nordischen Krieg
(1700–1721) ein. Russen, Polen und Dänen kämpften damals
gegen Schweden, um die an Russland grenzende Ostseeküste zu
gewinnen und dadurch Zugang zum offenen Meer zu erhalten.

Dieser Krieg ging allerdings auch an Preußen nicht spurlos
vorüber, denn russische Truppen durchzogen das neutrale Land.
Es hatte den Anschein, als wollten sie das strategisch günstig
gelegene Stettin erobern, auf das Preußen selbst Anspruch erhob.
Friedrich Wilhelm I. trat daher am 1. Mai 1715 aufseiten der Verbündeten in den Krieg ein, durchaus mit Erfolg. In den Friedens-
verträgen von Stockholm (1719/20) zählte Preußen zu den Sie-
gern und erhielt mit Stettin endlich den ersehnten Zugang zur
bislang schwedischen Odermündung.

# Schleswig-Holstein-Gottorp

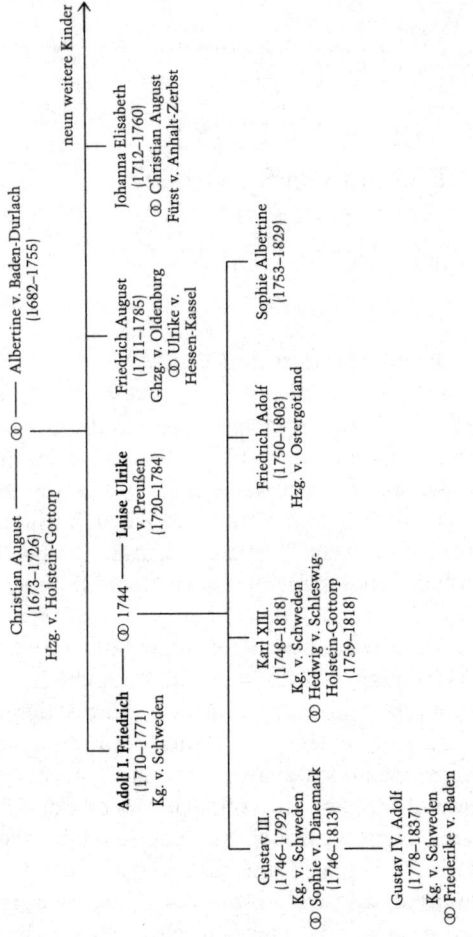

Christian August ⚭ Albertine v. Baden-Durlach
(1673–1726)   (1682–1755)
Hzg. v. Holstein-Gottorp

→ neun weitere Kinder

**Adolf I. Friedrich** ⚭ 1744 **Luise Ulrike**
(1710–1771)       v. Preußen
Kg. v. Schweden     (1720–1784)

Friedrich August
(1711–1785)
Ghzg. v. Oldenburg
⚭ Ulrike v.
Hessen-Kassel

Johanna Elisabeth
(1712–1760)
⚭ Christian August
Fürst v. Anhalt-Zerbst

Gustav III
(1746–1792)
Kg. v. Schweden
⚭ Sophie v. Dänemark
(1746–1813)

Karl XIII.
(1748–1818)
Kg. v. Schweden
⚭ Hedwig v. Schleswig-
Holstein-Gottorp
(1759–1818)

Friedrich Adolf
(1750–1803)
Hzg. v. Ostergötland

Sophie Albertine
(1753–1829)

Gustav IV. Adolf
(1778–1837)
Kg. v. Schweden
⚭ Friederike v. Baden

Was aber hatte der Kriegsgott Mars mit der kleinen Preußenprinzessin Luise Ulrike zu tun, die kurz nach dem Abschluss der Friedensverhandlungen am 24. Juni 1720 in Berlin geboren wurde? Nun, ganz offensichtlich freute sich der königliche Vater so sehr über den Gewinn von Stettin, dass er als Geste der Versöhnung die schwedische Königin Ulrike Eleonore bat, Taufpatin seiner nunmehr fünften Tochter zu werden. Dass das Mädchen später einmal selbst zur Königin von Schweden aufsteigen sollte, war freilich nicht geplant.

Ulrike Eleonore war die jüngere Schwester des schwedischen Königs Karl XII., der 1718 im Kampf gefallen war, ohne einen Thronerben zu hinterlassen. Doch Schweden war seit dem Frieden von Stockholm ohnehin keine Erbmonarchie mehr. Der König wurde vom Reichstag ernannt, der auch die eigentliche Macht im Staat besaß. Ulrike Eleonore aber verstand es zusammen mit ihrem Gemahl Friedrich von Hessen äußerst geschickt, genügend Anhänger für ihre eigene Kandidatur zu gewinnen und so den vakanten schwedischen Thron zu besteigen. Der Reichstag erklärte Ulrike Eleonore 1719 zur Königin von Schweden, aber aufgrund erheblicher Meinungsverschiedenheiten legte sie die Krone schon 1720 zugunsten ihres Gemahls nieder. Noch im gleichen Jahr wählten die Abgeordneten ihren Gemahl als Friedrich I. zum neuen König.

Das alles aber musste die kleine preußische Ulrike nicht interessieren, zumindest noch nicht. Nach dem Wunsch des Vaters sollte sie eines Tages ohnehin Äbtissin von Quedlinburg werden. Ulrike erlebte eine unbeschwerte Kindheit, auch wenn sie sich nach der Geburt von Amalie 1723 das Zimmer mit der kleinen Schwester teilen und deren launisches Wesen ertragen musste. Zum Vater hingegen hatte sie, ähnlich wie Charlotte, ein recht gutes Verhältnis, und auch der Mutter bereitete Ulrike offenbar keine Probleme, zumal sie für ehrgeizige Heiratsprojekte nicht zur Verfügung stand. Doch das sollte sich nach dem Tod ihres Vaters Friedrich Wilhelm I. 1740 ändern.

Jetzt war Friedrich II. der neue Herr nicht nur über Preußen, sondern auch über seine noch unverheirateten Geschwister, geeignete Schachfiguren auf dem politischen Parkett. Seinen Bruder August Wilhelm verheiratete der neue Preußenkönig 1742 mit Luise von Braunschweig-Bevern, wohl wissend, dass diese Verbindung niemals glücklich werden würde. Der smarte Prinz und die schüchterne Schwester von Königin Elisabeth Christine waren einfach viel zu verschieden, um miteinander zu harmonieren. Doch die Staatsräson hatte eben Vorrang. Das Gleiche galt nun für Ulrike. Mochte der verstorbene Vater seinerzeit anders entschieden haben – nach Quedlinburg konnte die jüngste Prinzessin Amalie später ebenso gut gehen.

Seit Ulrikes Geburt hatte man sich in Berlin nicht weiter für das besiegte Schweden interessiert, das sich nur allmählich von den Folgen des Nordischen Krieges erholte. Noch immer saß der gebürtige Hesse Friedrich I. als Marionettenkönig auf dem schwedischen Thron und führte brav die Anordnungen des Reichstags aus. Im Gegensatz zu seinen absolutistisch herrschenden europäischen Amtskollegen verfügte er über keine wirkliche Macht. Die Schweden bezeichneten diese 53 Jahre andauernde Epoche aus gutem Grund als „Freiheitszeit".

Im schwedischen Reichstag standen sich zwei Parteien gegenüber, die mit den seltsam anmutenden Namen „Mützen" und „Hüte" bedacht wurden. Nach dem Frieden von Stockholm stellten zunächst die „Mützen" die Regierung. Unter dem Kanzler Graf Arvid Bernhard Horn erlebte Schweden damals wieder eine längere Periode des Friedens, in der es sich von den Wunden des Krieges erholen konnte. Stolze Patrioten jedoch verspotteten Horns ihrer Ansicht nach zu zögerliche Politik und bezeichneten seine Parteigänger als „Schlafmützen", woraus schließlich die „Mützen" wurden. Die Opposition bildeten die „Hüte", die von Graf Carl Gyllenborg und Graf Tessin angeführt wurden. Sie traten für eine Neuaufnahme der Machtpolitik ein, um Schweden wieder nach vorne zu bringen. Deshalb wollten die „Hüte" auch die alte Ostseeherrschaft zumindest teilweise wieder herstellen, um dem Handel neuen Auftrieb zu geben. Das Programm der

Opposition gewann allmählich Anhänger in all jenen Kreisen, die an einem Wirtschaftsaufschwung interessiert waren, und das waren vor allem reiche Adelige und bürgerliche Großhändler.

Auf dem Reichstag 1738/39 musste die Regierung Horn schließlich zurücktreten. Jetzt übernahmen die „Hüte" die Macht. Fest entschlossen, Schweden seinen früheren Rang unter den europäischen Mächten wieder zurückzugeben, erneuerte Kanzler Gyllenborg den abgelaufenen Bündnisvertrag mit Frankreich und erklärte 1741 Russland den Krieg. Ziel war es, jene baltischen Provinzen zurückzugewinnen, die Schweden an Peter den Großen verloren hatte. Doch das ganze Unternehmen endete in einem Debakel. Anstatt alte Gebiete zurückzuerobern, musste Schweden ganz Finnland an die vorrückenden Russen abtreten. Die junge Zarin Elisabeth willigte allerdings ein, den größten Teil Finnlands wieder herauszugeben, wenn ihr Vetter, der 1710 geborene Adolf Friedrich von Schleswig-Holstein-Gottorp, als künftiger Erbe der schwedischen Krone eingesetzt würde. Da dem Reichstag nichts anderes übrig blieb, als auf die Forderungen einzugehen, ging der Krieg unter diesen Bedingungen 1743 zu Ende.

*Entscheidung für Schweden*

Ulrike, inzwischen 23 Jahre alt, ahnte zu diesem Zeitpunkt noch nicht, dass aus ihrem vom Vater geplanten künftigen Leben als Äbtissin von Quedlinburg nichts werden würde. Womöglich hatte sie aber auch gar keine rechte Lust, ihre Zeit mit der Leitung eines Damenstifts zuzubringen. Sie war schließlich eine lebensfrohe, eher weltlich orientierte junge Frau, die genau wusste, dass sie auf das männliche Geschlecht äußerst anziehend wirkte und daher einem kleinen Flirt keineswegs abgeneigt war. Angeblich soll sie dem 49-jährigen Philosophen Voltaire, der damals gerade als Gast Friedrichs II. in Potsdam weilte, derart den Kopf verdreht haben, dass der entzürnte Preußenkönig dem verliebten Franzosen unmissverständlich klar machen musste, er solle die Finger von seiner attraktiven Schwester lassen. Voltaire gehorchte zähneknirschend. Dass Friedrich II. ihn jedoch verspottete, indem er ihn mit einem Hund verglich, der vergeblich den Mond anbellte, hat ihm das gekränkte Genie niemals verziehen.

Es traf sich also gut, dass zur gleichen Zeit schwedische Gesandte an den Berliner Hof kamen, um für den 33-jährigen ledigen Thronfolger Adolf Friedrich um die Hand einer preußischen Prinzessin zu bitten: „Der schwedische Hof hatte von seiner Seite den Grafen von Tessin in der Eigenschaft eines Ambassadeurs ernannt, um die feierliche Bewerbung für die Prinzessin zu tun", notierte der höfische Beobachter Baron von Bielfeld. Dabei spielte es offenbar keine große Rolle, ob die Wahl nun auf Ulrike oder ihre drei Jahre jüngere Schwester Amalie fiel. Hauptsache, die Betreffende erklärte sich bereit, Lutheranerin zu werden. Angeblich kam für Amalie als überzeugte Calvinistin ein Konfessionswechsel aus Gewissensgründen nicht in Frage. So entschied man sich eben für Ulrike. Ob dies nun den Tatsachen entspricht oder nicht, sei dahingestellt, fest steht zumindest, dass Friedrich II. Gefallen an der Vorstellung fand, seine begabte und ehrgeizige Schwester Ulrike in nicht allzu ferner Zukunft an der Seite des schwedischen Königs zu sehen. Er war sich sicher, dass Ulrike als „preußische Botschafterin" die Interessen ihres Heimatlandes im fernen Stockholm ausgezeichnet vertreten würde. Natürlich fügte sich die Prinzessin den Wünschen ihres königlichen Bruders, auch wenn es ihr nicht ganz leicht gefallen sein dürfte, sich mit dem Gedanken an die Ehe mit einem Unbekannten anzufreunden. Was würde sie im „Land der Wikinger" wohl erwarten?

Im März 1744 fiel die endgültige Entscheidung für Ulrikes Hochzeit mit dem zehn Jahre älteren Adolf Friedrich. Während die entsprechenden Verträge ausgearbeitet wurden, vollzog Ulrike offenbar ohne Gewissensnöte den Übertritt zum lutherischen Glauben. Am Berliner Hof herrschte ohnehin keine besondere Frömmigkeit mehr.

Bis zur Hochzeit blieben Ulrike nur vier Monate, um ein wenig Schwedisch zu lernen. Zwar würde sie einen deutschen Prinzen heiraten und mit ihm ohnehin in erster Linie französisch sprechen, doch so ganz ohne Sprachkenntnisse konnte sie als künftige Königin von Schweden wohl kaum ins Land kommen.

## „Endlich kam der große Tag" –
## Hochzeit ohne Bräutigam

Ulrikes innere Unruhe wurde keineswegs geringer, als sie erfuhr, dass ihr Bräutigam Adolf Friedrich nicht selbst zum Hochzeitsfest kommen würde, sondern daheim in Stockholm blieb. Die weite Reise nach Berlin wäre viel zu aufwändig und kostspielig geworden. Wie in Fürstenkreisen nicht selten, plante man daher eine Hochzeit „per Prokuration", bei der Ulrikes zweitältester Bruder August Wilhelm den abwesenden Bräutigam vertreten sollte. Drei Tage vor dem Termin, der auf den 17. Juli 1744 angesetzt war, wurde Ulrikes reiche Mitgift der Öffentlichkeit präsentiert, sodass sich alle Berliner davon überzeugen konnten, dass ihre Prinzessin wirklich großzügig ausgestattet worden war und sich in ihrer neuen Heimat nicht würde schämen müssen, im Gegenteil.

Baron von Bielfeld, der bei Ulrikes Hochzeit zu Gast war, hat penibel notiert, was sich an diesen Tagen alles ereignet hat: „Endlich kam der große Tag der Vermählung heran. Am frühen Morgen schickte der schwedische Hof vier Kavaliere an die Prinzessin ab, um sie zu bedienen und dereinst ihren Hof zu bilden … Der ganze Hof versammelte sich um sechs Uhr in den Prachtzimmern des Berliner Schlosses. Die jungen schwedischen Herren, an der Zahl 36, waren sehr schön und mit unendlich vielem Geschmack gekleidet. Der König trug ein blassblaues Kleid, das durchweg mit Silber bestickt war. Die Prinzessin erschien zuletzt. Sie war von einer hinreißenden Schönheit und ganz mit Steinen bedeckt … Der König ließ ziemlich früh anrichten. Das gesamte Geschirr war von massivem Golde, ebenso die Armleuchter, die Gedecke und überhaupt alles, was auf dem Tisch erschien … Am Montag begaben sich Hof und Adel nach dem Diner in seinen schönsten Equipagen nach Charlottenburg. Die große Allee, welche mitten durch den Park führt, von Berlin bis zu dem Lustschloss, war von Menschen überfüllt. Man hatte von Zeit zu Zeit Zelte aufgeschlagen, wo die Bürger aus der Stadt Ruhe und Erfrischungen fanden und diesen glänzenden Zug von Karossen mit zwei bis sechs Pferden vorüberziehen sahen. Bei der Ankunft in Charlottenburg versammelte man sich in der großen Orangerie.

Dieser ganze Raum war mit reichem Gepränge von natürlichen Blumen und Lampen von verschiedenen Farben dekoriert; in jedem Fenster sah man einen blühenden Orangenbaum, der nicht nur dem Auge einen unvergleichlichen Anblick bot, sondern in diesem großen Gebäude auch den angenehmsten Duft verbreitete. An dem einen Ende der Galerie war ein kleines Theater errichtet, auf welchem der König eine Operette mit Tanz aufführen ließ. Die anschließende Tafel von 300 Couverts nahm die ganze Orangerie vom einen bis zum anderen Ende ein ... Nach dem Abendessen wurde auf der Spree ein großes Feuerwerk abgebrannt. Der König, der nach den Empfindungen seines Herzens urteilte, dass der Augenblick der Trennung eine sehr rührende Szene herbeiführen würde, hatte eine Oper befohlen. Der Plan war, dass die Prinzessin, sobald sie die Oper verlassen hätte, im Vorüberfliegen etwas genießen, ihre Vorbereitungen zur Reise treffen, ihre Angehörigen umarmen, sich schleunigst in ihren Wagen werfen und schnell wie ein Blitz verschwinden sollte. All diese Sorgen wurden zunichte. Indem ich die Oper betrat, fand ich dort ein tiefes und trübsinniges Schweigen. Die Prinzessin erschien in einem rosaroten Amazonenkleide, das mit Silber besetzt war, einer kleinen Weste, deren Aufschläge und Halskragen von Seladon (= olivgrüne Farbe) waren und mit einem kleinen englischen Hütchen aus schwarzem Samt, mit einer weißen Feder geziert; ihre fliegenden Haare wurden von einem rosenroten Bande zusammengehalten. Sie war schön wie die Liebe, aber diese Kleidung, so elegant und von so vielen Reizen erhöht, machte uns den Verlust umso empfindlicher und kündigte uns den Augenblick an, wo wir sie zum letzten Mal sehen sollten.

Während des zweiten Akts trat der junge Prinz Ferdinand, Bruder des Königs, in die große Loge, und indem er sich der Prinzessin um den Hals warf, sprach er unter Tränen: ‚Meine liebe Ulrike, so muss es denn sein! Ich soll Dich nie wiedersehen!‘ Diese Worte waren das Zeichen für den Schmerz, den eine jede Brust verschlossen hielt, um mit der größten Stärke hervorzubrechen. Die Prinzessin antwortete nur mit Schluchzen, indem sie ihren Bruder in den Armen hielt. Die beiden Königinnen konnten ihre Tränen nicht zurückhalten, die Prinzen und Prinzessinnen folgten ihrem Beispiel ... Jedermann schwamm in Tränen, niemand widmete mehr der Oper die geringste Aufmerksamkeit ... Eine unwillkürliche Bewegung trieb mich nach dem Schlosse. Ich trat in das Zimmer des Königs und fand dort die königliche Familie und einen Teil des Hofes versammelt. Der König hatte eine Ode auf die Abreise der Prinzessin gemacht, in welcher er ihr auf das zärtlichste ein rührendes Lebewohl gesagt hatte. Als die Prinzessin die Augen darauf warf, fiel sie in Ohnmacht. Es fehlte wenig, dass auch der König in denselben Fall kam, seine Tränen flossen in Strömen. Die Gräfin Schwerin, welche dazu bestimmt war, die Prinzessin nach Stralsund zu begleiten, Fräulein von Knesebeck und Fräulein von Sparre setzten sich mit ihr in einen Wagen, die Tür wurde eiligst geschlossen, der Kutscher klatschte und der Wagen, der schneller als der Blitz entschwand, entriss die angebetete Ulrike den Augen des Königs und des Hofes, welche einige Minuten betroffen und bewegungslos dastanden."

Der sentimental inszenierte Abschied wird für Ulrike nicht gerade tröstlich gewesen sein. Die Angst vor einer ungewissen Zukunft in einem unbekannten Land, zudem mit einem Ehemann, den sie nie zu Gesicht bekommen hatte, konnte ihr niemand nehmen. Am 26. Juli 1744 musste die neue schwedische Kronprinzessin Berlin verlassen. Sie machte noch einen kurzen Abschiedsbesuch bei ihrer Schwester Sophie in Schwedt und reiste anschließend nach Stralsund weiter. Hier bestieg Ulrike zum ersten Mal in ihrem Leben ein Schiff, das sie über die Ostsee bringen sollte.

## Ankunft in Karlskrona

Die Überfahrt nach Schweden machte Ulrike schwer zu schaffen. Sie wurde nicht nur seekrank, sondern war auch von großer Nervosität erfüllt. Über ihre künftige Heimat wusste die Preußin nur recht wenig. Natürlich war ihr Gustav II. Adolf (reg. 1611–1632) ein Begriff, jener charismatische König, der Schweden im 30-jährigen Krieg erstmals ins Rampenlicht der europäischen Geschichte geführt hatte. Mit Unterstützung Frankreichs besiegte er 1631 den berühmten katholischen Heerführer Johann von Tilly

(1559–1632), sodass der Sieg der Protestanten zum Greifen nahe schien. 1732 stieß er dann bei Lützen auf Wallenstein. Zwar konnte er den katholischen General noch zum Rückzug zwingen, doch dann verlor der große Schwedenkönig in der Schlacht sein Leben. Als Gustav Adolf starb, war Christine, sein einziges Kind, erst sechs Jahre alt. Die Regentschaft wurde daher einer Gruppe von Männern aus dem Hochadel übertragen, die von Reichskanzler Axel Oxenstierna angeführt wurde, dem wohl größten Staatsmann Schwedens. Nach weiteren 16 Kriegsjahren erhielt das Land im Westfälischen Frieden 1648 eine Reihe wichtiger Besitzungen an der deutschen Ostseeküste und der Nordsee. Damit war Schweden in den Kreis der Großmächte aufgerückt. Doch inzwischen, knapp 100 Jahre später, stellte sich die Lage wieder völlig anders da, denn mit dem Frieden von Stockholm hatte das Land seine Vormachtstellung im Ostseeraum schon wieder verloren. Der König war seitdem nur noch der Repräsentant seines Volkes, ohne wirkliche Macht innezuhaben. Friedrich I. aber schien es sich in seiner Bedeutungslosigkeit durchaus bequem eingerichtet zu haben. Ulrikes Patin war unterdessen 1741 gestorben.

Knapp 1,8 Millionen Menschen lebten damals in Schweden, die überwiegende Mehrheit davon auf dem Land und weniger als ein Zehntel in den Städten, von denen Stockholm mit etwa 75 000 Einwohnern die Größte war. Hier würde Ulrike von nun an zu Hause sein.

Zum Glück war die strapaziöse Seereise bald überstanden. Am 8. August 1744 kamen die mächtigen Befestigungsanlagen der südschwedischen Küstenstadt Karlskrona in Sicht. Als Schweden noch Großmacht gewesen war, hatte man nach einem geeigneten freien Kriegshafen an der Südostküste gesucht, um die Verkehrswege nach Riga oder Stralsund zu kontrollieren. Seit 1679 war Karlskrona, benannt nach Karl XI., der Flottenstützpunkt der schwedischen Krone.

An Land angekommen, wurde Ulrike von ihrem Gemahl Adolf Friedrich unerwartet herzlich in Empfang genommen. Damit fiel wohl endlich die ganze Anspannung der letzten Wochen von ihr ab, denn die Preußin und der zehn Jahre ältere zurückhaltende Holsteiner mochten sich auf Anhieb. Adolf Friedrich, amtierender Fürstbischof von Lübeck, war der zweite Sohn von Christian August von Schleswig-Holstein-Gottorp und Albertine von Baden-Durlach. Ein Onkel von ihm war mit Hedwig Sophia verheiratet gewesen, einer weiteren Schwester Karls XII. Deren Sohn hatte wiederum Anna Petrowna geehelicht, eine Schwester von Zarin Elisabeth, die Adolf Friedrich unbedingt auf dem schwedischen Thron haben wollte.

Als Erstes lernte Ulrike ein wenig von ihrer neuen Heimat kennen, denn auf dem Programm stand eine Huldigungsreise durch Süd- und Mittelschweden, die dem unbekannten Thronfolgerpaar zu ein wenig Popularität verhelfen sollte. Am 29. August 1744 aber wurde auf Schloss Drottningholm noch einmal „richtig" Hochzeit gefeiert. Inzwischen fühlte sich Ulrike bereits recht entspannt und konnte die heitere Atmosphäre in der landschaftlich reizvollen Umgebung unbeschwert genießen. Drottningholm, das heute als Residenz der schwedischen Königsfamilie dient, liegt westlich von Stockholm in einer Bucht des Mälarsees. Seinen Namen, der so viel wie „Insel der Königin" bedeutet, erhielt das Schloss um 1570 durch Katarina Jagellonica, die Gemahlin Johanns III. Der erste Bau, 1661 abgebrannt und anschließend im barocken Stil neu errichtet, wurde zum „Versailles des Nordens", zur prächtigsten Barockanlage Schwedens. Das Wort „Drott", so lernte Ulrike, war der alte nordische Ausdruck für den König. Doch während er auf Schwedisch „Konung" oder „Kung" genannt wurde, blieb man hinsichtlich der Königin bei der alten Form „Drottning", ähnlich wie die Engländer ihre „Queen" behalten haben.

Ulrikes neues Zuhause aber lag in Stockholm selbst, der „Stadt, die auf dem Wasser schwimmt", dort, wo der Mälarsee, der sich knapp 120 km ins Hinterland hineinzieht, einen Meeresarm berührt. Der Name der Stadt bedeutet schlicht „Pfahlinsel". Stockholm war seit dem 17. Jahrhundert die Hauptstadt Schwedens. Das alte Wasa-Schloss Tre Kronor wurde 1697 durch einen Brand zerstört und durch eine neue königliche Residenz ersetzt. Noch aber war der Neubau nicht ganz fertig und Ulrike musste noch rund 25 Jahre lang auf einer Baustelle leben.

Während sich das friderizianische Preußen anschickte, mit prachtvollen Bauwerken fürstlichen Glanz zu entfalten, mussten

die Schweden eisern sparen. Ulrike war daher ein wenig enttäuscht. Besonders das höfische Leben unter dem alten König
Friedrich I. schien ihr ohne jegliche Raffinesse: „Der König hat
einen tauben Kapellmeister", schrieb sie kurz nach ihrer Ankunft
in Stockholm an Friedrich II., „einen hinkenden Tanzmeister,
einen verkrüppelten Fechtmeister und einen blinden Hofmaler."
Zudem musste sie sich wohl oder übel daran gewöhnen, als Kronprinzessin keineswegs so hofiert zu werden, wie sie es von Zuhause gewohnt war: „Es ist hierzulande unendlich vorteilhafter,
eine Privatperson zu sein, als König oder Prinz zu heißen", klagte
sie 1747 in einem Brief an Friedrich II., „denn Letzteres beides
bedeutet justament Null!"

## Im Kreis von Wissenschaftlern

Trotzdem bot das Leben am Stockholmer Hof Ulrike allerlei Abwechslung. Als 1745 im Orangeriegebäude des Residenzschlosses
das Naturwissenschaftliche Museum eingeweiht wurde, lernte
die Prinzessin Carl von Linné kennen, seit 1739 Präsident der
Schwedischen Akademie der Wissenschaften. Hatte Ulrike zunächst geglaubt, es mit einem trockenen Gelehrten zu tun zu
haben, so wurde sie angenehm überrascht. Der 1707 geborene
Linné war ein kluger und gewandter Gesellschafter, der Interessantes aus seinem Leben erzählen konnte. Als Sohn eines Pfarrers
und begeisterten Hobbygärtners war der kleine Junge mit einer
„unstillbaren Liebe zu Pflanzen" aufgewachsen. Mit 20 Jahren
begann er zunächst in Lund, dann an der schon 1477 gegründeten
Universität Uppsala Medizin zu studieren. Das teure Studium
finanzierte Linné, indem er nebenher als Hauslehrer für Botanik
arbeitete. Sein umfassendes Wissen, das er sich mit der Zeit auf
beiden Gebieten angeeignet hatte, wurde durch einen längeren
Aufenthalt in den Niederlanden noch erheblich vergrößert. Dort
vollendete Linné nicht nur sein Medizinstudium, sondern vertiefte auch seine botanischen Kenntnisse, indem er jene exo-
tischen Pflanzen studierte, die damals in den Orangerien zahl-
reicher niederländischer Gärten zu finden waren. Zurück in
Schweden ließ er sich in Stockholm als Arzt nieder – und machte

schon bald eine erstaunliche Karriere: Nach großen Heilerfolgen bei der damals in feinen Kreisen grassierenden Geschlechtskrankheit Gonorrhoe avancierte Linné zum beliebten Modedoktor. Als prominenter Arzt machte er die Bekanntschaft mit dem Grafen von Tessin, dem Reichstagsabgeordneten der „Hüte", der ihm 1739 eine Anstellung bei der Admiralität verschaffte. Im gleichen Jahr engagierte sich Linné bei der Gründung der Akademie der Wissenschaften und wurde im Herbst 1741 zum Anatomie-Professor in Uppsala ernannt. Kurze Zeit später aber vertauschte er diesen Lehrstuhl mit dem der Botanik und arbeitete fortan an einer neuen monumentalen Systematik zur Bezeichnung und Einteilung von Tieren und Pflanzen. In seinem 1753 erschienenen Werk „Species plantorum" sind über 8000 Pflanzennamen verzeichnet.

Der Kontakt zwischen Linné und dem schwedischen Thronfolgerpaar blieb auch weiterhin recht intensiv. 1747 wurde Linné zum königlichen Leibarzt ernannt und damit in den Adelsstand erhoben.

Schweden erlebte damals gerade seine kulturelle und wissenschaftliche Blütezeit. Schon 1742 hatte der in Uppsala lehrende Astronom Anders Celsius die noch heute gültige Skala der Temperaturmessung eingeführt. Vermutlich wird Ulrike auch einen weiteren bemerkenswerten Zeitgenossen kennen gelernt haben, den schwedischen Wissenschaftler Emanuel Swedenborg, der auf unterschiedlichen Gebieten von der Physik bis hin zur Psychologie brilliert hatte. Dann aber war er zu dem Schluss gekommen, dass seine Studien ihn zu einer rein mechanischen Auffassung von Geist und Leben geführt hatten, einer Auffassung, die zwangsläufig in den Atheismus münden musste. Deshalb wandte er sich abrupt von der Wissenschaft ab und beschäftigte sich fortan ausschließlich mit religiösen Fragen. 1745 begann Swedenborg Visionen von Himmel und Hölle zu haben, die er in der Abhandlung „De coele et eius mirabilibus et de inferno" beschrieben hat. Er verkündete seinen Lesern, die Verstorbenen würden einst im Himmel nicht als entkörperte Geister weiter leben, sondern als Menschen aus Fleisch und Blut, die so auch weiterhin aller irdischen Genüsse teilhaftig werden könnten. Swedenborg hatte eine große Anhängerschar, zu der die wenig fromme Ulrike jedoch nicht gezählt haben dürfte. Dennoch ist anzunehmen, dass auch sie sich mit seinen Schriften beschäftigt hat, die damals schließlich in ganz Schweden kontrovers diskutiert wurden.

## Königskinder

Am 24. Januar 1746 brachte Ulrike ihr erstes Kind zur Welt, den späteren König Gustav III. Seit mehr als einem halben Jahrhundert war der Knabe der erste Thronfolger, der in Schweden selbst und nicht irgendwo an einem fremden Hof geboren wurde, so wie Ulrikes Gemahl im schleswigschen Gottorf. Zunächst aber zitterte das fürstliche Elternpaar um das Leben des kleinen Sohnes, der so schwach und kränklich zu sein schien. Doch Gustav überraschte sie alle. Zur besonderen Freude Ulrikes entwickelte er sich ganz nach ihrem Geschmack, war klug, charmant und gut aussehend – und ähnlich ehrgeizig wie die Mutter selbst. 1748 wurde der zweite Sohn geboren, Karl, der den Titel Herzog von Södermanland trug und ebenfalls den schwedischen Thron besteigen sollte. Zwei Jahre später kam Friedrich Adolf zur Welt und 1753 schließlich die einzige Tochter Sophie Albertine, die 1787 ihre preußische Tante Amalie beerbte und letzte Äbtissin von Quedlinburg wurde.

Im Unterschied zu anderen europäischen Monarchien lag die Erziehungsgewalt über die schwedischen Prinzen nicht in den Händen der königlichen Familie. Seit 1719 hatten die Reichsstände das Recht, die Gouverneure für die Prinzen auszusuchen. Diese Aufgabe fiel jetzt dem Grafen Carl Gustav von Tessin zu, jenem Mann, der schon die Hochzeit Adolf Friedrichs mit Ulrike eingefädelt hatte. Baron Bielfeld war von dem Schweden damals überaus angetan gewesen: „Der Graf, der mit einem angenehmen Äußeren die erfreulichsten Talente, die natürlichste Höflichkeit und die größte Weltsitte vereint" – mit diesen freundlichen Worten charakterisierte er den alerten Kanzleipräsidenten während dessen Aufenthalt in Berlin. Doch auch Ulrike begrüßte die Wahl des umfassend gebildeten Grafen, der als langjähriger Botschafter in Paris die Kultur seines französischen Gastlands begeistert aufgenommen und verinnerlicht hatte. Frankreich galt in höfischen Kreisen schließlich noch immer als das Nonplusultra. Nach seiner Rückkehr nach Stockholm war Tessin mit dem Amt des Kanzleipräsidenten betraut worden, was in etwa dem modernen Ministerpräsidenten entspricht.

## Königin Ulrike von Schweden

Bislang hatten die schwedischen Untertanen nur ein vages Bild von ihrer künftigen Königin Ulrike gehabt. Das sollte sich bald ändern. 1751 starb Friedrich I., nachdem er mehr als drei Jahrzehnte lang die Königskrone getragen hatte. Jetzt folgte ihm Ulrikes Gemahl, der 41-jährige Adolf I. Friedrich, der am 26. November des Jahres zum neuen König von Schweden gekrönt wurde. Unpolitisch, wie er war, freundlich und ohne größere Ambitionen schien er geradezu geschaffen für ein Amt, das ihm als Monarchen nur wenig Spielraum ließ. Ulrike hingegen hatte keine Lust, ihr Leben mit rein repräsentativen Aufgaben zu verbringen. Sie war jetzt 31 Jahre alt und hatte als einzige der Schwestern Friedrichs II., die allesamt irgendwo in der deutschen Provinz gelandet waren, eine wirkliche Karriere aufzuweisen. Schon jetzt war klar, dass sie sich nicht damit begnügen würde, lediglich dem Namen nach Königin zu sein.

So harmonisch ihre Ehe mit dem gutmütigen Adolf Friedrich auch sein mochte, letztlich beklagte Ulrike, dass der Gemahl etwas träge und langweilig war und keinerlei machtpolitischen Ehrgeiz zeigte. Die neue Königin beschloss daher, selbst ein wenig frischen Wind ins Stockholmer Schloss zu bringen. Zunächst einmal sollte das höfische Leben ihren hohen Ansprüchen angepasst werden. Soweit es die finanziellen Mittel zuließen, begann Ulrike unmittelbar nach der Thronbesteigung Adolf Friedrichs, neue Kunstwerke für die Stockholmer Residenz zu erwerben oder in Auftrag zu geben sowie Künstler und Gelehrte an ihren Hof zu holen. Noch im Sommer 1751 kam Linné nach Drottningholm, um die dortigen naturkundlichen Sammlungen zu katalogisieren. Zufrieden schrieb Ulrike damals an ihre Mutter Sophie Dorothea: „Ich habe viel Freude an der Sammlung von Schmetterlingen und Insekten, die von einem Professor aus Uppsala geordnet wird, welcher ein großer Kenner und Physiker ist. Das ist ein außerordentlich amüsanter Mann, der allen Esprit der Welt besitzt, ohne etwa maniriert zu sein, er unterhält mich unendlich aus diesem Grunde. Des Abends ist er verpflichtet, mit dem König zu promenieren und es vergeht kein Tag, an dem er nicht Mittel findet, alle Anwesenden in gute Laune zu versetzen."

Die angeblich „tauben Kapellmeister" wurden durch qualifizierte Musiker ersetzt, französische Schauspieltruppen kamen nach Stockholm, Opernensembles gaben sich bei Hof ein Stelldichein. Befriedigt musste Ulrike feststellen, dass das höfische Leben in Stockholm dem ihres königlichen Bruders schon bald in nichts nachstand. Auch sie selbst bekam nach vielen Jahren wieder Lust, sich ans Klavier zu setzen und längst in Vergessenheit geratene Fähigkeiten wieder aufzufrischen. Ulrikes Initiative war es zu verdanken, dass 1753 die „Schwedische Akademie der historischen Wissenschaften" ins Leben gerufen werden konnte. Es behagte der Königin freilich nicht, dass die Finanzen dafür äußerst begrenzt waren, denn der Reichstag zeigte sich keineswegs besonders freigebig, wenn es um repräsentative Belange des Königspaares ging. Im absolutistischen Europa dienten solche Einrichtungen schließlich in erster Linie dazu, das Ansehen des Monarchen zu mehren.

### Der missglückte Putschversuch

Inzwischen lebte Ulrike bereits seit zwölf Jahren in Schweden. Eigentlich hätte sie mit den politischen Gegebenheiten des Landes daher bestens vertraut sein müssen, doch ganz offensichtlich versperrte ihr ihr Ehrgeiz den Blick auf die Realitäten. Das gute Verhältnis des Königspaares zum Kanzleipräsidenten und Prinzenerzieher Graf von Tessin und seiner Entourage verleitete Ulrike zu der irrigen Annahme, die Partei der „Hüte" sei faktisch zur Hofpartei geworden. Eine Verfassungsänderung zugunsten des schwedischen Königs schien ihr in greifbare Nähe gerückt zu sein. Doch der Reichstag dachte überhaupt nicht daran, die gesetzlichen Bestimmungen aufzuweichen. Adolf I. Friedrich blieb auch weiterhin ein Marionettenkönig.

Ulrike aber war keineswegs bereit, sich in die ihr zugewiesene Rolle zu fügen und ließ das ihre Umgebung deutlich spüren – mit fürstlichem Stolz und ohne einen Hauch von Diplomatie. Kamen Mitglieder des Reichstags an den Hof, dann mussten auf ihren Befehl zuvor die Stühle weggeräumt werden. Die Abgeordneten konnten so nur auf kleinen Hockern Platz nehmen, meistens mussten sie sogar stehen. Damit wollte Ulrike offenbar den Anschein erwecken, als sei der Reichstag nichts weiter als ein Machtinstrument in den Händen des Königs. Tatsächlich aber machte sie sich nur lächerlich und unbeliebt.

Als Ulrike mit ihren kindischen Aktionen nicht weiterkam, bearbeitete sie den königlichen Gemahl, endlich selbst mehr politischen Ehrgeiz zu entwickeln. Das bedeutete zunächst einmal, dass sich der gutmütige Adolf Friedrich vorübergehend weigerte, Gesetzesvorlagen und sonstige Schriftstücke, die ihm vom Reichstag vorgelegt wurden, zu unterschreiben. Genutzt hat ihm das allerdings wenig, denn die Politiker bedienten sich fortan einfach eines Faksimile-Stempels.

Je mehr Widerstand ihr entgegengesetzt wurde, desto trotziger kämpfte Ulrike für ihr Ziel. Letztlich aber musste sie einsehen, dass man eine Machtausweitung des schwedischen Königtums kaum durch eine Verfassungsänderung erreichen konnte. Damit war der legale Weg versperrt. Doch es gab noch eine andere Möglichkeit: einen Putsch! Heimlich planten Ulrike und ihr Gemahl einen solchen Umsturz, wobei die Initiative mit Sicherheit von der Königin ausgegangen sein dürfte. Die Sache hatte nur einen Haken: Man benötigte Unsummen an Bestechungsgeldern, aber so viel Geld stand dem Königspaar nicht zur Verfügung. Ulrike suchte daher krampfhaft nach finanziellen Schlupflöchern und verfiel schließlich auf die Idee, einfach unbemerkt jene Juwelen zu verkaufen, die ihr damals zur Verlobung überreicht worden waren – als persönliches Geschenk, wie sie angeblich annahm. Hätte sie ihren Gemahl über das riskante Vorhaben informiert, so hätte Adolf Friedrich seiner Frau sicherlich dringend abgeraten, denn bei dem Schmuck handelte es sich keineswegs um Ulrikes persönliches Eigentum, sondern um nichts anderes als die schwedischen Kronjuwelen! Und die befanden sich schließlich in staatlichem Besitz.

So ließ sich das Unglück nicht mehr aufhalten. Im Sommer 1756 nahm Ulrike heimlich Kontakt zu ihrem Bruder August Wilhelm auf und bat ihn, die Juwelen für sie zu verkaufen, um ihr den Erlös anschließend auf verschlungenen Wegen zukommen zu lassen. Dabei ahnte die Königin offenbar nicht, dass sie am Stockholmer Hof auf Schritt und Tritt mit Argusaugen beobachtet wurde. Sie hatte mittlerweile genügend Feinde, die nur darauf warteten, die stolze Preußin endlich am Boden zu sehen. Deshalb wusste man natürlich auch vom geplanten Verkauf der Kronjuwelen.

Wenig später erhielt Ulrike vom schwedischen Reichstag die scheinbar harmlose Aufforderung, sie möge bitte umgehend die Kronjuwelen zum Zweck einer Revision vorlegen. Dummerweise aber befand sich der Schmuck da schon auf dem Weg nach Berlin. Jetzt war guter Rat teuer. Zunächst versuchte Ulrike, die Beleidigte zu mimen und warf den Abgeordneten vor, sie mit ihrem Misstrauen unnötig zu kränken. Als die alberne Komödie nicht verfing, spielte sie eine andere Karte und behauptete frech, die Juwelen seien schließlich ihr persönliches Eigentum. Das zumindest habe sie bislang angenommen. Tatsächlich aber saß die Königin schon längst in der Falle. Selbst die wohlwollenden Abgeordneten der „Hüte", die auf Ulrikes Seite gewesen waren, zogen sich jetzt von ihrer unehrlichen Königin zurück und verlangten die sofortige Wiederbeschaffung der Kronjuwelen. Wenig später war der Schmuck auch wieder in Stockholm.

Ulrike hatte sich mit ihrem dilettantischen Vorgehen nicht nur gründlich blamiert, sondern zudem in höchste Gefahr gebracht. Schon längst war nämlich klar, weswegen sie die Juwelen verkaufen wollte: um einen Putsch zu finanzieren. Das aber galt als Hochverrat! Das Stockholmer Schloss wurde daraufhin von Militär besetzt und das Königspaar unter Hausarrest gestellt. Eine vom Reichstag eingesetzte Untersuchungskommission machte sich unverzüglich daran, die Hintergründe des Putschversuches aufzudecken. Nur wenig später konnten einige der Drahtzieher, die mit Ulrike und Adolf Friedrich gemeinsame Sache gemacht hatten, enttarnt werden, unter ihnen Graf Brahe sowie Baron Horn. Zusammen mit mehreren Komplizen wurden sie im Juli 1756 als Landesverräter verurteilt und hingerichtet. Andere Hintermänner büßten mit dem Verlust ihrer Ämter, dem Einzug ihres Vermögens und jahrelanger Kerkerhaft.

Ulrike hatte allen Grund, um ihr Leben zu fürchten, schließlich war sie die eigentliche Drahtzieherin des Umsturzversuchs gewesen. Ganz Schweden stand jetzt gegen sie. Auch Graf Lehndorff, der Kammerherr der preußischen Königin Elisabeth Christine, sparte nicht mit Kritik und schrieb damals in sein Tagebuch: „Die Königin Ulrike, einst Abgott des ganzen Königreichs, ist jetzt Gegenstand des Hasses. Ihr beißender Spott, ihr launisches Wesen, die Geringschätzung, die sie den gewöhnlichen Menschen beweist, die nun doch einmal den größten Teil der Bevölkerung ausmachen, und besonders ihr Streben nach allzu großer Macht haben ihr in diesem Lande, wo man das Glück der Freiheit zu schätzen weiß, alle Sympathien geraubt."

Ulrike und ihr königlicher Gemahl kamen noch einmal mit einem „blauen Auge" davon. Zum einen war der Putsch derart dilettantisch geplant gewesen, dass er niemals hätte Erfolg haben können. Zum anderen hatten nur wenige Männer mit dem Königspaar gemeinsame Sache gemacht, eine breite Unterstützung hat die Verschwörung nicht erfahren. Allmählich beruhigten sich die Gemüter wieder, die Schweden haben allerdings ihrer Königin trotzdem nicht verziehen. Immer wieder wurden im Volk Stimmen laut, die verlangten, man solle Ulrike auf Schloss Gripsholm internieren oder am besten gleich wieder nach Berlin zurückschicken. Aber nichts davon geschah. Das unbotmäßige Königspaar musste lediglich eine so genannte „Reichsakte" unterzeichnen, in der zu lesen war, Schweden lasse noch einmal Gnade vor Recht ergehen, vorausgesetzt, ein solcher Vorfall würde sich nicht mehr wiederholen. Ulrike blieb nichts anderes übrig, als sich geschlagen zu geben und ihre Unterschrift unter das Schriftstück zu setzen. Dabei musste sie sich eingestehen, dass sie mit ihrem törichten Verhalten das genaue Gegenteil dessen bewirkt hatte, was sie ursprünglich erreichen wollte. Jetzt war die schwedische Monarchie wirklich auf dem Tiefpunkt angelangt.

Ulrike hatte sich mit ihrem Verhalten völlig isoliert und musste nun als Königin endgültig in den Hintergrund treten. Doch es sollte noch schlimmer kommen. Kaum war ein wenig Gras über die Sache gewachsen, da gab es schon wieder neues Ungemach: Noch im gleichen Jahr 1757 marschierte ihr Bruder Friedrich II. in Sachsen ein und löste damit den Siebenjährigen Krieg aus. Jetzt aber schloss sich auch Schweden der anti-preußischen Allianz an, die aus Österreich, Russland und Frankreich bestand. Schließlich fuhren die regierenden „Hüte" traditionell einen pro-französischen Kurs. Auf eventuelle Befindlichkeiten ihrer Königin konnten sie keine Rücksicht nehmen, zumal sie seit dem missglückten Umsturzversuch ohnehin mit dem schwedischen Königspaar gebrochen hatten.

Nun marschierten schwedische Truppen in Pommern ein: „Mich treffen so viele Schläge, dass ich ganz betäubt bin", schrieb Friedrich II. am 13. Juli 1757 an seine Schwester Wilhelmine von Bayreuth, „sie haben die Schweden aufgestachelt, mir den Krieg zu erklären; diese lassen 17 000 Mann nach Pommern marschieren ..." In Schweden aber befand sich Königin Ulrike gewissermaßen in Feindesland.

Ulrike erhielt während des Siebenjährigen Krieges nur ganz wenige Nachrichten von ihrer Familie, und die waren meist privater Natur wie der Tod ihrer Bayreuther Schwester Wilhelmine, der Mutter, des Bruders August Wilhelm und schließlich ihrer Schwester Sophie, die 1762 mit nur 46 Jahren an einem Herzleiden starb. Politik aber war ein Tabuthema. Als Preußin musste sich Ulrike strikte Zurückhaltung auferlegen, denn noch immer hing der Putschversuch wie ein Damoklesschwert über ihr. Wie leicht hätte man in ihr eine Spionin vermuten können. Sie atmete erst auf, als Preußen und Schweden am 22. Mai 1762 Frieden schlossen.

Trotz allem hat es den Anschein, als habe Ulrike ihren Ehrgeiz nur mühsam zügeln können. Ein Brief Friedrichs II. vom 9. März 1764 lässt vermuten, dass sie hin und wieder doch noch von einem machtvollen schwedischen Königtum geträumt hat. Der Preußenkönig schrieb: „Ich freue mich, Sie in den Sentiments der

Ruhe zu sehen, zu denen ich Sie seit zwanzig Jahren ermahnt habe. Ich habe Ihnen immer wieder die Gefahr und die Nutzlosigkeit Ihres Ehrgeizes wiederholt; ich kannte die schwedische Nation und wusste, dass eine freie Nation sich die Freiheit nicht leicht entreißen lässt und ich spüre, dass all diejenigen, die Ihnen dazu Hoffnung machten, sich täuschten." Friedrich II. sollte Recht behalten. Die Schweden ließen sich die „Freiheit nicht leicht entreißen" und so war auch weiterhin keine Verfassungsänderung zugunsten des Königs in Sicht. Zumindest nicht zu Lebzeiten Adolf I. Friedrichs.

## Besuch von Heinrich

Am 24. Juni 1770 feierte Ulrike ihren 50. Geburtstag. Inzwischen lebte sie seit 26 Jahren in Schweden und eigentlich lebte sie nicht schlecht. Selbst wenn sie mit ihren ehrgeizigen Plänen gescheitert war, so gestaltete sich ihr Privatleben doch nach wie vor ausgesprochen zufriedenstellend. Adolf Friedrich gehörte zu den wenigen Herrschern jener Zeit, die keine Mätressen unterhielten, sondern der eigenen Ehefrau treu blieben. Der älteste Sohn Gustav war inzwischen 24 Jahre alt, ein aufgeweckter junger Mann, der zudem eher in die Fußstapfen seiner ambitionierten Mutter als in die des bedächtigen Vaters trat. Seit vier Jahren war Gustav mit Prinzessin Sophie Magdalene von Dänemark verheiratet, einer Tochter Friedrichs V. (reg. 1746–1766). Sie war eine schüchterne junge Frau, die gar nicht zu dem umtriebigen Prinzen passte, und auch von Ulrike keinerlei Unterstützung erfuhr. Sophie Magdalenes Bruder war der geisteskranke Dänenkönig Christian VII., der Gemahl der unglücklichen Karoline Mathilde, die sich in die berühmte tragische Liebesaffäre mit dem Leibarzt Johann Friedrich Struensee verstrickte (s. S. 161 f.). Bislang waren aus der Ehe des schwedischen Thronfolgerpaares noch keine Kinder hervorgegangen.

Kurz nach den Geburtstagsfeierlichkeiten kündigte sich lieber Besuch aus Berlin an. Ulrikes Bruder Heinrich kam im Juli zu einem Staatsbesuch nach Schweden. Heinrich, 1726 geboren, war erst 18 Jahre alt gewesen, als Ulrike seinerzeit nach Schweden ging. Als ältere Schwester hatte sie stets ein herzliches Verhältnis zu ihrem „lieben kleinen Heinrich" gehabt, der seit dem Tod Friedrich Wilhelms I. so ganz unter der Knute seines königlichen Bruders stand. Erst durch die Hochzeit mit Wilhelmine von Hessen-Kassel und dem Umzug nach Schloss Rheinsberg hatte er sich aus der brüderlichen Umklammerung ein wenig befreien können. Spätestens seit dem tragischen Tod August Wilhelms aber hasste Heinrich seinen königlichen Bruder aus tiefstem Herzen. Gleichwohl stand er nach wie vor in preußischen Diensten und hatte sich während des Siebenjährigen Krieges als ausgezeichneter Feldherr einen Namen gemacht, was ihm großes Lob Friedrichs II. einbrachte. Auch jetzt war Heinrich nicht als Privatperson, sondern im Dienste Preußens unterwegs. In einem Brief an Ulrike hatte der König kurz vorher dessen Besuch angekündigt und ihr im Befehlston Folgendes mitgeteilt: „Er ist mein anderes Ich und Sie werden gut tun, allem, was er in meinem Namen sagt, vollstes Vertrauen zu schenken."

Ende Juli 1770 wurde der Staatsgast in Stockholm mit großem Pomp und Aufwand empfangen. Ulrike freute sich ehrlich, ihren „kleinen Bruder" endlich wieder in die Arme schließen zu können. Doch Heinrich kam in politischer Mission: Friedrich II. hatte ein Auge auf Schwedisch-Pommern geworfen und den Bruder beauftragt, die Lage in Stockholm zu sondieren.

Mit dem Westfälischen Frieden 1648 war Hinterpommern an Brandenburg, Vorpommern jedoch an Schweden gefallen. Seit dem Nordischen Krieg aber hatte Schwedisch-Pommern weite Teile eingebüßt und bestand nur noch aus einem kleinen Gebiet um Stralsund, das machtpolitisch gesehen für Schweden kaum noch von Bedeutung war. Friedrich II. rechnete sich daher gute Chancen aus. Als besonderes „Bonbon" ließ er Schwester und Schwager ausrichten, dass vorsichtige Versuche, die schwedische Monarchie zu stärken, durchaus in seinem Sinne wären, vorausgesetzt, die Interessen Russlands würden dabei nicht verletzt. Doch sowohl Adolf Friedrich als auch Ulrike sahen sich außerstande, dem Preußenkönig irgendwelche Hoffnungen zu machen. Preußen musste wohl oder übel auf Schwedisch-Pommern verzichten.

Damit war Heinrichs Besuch auch schon beendet. Viel Zeit

für private Plaudereien blieb nicht mehr, denn der Zeitplan des Preußenprinzen war eng und er musste umgehend weiterreisen, um Katharina II. in St. Petersburg seine Aufwartung zu machen.

## Königin-Witwe

War das Leben am Stockholmer Königshof in den vergangenen Jahren für Ulrike ohne besondere Höhen und Tiefen verlaufen, so bedeutete der plötzliche Tod ihres Gemahls einen gewaltigen Einschnitt. Adolf I. Friedrich starb am 12. Februar 1771 im Alter von 60 Jahren an den Folgen eines Schlaganfalls. Der Schicksalsschlag stürzte die trauernde Witwe vorübergehend in tiefe Depressionen. Wie würde es nun mit ihr weitergehen? Während ihrer 27-jährigen Ehe hatte sich Adolf Friedrich stets als Fels in der Brandung erwiesen, als Ulrikes einziger Halt in einem fremden Land, das niemals zu ihrer zweiten Heimat geworden war. Nach eigenem Bekunden blieb sie ein Leben lang „glühende Brandenburgerin".

Als der schwedische König starb, befand sich Ulrikes ältester Sohn, den der Reichstag schon vorher zum Thronfolger bestimmt hatte, noch immer am französischen Königshof. Hier hielt sich Gustav seit einigen Monaten im Rahmen einer längeren Bildungsreise auf. Jetzt aber kehrte er umgehend nach Stockholm zurück, um die Nachfolge seines Vaters anzutreten. Ohne mit der Wimper zu zucken, unterzeichnete der neue König Gustav III. die ihm von den Abgesandten des Reichstags vorgelegte Verpflichtung auf die gültige Verfassung sowie eine Akte, die seine Macht als König noch weiter einschränkte. Ulrike wunderte sich sehr über den unerwarteten Gehorsam ihres königlichen Sohnes, von dem doch viel mehr Ehrgeiz und Durchsetzungsvermögen zu erwarten gewesen waren. Zudem hatte sie insgeheim gehofft, gemeinsam mit ihm einen neuen Versuch zur Stärkung der schwedischen Monarchie unternehmen zu können. Doch die Königin-Witwe wurde bitter enttäuscht. Gustav III. dachte überhaupt nicht daran, seine Mutter zur politischen Beraterin zu machen und schob sie stattdessen umgehend aufs Abstellgleis. Ulrikes

Witwensitz Schloss Svartsjö lag 30 km westlich von Stockholm auf einer kleinen Insel im Mälarsee.

Auf Svartsjö vergrub sich Ulrike so lange in ihrer Trauer und Enttäuschung, bis sie ein Brief Friedrichs II. erreichte, der sie gemeinsam mit ihrer 19-jährigen Tochter Sophie Albertine zu einem längeren Aufenthalt in der preußischen Heimat einlud. Welch eine willkommene Abwechslung! Endlich würde Ulrike Potsdam und Berlin, endlich auch ihre Geschwister wiedersehen. Sofort traf die Königin-Witwe daher die notwendigen Vorbereitungen für die bevorstehende Reise. Ihr königlicher Bruder hatte sogar versprochen, die Kosten zu übernehmen.

Als Ulrike jedoch am 3. Dezember 1771 in Berlin eintraf, empfing Friedrich II. seine Schwester ohne große Begeisterung. Es verbesserte seine Laune nicht gerade, dass die schwedische Königin-Witwe mit großem Gefolge von 82 Personen gekommen war, die jetzt alle untergebracht und versorgt werden mussten. Auch Ulrikes Schwester Amalie, inzwischen 48 Jahre alt und bereits im Begriff, schrullig zu werden, schien den Besuch eher lästig zu finden. Das beobachtete jedenfalls der französische Schriftsteller Dieudonné Thiebault, der sich seit 1765 am preußischen Königshof aufhielt, um die Schriften Friedrichs II. zu korrigieren. Thiebault blieb 20 Jahre in Berlin und veröffentlichte später seine Erinnerungen. Darin notierte der Chronist: „Die Königin trat mit größter Zuvorkommenheit auf und entfaltete die zärtlichste Liebenswürdigkeit. Sie begab sich sofort nach ihrer Ankunft zu der Schwester, die sie aber mit strengster Förmlichkeit empfing. Die Königin war darüber tief betrübt und bat die Prinzessin unaufhörlich, sie möge doch in ihr nur die zärtlich liebende Schwester sehen und sich dadurch keinen Zwang auferlegen. Aber Amalie blieb aller ihrer Worte ungeachtet vor ihr in der von der Hofetikette vorgeschriebenen Haltung stehen."

Trotzdem wurde Ulrikes Aufenthalt in der Heimat durch alle möglichen Empfänge, Konzerte, Diners und zahlreiche Ausflüge dann doch noch recht angenehm. Staunend stand sie zum ersten Mal vor Schloss Sanssouci. 1744, in jenem Jahr, als Ulrike als junge Braut nach Schweden ging, hatte sich Friedrich II. entschlossen, an dieser Stelle ein Lustschloss zu errichten, das ihm einen „sorgenfreien" Aufenthalt ermöglichen sollte. Sanssouci wurde am 1. Mai 1747 feierlich eingeweiht. Schloss Rheinsberg schenkte der Preußenkönig seinem Bruder Heinrich, denn so sehr er den Sommersitz auch liebte, er war zu weit von Berlin entfernt. Jetzt endlich konnte Ulrike Sanssouci mit seinem reizvollen Blick auf die Havellandschaft bewundern. Im Laufe der Jahre hatte auch der riesige Park Gestalt angenommen. Dabei war eine etwa zwei Kilometer lange Allee entstanden, an der sich verschiedene kleinere Bauten, Zier- und Nutzgärten sowie waldige Bereiche aneinanderreihten. Am westlichen Ende der Allee stand das eindrucksvolle Neue Palais, das den Abschluss des Parks bildete. Friedrich hatte es unmittelbar nach dem Ende des Siebenjährigen Kriegs erbauen lassen. Es war als Gästeschloss gedacht und besaß eine Reihe von fürstlichen Wohnungen für Familienmitglieder und Freunde, prächtige Festsäle sowie ein reizendes Rokokotheater. Friedrich II. selbst hat hier allerdings nur selten gewohnt und hielt sich in der Regel auf Sanssouci auf.

Insgesamt blieb Ulrike neun Monate lang in Berlin. In dieser Zeit konnte sie wieder neue Kraft schöpfen und sich auch mit dem Tod ihres Gemahls allmählich abfinden. Jetzt ruhten alle Hoffnungen auf ihrem Sohn, König Gustav III. Ihm galten vor allem ihre Gedanken, als Ulrike Berlin am 4. August 1772 wieder verließ, um nach Stockholm zurückzukehren. Sie konnte nicht ahnen, dass dort eine Überraschung auf sie warten würde.

*„Man hielt es für nötig, vor allen Dingen die Königin-Witwe
fern zu halten"*

Unbekümmert trat Ulrike ihre Heimreise nach Schweden an und wunderte sich lediglich, warum der Aufenthalt in Stralsund so lange dauerte, obwohl ihr Schiff doch scheinbar startklar im Hafen lag. Zudem herrschte eine seltsam angespannte Atmosphäre. Gerüchte machten die Runde, dass Gustav III. dabei sei, einen spektakulären Coup vorzubereiten. Was aber geschah wirklich in Stockholm? Nur wenige Tage später erhielt Ulrike die Antwort: Ihr königlicher Sohn hatte erfolgreich eine unblutige Revolution angezettelt, die ihm als König von Schweden erheblich mehr Macht verschaffte. Und sie als Mutter hatte nichts davon geahnt!

Ganz allmählich aber formten sich die verschiedenen Informationen zu einem klaren Bild. Kurz vor seiner Abreise aus Paris im Februar 1771 und der von ihm geleisteten Unterschrift unter die Reichstagspapiere, hatte Gustav mit Frankreich ein Geheimabkommen geschlossen, mit dem er sich verpflichtete, eben jene Verfassung zu kippen, die dem schwedischen König solche Fesseln anlegte. Der französische Absolutismus ging nämlich unwiderruflich seinem Ende entgegen, denn die gesellschaftliche Schieflage ließ sich nicht mehr lange halten. Während auf Bürgern und Bauern schwere Steuerlasten drückten, waren Adel und Klerus von jeglichen Abgaben befreit. Das hatten die Menschen lange Zeit als gottgegeben hingenommen, doch nun schärfte die Aufklärung den Blick für die große Ungerechtigkeit, unter der das Volk leben und leiden musste. Philosophen wie John Locke und Charles de Montesquieu verlangten die Teilung der Staatsgewalten Legislative, Exekutive und Jurisdiktion. Solche Forderungen aber widersprachen dem fürstlichen Absolutismus und der französische König Ludwig XV. (1715–1774) wollte auf keinen Fall seine umfassende Macht preisgeben. Das Schreckgespenst eines machtlosen Monarchen, wie es damals der König von Schweden verkörperte, war für den Franzosen eine unerträgliche Vorstellung. Daher erhoffte sich Ludwig XV. von einer Allianz mit dem ehrgeizigen jungen Gustav III. die Stabilisierung seiner eigenen Position.

Aber auch die „freie Nation" der Schweden war mit ihrer Regierung alles andere als zufrieden. Von der Wirtschaftskrise 1763 waren vor allem die Bauern betroffen gewesen, die den größten Teil der Bevölkerung ausmachten. Zudem hatten die Menschen vom Parteiengezänk der „Mützen" und „Hüte", das die letzten Jahre bestimmt hatte, allmählich genug. Gustav III. fand daher den Boden für einen Umsturz bereit. Er musste sich nur noch bei seinem Volk beliebt machen und die Unzufriedenheit der Untertanen mit dem herrschenden Regime weiter schüren. Ulrikes Sohn präsentierte sich folglich als leutseliger Herrscher, der für jedermann ein offenes Ohr und Verständnis zu haben schien. Noch wichtiger aber war es für Gustav III., jene Militärs auf seine Seite zu ziehen, die mit ihm der Ansicht waren, nur eine starke Zentralregierung könne Schweden wieder auf den Weg nach oben bringen. Hin und wieder bestand auch die Notwendigkeit, den einen oder anderen zu bestechen, aber dazu musste Gustav III. keine Kronjuwelen verpfänden, Frankreich hatte ihm für solche Zwecke genügend Geld zur Verfügung gestellt.

Während in Stockholm die Vorbereitungen für den Putsch getroffen wurden, saß Ulrike also in Stralsund fest. Ihr königlicher Sohn hielt es für unbedingt ratsam, die Mutter nicht in seine Pläne einzuweihen, denn er fürchtete, Ulrike könne durch unbedachtes Verhalten den so sorgfältig geplanten Staatsstreich doch noch zunichte machen. Der Chronist Thiebault schrieb in seinen Erinnerungen: „Als der französische Gesandte in Stockholm den König Gustav zum Entschluss gebracht hatte, die königliche Würde von der Vormundschaft des schwedischen Staates loszusagen, hielt man es für nötig, vor allen Dingen die Königin-Witwe fern zu halten." Nicht zu Unrecht keimte in Ulrike der Verdacht auf, dass es sich bei ihrem mehrmonatigen Aufenthalt in Preußen um ein abgekartetes Spiel gehandelt hatte, das Gustav III. die Gelegenheit geben sollte, seine konspirativen Pläne ohne Wissen und Einmischung der Mutter durchzuführen.

Am 19. August 1772 standen alle wichtigen schwedischen Heeresoffiziere gemeinsam mit ihren Gardesoldaten bereit, um den König beim geplanten Putsch zu unterstützen. Als der Reichstag zusammentrat, wurden die Abgeordneten von den Grenadieren umringt, der ganze Saal von Truppen besetzt. Doch das war nur der Anfang. Jetzt galt es, wirkliche Überzeugungsarbeit zu leisten. In einer wohl vorbereiteten mitreißenden Rede warf Gustav III. den Ständen vor, sie hätten sich durch Parteienzwist und ausländische Bestechungsgelder selbst disqualifiziert. Dann befahl er, eine neue Verfassung vorzulesen, die seine Vertrauten zuvor ausgearbeitet hatten. Diese Verfassung behielt zwar eine beschränkte Monarchie bei, erweiterte jedoch die Macht des Königs nicht unerheblich, indem sie ihm die Herrschaft über das Heer, die Flotte sowie die Außenpolitik übertrug. Gustav III. sollte fortan allein die Minister ernennen und absetzen dürfen und der Reichstag sollte künftig nur vom König einberufen und von diesem auch nach Belieben wieder entlassen werden.

Der junge Schwedenkönig forderte die Abgeordneten in seiner eindringlichen Ansprache auf, diese Verfassung unverzüglich anzunehmen. Wen seine Rede nicht überzeugt hatte, den überzeugte offenbar der Anblick der Bajonette. Am 21. August 1772 verabschiedete der Reichstag die neue Verfassung und leistete dem König den Treueschwur. Gustav III. entließ die Abgeordneten und versprach, den Reichstag innerhalb der nächsten sechs Jahre wieder einzuberufen. Die Herrschaft der „Mützen" und „Hüte" war nach 53 Jahren endgültig beendet.

Der unblutige Staatsstreich wurde von den Schweden durchaus positiv aufgenommen, denn sie erhofften von ihrem König längst überfällige Reformen, die endlich den notwendigen Wirtschaftsaufschwung herbeiführen sollten. Derweil kehrte Ulrike mit gemischten Gefühlen nach Schloss Svartsjö zurück. Das früher so gute Verhältnis zu ihrem ältesten Sohn hatte einen tiefen Riss bekommen. Dass daraus jedoch ein völliger Bruch werden sollte, war ganz allein Ulrikes Schuld.

*„Es gibt Sachen, bei denen man besser tut, zu schweigen" –*
*die letzten Jahre*

Inzwischen waren seit der Hochzeit Gustavs III. mit der dänischen Prinzessin Sophie Magdalene sechs kinderlose Jahre vergangen. Die junge Königin tat sich in ihrer neuen Heimat noch immer sehr schwer. Sie war nicht nur äußerst gehemmt, sondern auch sehr fromm, was kaum zu dem wenig strenggläubigen schwedischen Königshaus passte. Im Gegensatz zu Ehemann und Schwiegermutter, die beide sehr belesen waren und gerne ins Theater gingen, hielt sie sich von dem „Sündenpfuhl" der Schauspieler stets fern, und hatte weder mit zeitgenössischer Literatur noch mit Philosophie etwas im Sinn. Ihre Lektüre beschränkte sich auf die Bibel, ihr Musikgeschmack auf Kirchenchoräle.

Ulrike ging ihrer so ganz anders gearteten Schwiegertochter nach Möglichkeit aus dem Weg. War ein Zusammentreffen jedoch unvermeidlich, dann überhäufte sie Sophie Magdalene mit Vorwürfen, weil sie noch immer kein Kind zur Welt gebracht hatte. Tatsächlich sollte es weitere sechs Jahre dauern, bis Gustav III. endlich verkünden konnte, dass seine Gemahlin guter Hoffnung war. Während die Schweden jubelten, zeigte sich die höfische Gesellschaft äußerst verblüfft. Dass das erste Kind erst nach zwölfjähriger Ehe zur Welt kam, hatte man noch nie gehört. Schon nach kurzer Zeit machten Gerüchte die Runde, Gustav III. sei womöglich gar nicht der Vater des ungeborenen Kindes. Dabei handelte es sich jedoch nicht nur um den üblichen Hofklatsch, denn auch Königin-Witwe Ulrike selbst beteiligte sich tatkräftig an der Verbreitung der Spekulationen um die Vaterschaft und lancierte sogar das Gerücht, in Wirklichkeit habe der Stallmeister Adolf Friedrich Munck das Kind gezeugt!

Ob das nun der Wahrheit entsprach oder nicht – es war ein ungeheuerlicher Affront gegen Gustav III. und seine schwangere Gemahlin. Obwohl das schwedische Königspaar eifrig dementierte, ließ sich natürlich nicht verhindern, dass der üble Klatsch auch an anderen europäischen Höfen die Runde machte. Peinlich berührt schrieb Ulrikes Braunschweiger Schwester Charlotte am 17. August 1778 an Friedrich II.: „Es gibt gewisse Sachen, bei welchen man besser tut, zu schweigen als darüber zu sprechen, zumindest wenn man nicht die Gewalt in den Händen hat, um sie in Ordnung zu bringen."

Als am 1. November 1778 der lang ersehnte Thronfolger Gustav Adolf geboren wurde, war Ulrike am schwedischen Königshof schon längst zur Persona non grata geworden. Ihr Sohn Gustav III. verbannte sie nun völlig aus seinem Gesichtskreis und verbot ihr strikt, das Stockholmer Schloss zu betreten und das Neugeborene zu sehen. Ulrike musste bis zu ihrem Tod auf ihrem Witwensitz Schloss Svartsjö ein sehr einsames Leben führen. Von Familienfesten und sonstigen Feierlichkeiten war sie künftig ausgeschlossen.

Am 16. Juli 1782 starb Ulrike, die bis dahin offenbar gesund gewesen war, völlig unerwartet – vielleicht an einem Herzinfarkt. Zu diesem Zeitpunkt war Schwedens unbeliebte ehemalige Königin schon längst in Vergessenheit geraten. Ihre letzte Ruhe fand Ulrike an der Seite ihres Gemahls in der Grabeskirche der schwedischen Könige, der aus dem 13. Jahrhundert stammenden Riddarholm Kirche auf der Altstadtinsel Gamla Stan.

Ulrikes Sohn Gustav III. verstand es zunächst, seine neu gewonnene Macht klug zu nutzen. Er förderte Wirtschaft und Handel und brachte dem Bauernstand weitere Freiheiten. Das Finanzwesen wurde neu geordnet, Kranken- und Waisenhäuser wurden errichtet, neue Kanäle gebaut. Auch Kunst und Kultur erlebten eine Blütezeit. 1782 konnte der begeisterte Musikliebhaber die Stockholmer Oper eröffnen. Doch das alles kostete Geld, zu viel Geld. Die leeren Kassen aber mussten durch Steuererhöhungen wieder gefüllt werden, womit Gustav III. das bisherige Wohlwollen der Bevölkerung aufs Spiel setzte. Jetzt fühlte sich auch der Adel ermutigt, erneut eine aktive Opposition zu betreiben, um alte Privilegien wiederzugewinnen. So entstand der Plan, Gustav III. zu ermorden. Während eines Maskenballs in der Stockholmer Oper wurde der König am 16. März 1792 von Gardehauptmann Ankarström durch einen Schuss in den Rücken lebensgefährlich verwundet. Er lebte noch zwei Wochen und starb schließlich am 29. März. Sein Nachfolger war der erst 13-jährige Sohn Gustav IV. Adolf, der bis zu seiner Volljährigkeit 1796 unter der Vormundschaft seines Onkels Karl von Södermanland stand. Doch der junge König verstand es nicht, sich bei seinem Volk beliebt zu machen und wurde während der Napoleonischen Kriege 1809 abgesetzt. An seine Stelle trat nun erneut der mittlerweile 61-jährige Onkel, der in den nächsten elf Jahren als Karl XIII. König von Schweden war. Da aber seine Ehe mit Hedwig von Schleswig-Holstein-Gottorp kinderlos blieb, mussten sich die Schweden nach einem anderen Thronfolger umsehen. Die Wahl fiel schließlich auf den französischen Marschall Bernadotte, der 1810 zum schwedischen Kronprinzen ernannt und pro forma von Karl XIII. adoptiert wurde.

Mit dem Tod von Adolf Friedrichs und Ulrikes zweitältestem Sohn Karl XIII. 1818 endete die Herrschaft des Hauses Schleswig-Holstein-Gottorp über Schweden. Gleichzeitig begründete das Königtum Karl XIV. Johanns die Dynastie der Bernadotte, die bis heute den schwedischen König stellt.

# AMALIE
## Äbtissin von Quedlinburg
### (1723–1787)

*„Und alles geriet in Verwirrung" – Amalies Geburt*

Mit Amalie tritt uns wohl die exzentrischste aller Preußenprinzessinnen entgegen. Sie war hoch gebildet, eine durchaus talen-
tierte Musikerin und Komponistin, wies gleichwohl aber schon
früh die Züge einer überaus skurrilen Persönlichkeit auf. Ihre
Zeitgenossen zeichneten letztlich alle das gleiche Bild von ihr wie
Graf Lehndorff, der Kammerherr von Königin Elisabeth Christine, der Amalie im Spannungsfeld zwischen „himmlisch" und
„teuflisch" positioniert hat.

Bereits Amalies Geburt war höchst ungewöhnlich, zumindest
dann, wenn man den Memoiren ihrer Schwester Wilhelmine
Glauben schenkt. Nur wenige Wochen zuvor hatten Preußenkönig Friedrich Wilhelm I. und sein Schwiegervater, der englische
Monarch Georg I., ein Schriftstück unterzeichnet, das die seit
langem geplante preußisch-englische Doppelhochzeit bestätigte
(s. S. 28 f.). Dem waren jedoch schwierige Verhandlungen voraus-
gegangen und beide Männer freuten sich daher, auf dem Jagdschloss Göhrde bei Hannover ein wenig Entspannung zu finden.
Am 9. November 1723 wollten sie eigentlich aufbrechen.

Nach Lage der Dinge hätte es Königin Sophie Dorothea also
ganz hervorragend gehen müssen, schließlich sah es so aus, als
würde ihr großer Traum in absehbarer Zeit in Erfüllung gehen.
Tatsächlich aber fühlte sich die 36-Jährige matt und krank. Dass

205

sie in den vergangenen Monaten weiter an Gewicht zugelegt hatte, fiel weder ihr selbst noch ihrer Umgebung auf, denn damals war sie schon so korpulent, dass sie auf keinem normalen Armsessel mehr Platz nehmen konnte. Niemand wusste zu sagen, welches mysteriöse Leiden sich hinter den Beschwerden der Königin verbarg. Wilhelmine, damals schon 14 Jahre alt, verrät uns in ihren Memoiren, wie sich das Rätsel schließlich zur allgemeinen Erheiterung auflöste: „Seit sieben Monaten war die Königin sehr unpass, ihr Körper schwoll jeden Morgen mächtig an und die Geschwulst verging gegen Abend. Eine Zeit lang schwankte die Fakultät, ob es sich um eine Schwangerschaft handelte, aber sie erachtete zu Schluss, dass dieses Unwohlsein von einer anderen Ursache herrühre, die zwar unbequem, jedoch keineswegs gefährlich sei. Die Reise des Königs nach Göhrde war für den 9. November angesetzt; er sollte frühmorgens fahren und wir verabschiedeten uns von ihm, aber die Königin machte alles zunichte. In der Nacht erkrankte sie an heftiger Kolik, verheimlichte aber ihr Übel so gut sie konnte, um den König nicht aufzuwecken. Als sie auf gewisse Anzeichen hin merkte, dass ihr eine Entbindung bevorstand, rief sie um Hilfe. Es blieb nicht Zeit, einen Arzt und eine Wärterin zu holen, und sie brachte glücklich eine Prinzessin zur Welt ohne andere Beihilfe als die des Königs und der Kammerfrau. Es waren weder Windeln noch eine Wiege bereit und alles geriet in Verwirrung. Der König ließ mich um vier Uhr morgens rufen. Ich habe ihn nie so guter Laune gesehen, er hielt sich die Seiten vor Lachen."

Das Mädchen, das am 9. November 1723 so unverhofft das Licht der Welt erblickt hatte, wurde noch am gleichen Tag auf den Namen Amalie getauft, nach jener englischen Prinzessin, die damals als künftige Ehefrau des preußischen Kronprinzen angesehen wurde (s. S. 28).

*„Eine Erscheinung, die jedem imponiert" – die junge Amalie*

Die kleine Amalie von Preußen teilte sich in den nächsten Jahren ein Appartement im Berliner Schloss mit ihrer drei Jahre älteren Schwester Ulrike. Das scheint nicht so ganz problemlos gewesen zu sein, denn die Jüngste erwies sich von Anfang an als ausgesprochen eigenwilliges Kind, das nur wenig Rücksicht auf die Befindlichkeiten der Geschwister nahm. Richtig zufrieden war sie angeblich nur, wenn sie bei den Mahlzeiten ordentlich zugreifen konnte. Das blieb nicht ohne Folgen und Amalie verwandelte sich mit der Zeit in ein kleines Pummelchen, das in der Familie mit liebevollem Spott „dicke Lily" genannt wurde. Amalies Kindheit ähnelte der ihrer Schwestern. Schon frühzeitig machte sich bei ihr allerdings eine besondere Liebe zur Musik bemerkbar, angeregt womöglich durch ihren ältesten Bruder Friedrich, der leidenschaftlich gern auf der Querflöte spielte. Wie ihre Schwestern so stand auch Amalie nicht im Zentrum des Interesses der preußischen Königsfamilie, erst recht, nachdem sie noch zwei weitere Brüder bekommen hatte, 1726 Heinrich, vier Jahre später schließlich Ferdinand, das letzte Kind, das Sophie Dorothea mit 43 Jahren zur Welt brachte.

Als Amalie 16 Jahre alt war, starb der Vater. Ihr weiteres Schicksal lag somit in Händen des neuen Königs Friedrich II. Er allein konnte künftig entscheiden, wen seine noch unverheirateten Geschwister einmal heiraten würden, wenn überhaupt. 1744 vermählte sich Ulrike auf Wunsch des Preußenkönigs mit dem schwedischen Thronfolger Adolf Friedrich aus dem Hause Schleswig-Holstein-Gottorp. Wie es heißt, hätte man in Stockholm durchaus auch Interesse an Amalie gehabt. Doch im Gegensatz zu ihrer älteren Schwester sei sie aus Gewissensgründen nicht bereit gewesen, ihr reformiertes Bekenntnis mit dem lutherischen zu tauschen. Möglich ist das schon, denn obwohl Amalie noch im gleichen Jahr zur Coadjutorin, also zur künftigen Äbtissin des lutherischen Frauenstifts Quedlinburg gewählt wurde, behielt sie ihren reformierten Glauben ein Leben lang bei. Es ist aber ebenso vorstellbar, dass Amalie überhaupt kein Interesse an einer Ehe hatte und sich schon deswegen nicht gerade von der besten Seite präsentiert haben dürfte. Wahrscheinlich hinterließ Ulrike einfach einen angenehmeren Eindruck auf die schwedischen Gesandten als die eigensinnige jüngste Preußenprinzessin.

Und doch konnte Amalie auch ganz „himmlisch" sein. Der junge Graf Lehndorff, der 1747 an den Berliner Hof kam, beschrieb die damals 23-Jährige folgendermaßen: „Ihr Äußeres ist bezaubernd, und nach meiner Ansicht ist sie die schönste Frau der Welt ... Sie ist nicht groß und ein wenig beleibt, jedoch dabei von einer Erscheinung, die jedem imponiert ... Ihre Augen sind von hinreißender Schönheit, was sie mit der ganzen erlauchten Familie gemein hat, ihr Mund ist klein und verleiht ihr beim Sprechen eine außerordentliche Anmut. Kurz, sie ist in außerordentlichem Maße liebenswürdig."

In diese Lobeshymne hätte Amalies Schwägerin Elisabeth Christine ganz gewiss nicht eingestimmt. Die schüchterne und unsichere Gemahlin Friedrichs II. lernte nämlich ausschließlich die andere, die „teuflische" Seite von Amalie kennen. Seit ihrer Ankunft in Berlin war die Bevern-Prinzessin Zielscheibe des Spotts gewesen. Nicht nur ihr eigener Gemahl, auch Schwiegermutter Sophie Dorothea und deren Töchter zeigten ganz offen, wie wenig sie von ihr hielten und machten sich offenbar einen Spaß daraus, böse Gerüchte in die Welt zu setzen, die der jungen Königin das Leben schwermachen sollten. Am 20. Juni 1742 schrieb Elisabeth Christine an ihren Bruder, den Herzog Karl I. von Braunschweig-Wolfenbüttel: „Mit der Königin und mir ist augenblicklich wieder alles in Ordnung, und es wird wohl auch gut gehen, wenn sich nicht wieder lügenhafte Zungen finden, um Unfrieden zu machen; aber es ist traurig, dass die Chancen hierfür nicht groß sind."

Wem die „lügenhaften Zungen" gehörten, lässt sich nur vermuten. Es spricht jedoch einiges dafür, dass es Amalie und Ulrike waren, die auch Elisabeth Christines Schwester Luise, die Gemahlin August Wilhelms, ähnlich malträtierten. Als man im Sommer 1746 das umgebaute Schloss Charlottenburg mit einer großen Familienfeier einweihte, waren die beiden Schwestern, wenngleich regierende Königin und Gemahlin des Thronfolgers, nicht erwünscht. Elisabeth Christine klagte am 25. Juni ihrem Bruder Ferdinand: „Meine Schwester und ich bleiben hier. Das ist nach dem Willen der Prinzessin Amalie beschlossen worden." Und nach dem Tod des Preußenprinzen August Wilhelm 1758 schrieb Lehndorff ganz offen über die Witwe in sein Tagebuch: „Die Prinzessinnen Ulrike und Amalie behandelten sie schlecht und machten sie lächerlich."

Ist es vorstellbar, dass die so spöttische und hartherzige Prinzessin Amalie beinahe an einer unerfüllten Liebe zerbrochen sein soll?

## *Verbotene Liebe? – Prinzessin Amalie und Friedrich von der Trenck*

Vor einigen Jahren konnten interessierte Fernsehzuschauer im Zweiteiler „Trenck – Zwei Herzen gegen die Krone" verfolgen, wie sich die junge Prinzessin Amalie unsterblich in den schmucken preußischen Kornett Friedrich von der Trenck verliebt hat. Doch leider war diese Romanze eine verbotene Liebe ohne Zukunft, zudem ein Affront gegen die preußische Krone. Als daher Amalies königlicher Bruder Friedrich II. auf die unstandesgemäße Liaison aufmerksam wurde, bereitete er der „Love Story" mit der Inhaftierung Trencks ein trauriges Ende. Zurück blieben zwei verzweifelte Liebende und Amalie ging schließlich sogar aus lauter Enttäuschung ins Kloster …

Seit mehr als zwei Jahrhunderten wird die preußische Liebesgeschichte so oder ähnlich kolportiert, ein wunderbarer Stoff für Romane und Spielfilme. Deshalb hat sie sich mit der Zeit auch verselbstständigt und wird nicht selten als historische Tatsache angesehen. Doch so rührend die Romanze auch sein mag – was ist damals wirklich geschehen? Wer war dieser Trenck überhaupt, der Amalie bis zum Ende seines Lebens angeschmachtet haben soll? Was ist Wahrheit, was Phantasie?

Friedrich von der Trenck wurde am 16. Februar 1727 als Sohn einer alten ostpreußischen Adelsfamilie geboren. Wie in diesen Kreisen üblich, schlug er die militärische Laufbahn ein und wurde am 1. Juli 1744 zum Kornett ernannt, was in etwa dem heutigen Offiziersanwärter entspricht. Nur wenige Tage später, am 17. Juli, hatte der junge Mann seinen Dienst im Berliner Schloss zu absolvieren. Man feierte soeben Ulrikes Hochzeit mit dem schwedischen Thronfolger.

An diesem denkwürdigen Tag soll es passiert sein. Trenck schrieb zumindest später in seinen Memoiren: „Ich hatte dabei als Offizier der Garde die Ehrenwache, auch das Glück, die königliche Braut bis nach Stettin (!) zu eskortieren. Bei diesem Beilager, wo das Gedränge im Saal zum Erstaunen war und ich die Inspektion hatte, wurde mir selbst als wachhabendem Offizier der hintere Teil der rotsamtenen Überweste mit der reichen Krepinarbeit von einem Spitzbuben weggeschnitten und zugleich meine Uhr gestohlen. Das verursachte ein scherzendes Gespött mit dem gestutzten wachhabenden Offizier. Und eine große Dame sagte mir bei vorteilhafter Gelegenheit, sie würde mich über meinen Verlust beruhigen. Der Ausdruck war von einem Blick begleitet, den ich gern verstand, und innerhalb weniger Tage war ich der glücklichste Mann in Berlin." Das soll wohl heißen: Die „große Dame" beglich nicht nur den materiellen Schaden, der dem jungen Trenck durch den „Spitzbuben" zugefügt worden war, sie entschädigte ihn auch auf andere Weise, sodass die Begegnung zugleich der Beginn „unserer beiderseitigen ersten Liebe" wurde. Als echter Kavalier hat Trenck über die Identität seiner Herzensdame natürlich eisern geschwiegen und erst nach Amalies Tod enthüllt, um welche „große Dame" es sich gehandelt haben soll. Zu diesem Zeitpunkt konnte ihm die Prinzessin nicht mehr widersprechen.

Dass die „Wohltäterin", also Amalie, Trenck angeblich „mehr Geld als ich brauchte" gegeben haben soll, trägt nicht unbedingt dazu bei, seine Männerphantasien glaubwürdiger zu machen. Tatsache ist, dass Amalie unter chronischem Geldmangel litt. Wie alle Preußenprinzessinnen, so hatte auch sie von ihrer Apanage sämtliche Unkosten zu bestreiten und musste äußerst sparsam haushalten, was ihr keineswegs leicht fiel. Amalie nämlich liebte Glücksspiele über alles und stürzte sich dafür mitunter in erhebliche Schulden. Gerade aus dieser Zeit existieren mehrere „Bittbriefe" an den königlichen Bruder, in denen sie und Ulrike um finanzielle Unterstützung bitten. Ob Friedrich II. aber geneigt war, die Summen von mehreren tausend Talern zu begleichen, ist nicht geklärt. Es ist also höchst unglaubwürdig, dass Amalie den 17-jährigen Trenck so großzügig aus ihrer Privatschatulle bedacht haben soll.

Tatsächlich spricht Amalies gesamte Persönlichkeitsstruktur dagegen, dass die stolze Preußenprinzessin, die mitunter selbst gegenüber eigenen Familienmitgliedern so sehr auf höfische Etikette bedacht war, dem drei Jahre jüngeren Kornett überhaupt ihre Aufmerksamkeit geschenkt haben soll – noch dazu an dem Tag, an dem ihre Schwester Ulrike den künftigen König von Schweden heiratete! Außer in Trencks „Memoiren" ist daher in keiner anderen zeitgenössischen Schrift aus höfischen Kreisen auch nur der geringste Hinweis auf eine solche Romanze zu finden. Dabei wäre die doch willkommener Gesprächsstoff für den unermüdlichen Hofklatsch gewesen, dem gerade in Liebesdingen nie etwas entgangen zu sein scheint.

Hinzu kommt, dass in Trencks Erinnerungen Ulrikes Hochzeitstag fälschlicherweise im Dezember stattfand. Hätte ihn der berühmte „coup de foudre" tatsächlich getroffen, dann wären ihm die heißen Sommernächte wohl unvergesslich geblieben. Und schließlich fuhr die Braut nicht nach Stettin, sondern Stralsund.

In Wirklichkeit ist Trencks Geschichte ungleich prosaischer. Im Zweiten Schlesischen Krieg (1744/45) fiel der junge Mann mehrmals unangenehm auf. Er lieferte sich nicht nur hitzige Duelle und erlaubte sich so manche Disziplinlosigkeit, sondern konspirierte sogar heimlich mit der gegnerischen Seite und plante seine Desertion. Das belegen verschiedene abgefangene Briefe. Selbst wenn es sich bei dem Briefpartner um seinen Vetter handelte, der auf der Seite Habsburgs kämpfte, so war dies doch Grund genug für Friedrich II., den unbotmäßigen Trenck auf der Festung Glatz zu internieren. Schließlich durfte sich niemand auch nur den geringsten Anschein geben, mit Maria Theresia zu sympathisieren, der erklärten Todfeindin des Preußenkönigs.

Trencks Arrest hatte also nicht das Geringste mit Amalie zu tun, die mittlerweile zur Coadjutorin von Quedlinburg ernannt worden war. Das Amt der Äbtissin hatte der königliche Vater eigentlich Ulrike zugedacht, doch in der Regel war es so, dass die jüngste Tochter ein geistliches Amt übernahm. Damit besaß Amalie ihr eigenes Einkommen und lag dem Bruder nicht mehr auf der Tasche. Amalie ging später daher keineswegs aus enttäuschter Liebe „ins Kloster", wie so oft geglaubt wird. Davon abgesehen sollte sie sich auch als Äbtissin von Quedlinburg die meiste Zeit in Berlin aufhalten.

Friedrich von der Trenck verbrachte ein halbes Jahr in Gefangenschaft, dann gelang ihm die Flucht nach Böhmen. Damit aber hatte er sich tatsächlich der Desertion schuldig gemacht. Im Dezember 1746 wurde Trenck in Abwesenheit von einem Kriegsgericht zum Tode verurteilt. Doch er blieb verschwunden. Erst acht Jahre später konnte er in Danzig aufgegriffen und schließlich in der Magdeburger Zitadelle inhaftiert werden. Hier schmachtete er neun lange Jahre in Kerkerhaft.

Unterdessen war der Siebenjährige Krieg (1756–1763) ausgebrochen und der preußische Hof hatte sich vorübergehend in Magdeburg in Sicherheit gebracht, darunter Königin Elisabeth Christine und Prinzessin Amalie. Die Nachricht von der Anwesenheit der hohen Herrschaften drang schließlich auch durch die dicken Kerkermauern. Trenck begann daher, verschiedene Bittgesuche an die beiden fürstlichen Damen zu schicken und erhoffte sich so eine raschere Freilassung. Bekannt wurden in diesem Zusammenhang die so genannten Trenck-Becher, zwölf Zinnbecher, die er in seiner Zelle offenbar mit Nägeln graviert hat. Einige dieser Becher, die heute im Magdeburger Kunstgewerbemuseum aufbewahrt werden, waren Elisabeth Christine und Amalie gewidmet. Eine Inschrift lautet: „Bahne mir die rechte Straße, die zu Friedrichs Großmut führt! … Und so nimm mein Glück und Herz mit dem Becher in die Hände! Sorge, wache für den Trenck und mache seiner Qual ein Ende!"

Dass Trenck 1763 tatsächlich frei kam, hatte allerdings nichts mit der erfolgreichen Fürsprache der königlichen Damen zu tun. Der Krieg war zu Ende und mit Abschluss des Friedensvertrages war auch eine allgemeine Amnestie verbunden. Trenck musste sich damals verpflichten, nie wieder preußischen Boden zu betreten.

Das war die Wahrheit. In seinen Memoiren hingegen begründet Trenck seine Kerkerhaft mit der angeblich rasenden Eifersucht Friedrichs II. wegen Trencks Liebe zu einer ihm „nahe stehenden Dame". Doch das entbehrt jeder Grundlage. Trenck hat die gesamte Liebesgeschichte frei erfunden, um sich endlich einmal wichtig zu machen und seine verkrachte Existenz ein wenig zu beschönigen. Noch etwas kam hinzu: Zwei Jahre nach seiner Entlassung aus der Magdeburger Kerkerhaft heiratete der inzwischen 38-Jährige die Tochter des Aachener Bürgermeisters und gründete mit ihr eine vielköpfige Familie. Da das Geld knapp bemessen war, verfiel Trenck auf den Gedanken, das schmale Haushaltsbudget mit der Schriftstellerei ein wenig aufzubessern. Memoirenliteratur war damals groß im Kommen und auch Trencks „Lebenserinnerungen" fanden zahlreiche Leser, darunter sogar den „Dichterkollegen" Johann Wolfgang von Goethe. Im Vorwort gab Trenck selbst freimütig zu, dass die „Welt begierig ist, Romane zu lesen, sie bezahlt sie am besten, wenn wirkliche Gestalten in Romangestalt vorgetragen werden". Mit anderen Worten: Die phantastische Geschichte um Friedrich II. und Prinzessin Amalie war bares Geld wert – und aus keinem anderen Grund wurde sie niedergeschrieben. Als Trencks Memoiren 1787 in Berlin erschienen, waren die beiden „wirklichen Gestalten" schon tot und konnten keinen Widerspruch mehr einlegen. So wurde die vermeintliche Love Story schließlich unsterblich.

Der schriftstellerische und damit auch finanzielle Erfolg brachte Trenck freilich kein Glück. Er war und blieb ein getriebener Mensch, verließ schließlich Frau und Kinder und landete zuletzt im revolutionären Paris, wo er sein Leben als „Verräter der Revolution" am 26. Juni 1794 unrühmlich auf der Guillotine beendete.


### Prinzessinnenleben

Nachdem Ulrike 1744 nach Schweden abgereist war, blieb Amalie als einzige der Schwestern am Berliner Hof zurück. Friederike lebte inzwischen schon seit 15 Jahren in Ansbach, Wilhelmine seit 1731 in Bayreuth, Charlotte war 1733 nach Braunschweig gegangen und Sophie hatte nur ein Jahr später nach Schwedt geheiratet. Amalie war also noch ein Kind gewesen, als die vier älteren Schwestern ihr Zuhause verließen und in die Fremde gingen. Letztlich hatte man sich also nicht viel zu sagen und so beschränkte sich der Kontakt auch künftig auf das Nötigste.

Noch im gleichen Jahr wurde Amalie zur Coadjutorin von Quedlinburg gewählt. Die amtierende Äbtissin war Maria Elisabeth von Schleswig-Holstein-Gottorp, eine Tante von Ulrikes Ehemann. Da Amalies persönliche Anwesenheit im Damenstift nicht zwingend erforderlich war, stand fest, dass die jüngste Preußenprinzessin zumindest vorerst in Berlin bleiben würde. Amalie war jetzt 21 Jahre alt und hatte eine Zukunft vor sich, die für die durchaus gescheite junge Frau keine wirklich befriedigenden Aufgaben bereithielt.

Der Tagesablauf am Berliner Hof war streng reglementiert und letztlich von monotoner Gleichförmigkeit. Um die quälende Langeweile zu vertreiben, versuchte sich die höfische Gesellschaft bevorzugt im Laientheater. Derlei Veranstaltungen gehörten damals zum normalen Alltag an allen europäischen Höfen. So gaben Amalie und ihre drei jüngeren Brüder im Juli 1746 Racines „Britannicus".

Nicht weniger beliebt waren Maskenbälle, wie jener anlässlich des Geburtstags des Prinzen Heinrich am 18. Januar 1754: „Wir stellen das Serail dar", notierte Lehndorff, „die Prinzessin Amalie ist der Großsultan, und der Prinz Heinrich, den man von zu Hause geholt hat, wird als junge Sklavin dem Sultan vorgeführt, der sich in sie verliebt und sie zur Favorit-Sultanin macht ... Wir soupieren sodann nach türkischem Geschmack. Das Fest verläuft prächtig, wir tanzen bis vier Uhr morgens ..."

Doch alles, was das 18. Jahrhundert an höfischen Vergnügungen bot, wurde vom Glücksspiel in den Schatten gestellt. Eine Gesellschaft ohne Kartenspiel war undenkbar. Männer wie Frauen verspielten oft an einem Abend fast ihr gesamtes Vermögen. Amalie machte da keine Ausnahme. Mitunter häufte sie enorme Spielschulden an, die sie dann durch erneutes Glücksspiel wieder zu tilgen hoffte.

Mochte Prinzessin Amalie auch der unumstrittene Mittelpunkt des Berliner Hofes und der höfischen Festlichkeiten sein – Königin Elisabeth Christine führte auf Befehl Friedrichs II. ja ein einsames Leben auf Schloss Schönhausen –, so empfand sie doch offenbar eine große innere Leere. Das erklärt möglicherweise ihr ständiges Schwanken zwischen den beiden Polen „himmlisch" und „teuflisch". Mal gab sie sich leutselig und charmant, dann wieder sarkastisch und verletzend: „Damals war sie noch sehr jung", schrieb Frau von Voss, Königin Sophie Dorotheas Hofdame, später in ihren Erinnerungen, „aber trotz ihrer Jugend war sie boshaft und sehr gefürchtet und machte uns allen viel Not und

Unannehmlichkeiten." Ähnlich äußerte sich jetzt auch Graf Lehndorff, der Amalie seinerzeit noch so „bezaubernd" gefunden hatte. Er schrieb am 16. September 1753: „Man klagt allgemein über die Prinzessin Amalie, dass sie niemanden ansieht und dass sie von aller Welt übel redet. Es ist recht schade, dass diese Prinzessin, die wirklich liebenswürdig ist, ein so launisches Wesen hat."

Im gleichen Jahr kam es zu einem ernsthaften Zerwürfnis Amalies mit ihrer Mutter, der Königin-Witwe Sophie Dorothea. Beide Frauen hatten sich bis dahin recht gut verstanden und waren gemeinsam nach Herzenslust über Königin Elisabeth Christine und deren Schwester Luise hergezogen. Getrübt wurde das einvernehmliche Verhältnis hingegen, als Amalies Bruder Heinrich 1752 die 26-jährige Wilhelmine von Hessen-Kassel heiratete, eine ausgesprochen hübsche und liebenswürdige Prinzessin, die schon bald zum Liebling der gesamten Hofgesellschaft wurde, welche sie großzügig mit Attributen wie „die Göttliche" oder „die schöne Fee" bedachte. Verständlich, dass Amalie mit unverhohlener Eifersucht reagierte, umso mehr, als auch Königin Sophie Dorothea in den Chor der Bewunderer Wilhelmines mit einstimmte. Bislang hatte sie noch an keiner Schwiegertochter ein gutes Haar gelassen, jetzt plötzlich schwärmte sie geradezu von der „schönen Fee". Leider sind uns keine Einzelheiten bekannt, welche Szenen sich zwischen Mutter und Tochter damals abgespielt haben müssen. Fest steht jedoch, dass sich Amalie monatelang nicht auf Sophie Dorotheas Schloss Monbijou blicken lassen durfte. Obwohl sich die Wogen später wieder ein wenig glätteten, das einstmals gute Einvernehmen wurde nie wieder wirklich hergestellt.

Wann immer Amalie jedoch Zeit und Muße fand, zog sie sich in ihre Gemächer zurück, wo sie leidenschaftlich gerne las und musizierte. Als ihr Lehndorff am 9. November 1754 zum 31. Geburtstag gratulieren wollte, fand er sie „in ihrem Morgenkleide, wie ein Gelehrter im Studierzimmer arbeitend und mit der ernstesten und solidesten Lektüre beschäftigt". Amalies besondere Liebe aber gehörte von klein auf der Musik. Mit Begeisterung spielte sie Spinett, Laute und Flöte. 1758 trat schließlich Johann Philipp Kirnberger (1721–1783) in ihre Dienste und unterwies die

Prinzessin in Komposition. Aus ihrer Feder stammen verschiedene Choräle, Kammermusik, aber ebenso ein paar schwungvolle Militärmärsche, die heute jedoch in Vergessenheit geraten sind. Der Musiker Kirnberger machte Amalie mit der Kontrapunkt-Technik vertraut, der mehrstimmigen Tonsetzkunst, die sein Lehrer, der große Komponist Johann Sebastian Bach mit der Fuge zur Vollendung gebracht hatte. An Bach orientierte sich auch die Preußenprinzessin.

Aber wie Johann Philipp Kirnberger hatte Amalie keine Wirkung über ihre Zeit hinaus, selbst wenn ihre Werke noch heute mitunter auf Schlosskonzerten gespielt werden, ähnlich wie die von Friedrich II. und Wilhelmine von Bayreuth. Und doch ging sie ganz in ihrer musikalischen Leidenschaft auf und schickte ihre Kompositionen regelmäßig an ihre ebenfalls Musik lieben-den Geschwister. Auf Anraten Kirnbergers sammelte Amalie zahlreiche Notenhandschriften, darunter viele von Johann Sebastian Bach und seinen Söhnen. Deshalb ist die Prinzessin heute in Musikerkreisen hauptsächlich für ihre Musikaliensammlung berühmt. Diese so genannte „Amalienbibliothek", die sie nach ihrem Tod dem Joachimsthaler Gymnasium vererbte, befindet sich heute in Besitz der Deutschen Staatsbibliothek Berlin. Sie beinhaltet auch einige Werke von Amalie selbst, darunter eine zweistimmige Fuge für Violine und Viola, eine Sonate für Querflöte sowie einige Entwürfe zu Oratorien.

## Äbtissin von Quedlinburg

Im Juli 1755 findet sich im Tagebuch des Grafen Lehndorff folgender Eintrag: „Die Äbtissin von Quedlinburg stirbt. Sie war die Tante des Königs von Schweden und sehr alt geworden. Die Prinzessin Amalie ist ihre Nachfolgerin, worüber allgemeine Freude in der ganzen Stadt herrscht, da diese Prinzessin verabscheut wird. Es ist recht schade, dass sie sich nichts daraus macht, bei den Leuten beliebt zu werden." Dann jedoch fügt er hinzu: „Die Prinzessin Amalie wird nicht eher in Quedlinburg Wohnung nehmen als bis sie ihre Schulden im Betrage von 30 000 Talern, die ihr der König vorgestreckt hat, bezahlt hat." Doch dazu ist es offenbar nicht mehr gekommen. Einschließlich ihrer Quedlinburger Einkünfte standen Amalie im Jahr nur rund 25 000 Taler zur Verfügung, mit denen sie ihren gesamten Hofstaat bestreiten musste. Die Summe war so bemessen, dass sie kaum Möglichkeiten für höhere Spielschulden ließ.

Auch wenn Amalie jetzt Äbtissin von Quedlinburg wurde, sie ging nicht „ins Kloster", wie gerne behauptet wird, sondern in ein protestantisches Frauenstift, das die Damen an keine Ordensregel band. Im Gegensatz zu katholischen Nonnen legten sie keine Gelübde ab und mussten auch nicht in Armut leben, im Gegenteil. Sämtliches Vermögen blieb in ihrem Besitz und selbst eine spätere Heirat war keineswegs ausgeschlossen. Tatsächlich genossen die Stiftsdamen weit reichende Freiheiten: Sie konnten das Stift jederzeit verlassen, niemand hinderte sie, wenn sie eine Reise unternehmen wollten, sie durften nach Belieben Gäste empfangen, hatten Bedienstete und brauchten auf keinerlei Luxus zu verzichten. Die Quedlinburgerinnen trugen keine Tracht, waren also auch rein äußerlich nicht als Stiftsdamen zu erkennen. Sieht man Bilder von Amalie aus ihrer Zeit als Äbtissin, so muss man sich daher nicht weiter wundern, dass sie sich nach wie vor mit höfischer Pracht kleidete, schmückte und schminkte oder die Haare nach der damaligen Mode puderte. Sämtliche Freiheiten galten schließlich auch für die Äbtissinnen, doch wohl keine von ihnen hat im Laufe der langen Stiftsgeschichte so viel Gebrauch davon gemacht wie Amalie von Preußen. Äbtissinnen von Quedlinburg wurden ausschließlich weibliche Mitglieder eines Herrscherhauses und selbst als Stiftsdamen kamen nur Töchter des hohen protestantischen Adels in Frage. Das war allerdings nicht immer so gewesen.

Das am Nordrand des Harzes gelegene Quedlinburg galt zunächst einmal als Lieblingspfalz des deutschen Königs Heinrich I. (reg. 919–936). Hier fand der Sachse auch seine letzte Ruhestätte. Unmittelbar nach Heinrichs Tod aber errichtete der neue junge König Otto I. auf dem Burgberg ein reichsunmittelbares Frauenstift, das er reich mit Grundbesitz – 15 Dörfern und ausgedehnten Ländereien – sowie mit weiteren Einkünften ausstattete. Dieses Reichsstift war ein eigener, in sich geschlossener Verwaltungs- und Gerichtsbezirk, der in weltlichen Angelegenheiten direkt dem König, in geistlichen dem Papst unterstand. Ein Kloster ist Quedlinburg freilich schon damals nicht gewesen, denn von Anfang an genossen die Stiftsdamen die bereits erwähnten Freiheiten. Die Äbtissinnen – zunächst Mathilde, die Enkelin Heinrichs I. –, hatten den Stand einer Reichsfürstin. Mit dem Ende des salischen Kaisertums versank Quedlinburg allerdings vorübergehend in der Bedeutungslosigkeit.

Erst im 16. Jahrhundert sollte es eine neue Blütezeit erleben. Die Reformation war die wohl wichtigste Zäsur in der Geschichte des Damenstifts. Nach außen hin änderte sich zwar die Stellung des nunmehr protestantischen Stifts nicht. Es behielt seinen reichrechtlichen Charakter bei und blieb weiterhin direkt dem Kaiser unterstellt. Die kirchenrechtliche Abhängigkeit vom Papst fiel hingegen ersatzlos fort. Damit wurde Quedlinburg zum Versorgungsinstitut für die unverheirateten Töchter des hohen protestantischen Adels.

Zunächst hatte der Kurfürst von Sachsen das Recht gehabt, die Äbtissinnen von Quedlinburg zu bestimmen. Doch dann benötigte August der Starke für seine polnische Königskandidatur riesige Geldsummen – nicht zuletzt, um die erforderlichen Bestechungsgelder zahlen zu können. So kam er auf die Idee, die Rechte an Quedlinburg an Friedrich III. von Brandenburg zu verkaufen, den nachmaligen Preußenkönig Friedrich I., der schon früher sein Interesse an dem Harzer Stift signalisiert hatte und bereits das nahe gelegene Bistum Halberstadt besaß. Zu Beginn des Jahres 1698 wechselte Quedlinburg daher gegen 340 000 Taler den Besitzer und kam zu Brandenburg-Preußen.

Die letzte Leiterin des Stifts, die August der Starke eingesetzt hatte, war seine ehemalige Mätresse Maria Aurora von Königsmarck gewesen, die Mutter des berühmten Moritz von Sachsen. Sie war allerdings nur Pröpstin. Ihr folgte schließlich Äbtissin Maria Elisabeth von Schleswig-Holstein-Gottorp, deren Bruder mit einer Schwester des Schwedenkönigs Karl XII. verheiratet war. Jetzt, 1755, also Amalie von Preußen. Obwohl Quedlinburg ein lutherisches Damenstift war, durfte sie ihren reformierten Glauben beibehalten, nachdem man bereits 1744 ein Gutachten über ihre Eignung angefertigt hatte.

Endlich war Amalie selbstständig. Sie erhielt ihren „eigenen

Hof" und regelmäßige Einkünfte, die jedoch, wie wir gesehen haben, nicht wirklich ausreichten, um all ihre Bedürfnisse zu befriedigen. In Berlin wurde die neue Würde der 31-jährigen Preußenprinzessin im Sommer 1755 aufwändig gefeiert. Aber erst Anfang April 1756 machte sich die neue Äbtissin auf den Weg nach Quedlinburg.

## Stippvisite im Damenstift

Amalies feierliche Inthronisierung fand am 11. April 1756 in der Quedlinburger Stiftskirche St. Servatius statt, in deren Krypta sich auch das Grab Heinrichs I. befindet. Friedrich II. hielt sein persönliches Erscheinen nicht für erforderlich und begnügte sich damit, Amalie vor ihrer Abreise mit einem opulenten Diner auf Schloss Sanssouci zu bewirten. Ihre Braunschweiger Schwester Charlotte aber kam gemeinsam mit Schwager Ferdinand nach Quedlinburg, nachdem sie zuvor am 11. März einen launigen Brief an den Preußenkönig geschrieben hatte: „Ich werde mir ein Vergnügen daraus machen, an dieser Hochzeit, wo Jesus Christus der Bräutigam ist, teilzunehmen, und ich werde nicht ermangeln, meinem neuen Schwager die gebührende Ehre zu erweisen und meine Schwester zu bitten, dass sie mich seiner Gnade empfiehlt."

Tatsächlich war die Inthronisation der Äbtissin einer Hochzeit nicht ganz unähnlich. Im Rahmen einer feierlichen Zeremonie wurde Amalie von Prinz Ferdinand von Braunschweig-Wolfenbüttel zum Altar geführt. Dann aber hatte wieder das weltliche Vergnügen den Vorrang, wie wir von Charlotte erfahren. Die nämlich schrieb kurz nach ihrer Rückkehr an Friedrich II.: „Diese zwei Tage, die ich mit meiner Schwester zusammengewesen bin, haben wir sehr angenehm verbracht. Sie hat mich in ihrer Abtei herumgeführt und wir haben in ihrem Garten Tee getrunken. Sie ließ Kaskaden springen wie in Versailles und Marly, und wir sind durch den Garten gegangen, in dem es herrliche Ausblicke gibt. Die Gegend von Quedlinburg ist charmant und der Ort ist wirklich außerordentlich angenehm. Meine Schwester ist hübsch logiert, nur die Treppe ist nicht sehr gut. Was mir viel Spaß gemacht hat, ist, dass meine Schwester sehr zufrieden zu sein schien und sich in der Lage, in welche Sie sie platziert haben, gefällt … Ich bin überzeugt, dass sie Sie teilnehmen lässt an ihrer Neugierde, welche sie dazu veranlasst hat, in die Gruft zu gehen und sich die Särge öffnen zu lassen."

Dieser letzte Satz in Charlottes Brief hat sogar den Verdacht aufkommen lassen, Amalie habe nekrophile Neigungen gehabt. Doch selbst wenn uns ihre Handlungsweise befremdlich erscheinen mag – das war mit Sicherheit nicht der Fall. Die Erklärung ist wesentlich harmloser: Aufgrund der besonderen Klimabedingungen in der Gruft der Quedlinburger Stiftskirche waren die dort Bestatteten nicht verwest, sondern mumienartig eingetrocknet, sodass ihre Gesichtszüge erkennbar blieben. Kein Wunder also, dass Amalie sich davon selbst überzeugen wollte. Eine der am besten erhaltenen Mumien war übrigens die der 1728 verstorbenen Pröpstin Maria Aurora von Königsmarck.

Äbtissin Amalie blieb nur wenige Tage in Quedlinburg und reiste bereits am 20. April 1756 zurück nach Berlin. Am 25. April schrieb Lehndorff in sein Tagebuch über eine scheinbar völlig gewandelte Fürstin: „Die Prinzessin Amalie kommt aus Quedlinburg ganz befriedigt zurück. Alle sind von ihrem liebenswürdigen Wesen und den Aufmerksamkeiten, die sie jedermann erwiesen hat, entzückt gewesen. Das ging so weit, dass sie überall Deutsch gesprochen hat, indem sie fürchtete, es könne in der Gesellschaft jemand sein, der Französisch nicht verstehe." Diesen letzten Satz meinte Lehndorff natürlich nicht ernst. In „der Gesellschaft" am Hof Friedrichs II. wurde ausschließlich das elegante Französisch gesprochen. Deutsch war völlig verpönt. Als der französische Schriftsteller Dieudonné Thiebault 1765 nach Berlin kam, um die Schriften des Preußenkönigs zu korrigieren, verbot ihm Friedrich II. sogar ausdrücklich, Deutsch zu lernen.

Wenn Amalie jetzt ihre eigentliche Muttersprache benutzte, dann hatte das einen ganz anderen Grund als Rücksichtnahme: Sie wollte auffallen, provozieren. Zeitzeugen erzählten immer wieder, dass Amalie ihr Deutsch sogar gerne mit Ausdrücken aus dem Berliner Dialekt gewürzt haben soll. Es gehörte eben zu ihrer zwiespältigen Persönlichkeit. Einerseits gab sie die stolze, stets auf Etikette bedachte Prinzessin, dann plötzlich verwandelte sie sich scheinbar in eine einfache Frau aus dem Volk, dem sie sich tatsächlich irgendwie verbunden fühlte. Das sollte sich später vor allem in ihrem Testament manifestieren, das die gesamte königliche Familie in erhebliche Verwirrung stürzte.

Mochte Amalie nun auch Äbtissin von Quedlinburg sein, ihr bisheriges Leben gab sie deswegen nicht auf. Sie wohnte weiterhin in Berlin, wo sie Unter den Linden zwei komfortable Palais ihr Eigen nannte. Natürlich nahm sie an allen wichtigen gesellschaftlichen Ereignissen teil, mochten das nun Konzerte oder Opernaufführungen, Theaterpremieren oder Karnevalsbälle sein, die alljährlich von Ende Dezember bis Ende Januar am Berliner Hof veranstaltet wurden. Quedlinburg hingegen besuchte Amalie bis zu ihrem Tod 1787 nur noch zwei weitere Male, und auch nur deshalb, weil ihre Anwesenheit unerlässlich war. Das war einmal 1765, als sowohl die Dekanissin wie die Pröpstin des Stifts gestorben waren und die Einführung der Nachfolgerinnen durch die Äbtissin persönlich erfolgen musste. Der zweite Besuch erfolgte erst 1785, dauerte allerdings mehrere Wochen. Diesmal waren die Pröpstin und die Kanonissin verstorben.

Dass Amalies begrenztes Engagement für Quedlinburg kaum Spuren hinterlassen hat, versteht sich von selbst. Zwar ergriff sie einige Maßnahmen zur Verbesserung der Armenfürsorge und gab ein neues Gesangbuch heraus, doch für einen Zeitraum von mehr als 30 Jahren fällt das kaum ins Gewicht. Die Beziehung zu „ihrem" Quedlinburg war sicherlich mehr als spärlich. Berlin blieb ihre Heimat, ihr Lebensmittelpunkt – sehr zum Missfallen der höfischen Gesellschaft. Denn so charmant, wie Lehndorff sie nach ihrer Rückkehr aus Quedlinburg beschrieben hatte, ist Amalie nicht lange geblieben …

### „Dieses wetterwendische Wesen"

Dass noch im gleichen Jahr der Siebenjährige Krieg ausbrach, spürte man in Berlin zunächst nur wenig. Ohnehin hatte Amalie ganz andere Sorgen. Aus Gründen, die nicht näher bekannt sind, gab es zu Beginn des Jahres 1757 wieder einmal eine heftige Auseinandersetzung mit Königin-Mutter Sophie Dorothea. Lehndorff beschränkte sich leider auf recht allgemeinen Äußerungen: „Es ist wirklich wahr, dass das Benehmen der Prinzessin Amalie einzig in seiner Art ist. Die Wogen des Meeres sind nicht aufgeregter als ihr Gebaren. Gut und böse, Philosophin, Weltkind und Betschwester, alles das ist sie nacheinander, zehnmal ist sie in der Woche zufrieden und unzufrieden. Dieses wetterwendische Wesen ist für ihre Umgebung natürlich eine schreckliche Pein."

Jetzt aber sah es so aus, als habe Amalies „Gebaren" ihrer Mutter derart zugesetzt, dass gesundheitliche Probleme die Folge waren. Am 18. Januar 1757 notierte Lehndorff nämlich: „Ihre Majestät die Königinmutter ist sehr unwohl. Man sagt, dass viel an ihrem Kummer die Prinzessin Amalie trägt, die oft in der Nacht den Zufall verwünscht, dass sie als Prinzessin geboren wurde und am Tage ihre ganze Umgebung durch ihren Hochmut und ihre Launen spüren lässt, dass sie eine königliche Prinzessin ist … All das erhöht das Übelbefinden der Königin-Mutter und ihren Hang zur Zurückgezogenheit."

Und wenige Tage später, am 26. Januar, heißt es: „Ihr übler Zustand erregt allgemeine Trauer. Man sagt, dass die Hauptursache ihrer Krankheit ein heftiger Ärger gewesen ist, den ihr die Prinzessin Amalie bereitet hat. Die verehrungswürdige Königin ist so crregt gewesen, dass sie der Prinzessin verboten hat, vor ihr zu erscheinen. Alle Welt ist über deren Bosheit entrüstet."

Was immer auch vorgefallen sein mag, Sophie Dorothea hatte ihre Tochter nicht nur vor die Tür gesetzt, sie sorgte überdies dafür, dass Amalie nicht mehr aus der Küche von Schloss Monbijou versorgt wurde: „Die Prinzessin Amalie, die um ihren Haushalt in Sorge ist, seit die Königin-Mutter verboten hat, sie aus ihrer Küche zu bespeisen, beauftragt mich, ihr eine Köchin zu besorgen", heißt es am 1. Februar in Lehndorffs Tagebuch, „Inzwischen lässt sie sich von Leuten, die in die Häuser kochen gehen, die Speisen bereiten. Ich schicke ihr eine Frau, die Waffeln und Schellfisch zu backen versteht und eine zweite, die Pasteten backt, demnach gleicht das Diner vollkommen einem Picknick." Doch irgendwann versöhnten sich Mutter und Tochter dann doch wieder. Spätestens im Juni des gleichen Jahres war der Streit beigelegt, denn Amalie gab am 3. Juni auf Monbijou ein festliches Essen, zu dem auch unser Gewährsmann Lehndorff eingeladen war: „Ich gehe nach Monbijou, um bei der Äbtissin von Quedlinburg zu soupieren", notiert er am gleichen Tag, „alle Prinzessinnen sind da. Unsere Wirtin ist voller Liebenswürdigkeit. Sie ist wirklich wie manche großen Männer; nichts ist mittelmäßig an ihr, entweder ist sie himmlisch oder teuflisch."

Die Versöhnung mit der Mutter kam gerade zur rechten Zeit, denn Königin-Mutter Sophie Dorothea starb 28. Juni 1757 im Alter von 70 Jahren. Sie wurde in der Hohenzollerngruft des Berliner Domes beigesetzt. Viel Zeit, um die Verstorbene zu trauern, hatte die Berliner Hofgesellschaft allerdings nicht. Inzwischen waren die Auswirkungen des Siebenjährigen Krieges nämlich auch an der Spree zu spüren.

## Auf der Flucht

Aus Angst vor den näher rückenden Franzosen entschloss man sich am Hohenzollernhof, Zuflucht in der nahe gelegenen Spandauer Zitadelle zu suchen. Was die hohen Herrschaften dort erwartete, verrät uns Lehndorff in seinen Notizen vom 16. Oktober 1758: „Das Gebäude, in dem so viele erlauchte Personen Platz finden sollten, hat seit Friedrich I. nur zur Aufnahme von Gefangenen und Schießbedarf gedient. Man hat die Ankunft der Königin nicht vermutet, und so ist kein Feuer, kein Licht vorhanden. Vier Verbrecher, Eisen an den Füßen und eine kleine Lampe in der Hand, führen ihre Majestät und die Prinzessinnen in die Wohnung, die aus fünf Räumen besteht, in denen die Fenster zerbrochen sind, keine Tür schließt, kein Stuhl zu erblicken ist … Ich muss noch bemerken, dass sich unter diesen Gemächern das Pulvermagazin befindet und dass man alle Augenblicke die Warnung erhält, man dürfe nicht zu stark heizen, wolle man nicht ein fürchterliches Unheil anrichten. Man muss also zwischen Erfrieren und Indieluftfliegen wählen, natürlich zieht man Ersteres vor; die ganze Gesellschaft soupiert auf der Erde, verbringt dann eine traurige Nacht auf Stroh …"

Während sich Königin Elisabeth Christine offenbar recht schwer tat, scheint Amalie den abenteuerlichen Ausflug als willkommene Unterbrechung ihres monotonen Alltags regelrecht genossen zu haben. Noch am gleichen Tag konnte Lehndorff beobachten, dass die Prinzessin ganz offensichtlich guter Dinge war und sogar im Stehen einen Brief an ihre Vertraute Caroline von Hessen-Darmstadt schrieb, mit der sie bis zu deren Tod eine rege Korrespondenz führte. Caroline hatte zu Beginn der 1750er-Jahre vorübergehend in Berlin gelebt und war ein gern gesehener Gast am Hof Friedrichs II. gewesen. Auch Amalie freundete sich damals rasch mit der zwei Jahre älteren Caroline an, der Gemahlin des Landgrafen Ludwig IX. von Hessen-Darmstadt, die ihre große Liebe zur Musik teilte. Jetzt also schrieb sie stehend, „da sie weder Tisch noch Stuhl" hatte: „16. Oktober 1757 in der Festung 6¾ Uhr abends: Wir sind hier, Gott sei gelobt, glücklich um 6 Uhr angekommen. Welch schreckliche Flucht, welch traurige Trennung. Wir sind umgeben von Strafgefangenen und Übeltätern, die uns belauern. Eine Kälte zum Sterben, kein Tisch, kein Stuhl, kein Stück Brot ... Ich habe Stroh aufschütten lassen und eine Matratze, die ich mit der Marschallin teile, 6 Frauen werden noch im gleichen Zimmer schlafen. Keinerlei Kerze, kein Heu für unsere Pferde." Es war allerdings nur ein kurzes Intermezzo, denn schon nach wenigen Tagen hatte sich die Lage so weit beruhigt, dass man sich entschloss, nach Berlin zurückzukehren.

Doch die Ruhe war trügerisch. Es dauerte nicht lange, und die Hofgesellschaft musste erneut die Flucht antreten, diesmal allerdings nach Magdeburg, wo eine ungleich komfortablere Unterkunft zur Verfügung stand. Im Gegensatz zum Aufenthalt in Spandau ging das Leben hier wie gewohnt weiter. Selbst Maskenbälle waren gang und gäbe, was Lehndorff im April 1761 leicht genervt in sein Tagebuch schrieb: „Abends waren wir bei der Prinzessin Amalie, die immer die tollsten Ideen hat. Sie will, dass die Herren auf dem nächsten Fest, das sie gibt, als Damen gekleidet erscheinen und hat diese törichte Maskerade auf den kommenden Mittwoch angesetzt." Am 22. April heißt es: „Heute waren wir alle bei der Prinzessin Amalie, welche dann in der Tat dekretiert hatte, dass die Herren als Damen und die Damen als Herren erscheinen müssten. Sie selbst trug den Anzug eines Geistlichen! ... Nach dem Souper erschien Musik und es sollte getanzt werden, aber dies glückte nicht, man gab sie bald wieder auf und setzte sich an die Spieltische, und so endete dieses törichte Fest ziemlich früh am Abend."

Lehndorffs Einträge der folgenden Monate ähneln alle einander. Mal traf sich die Gesellschaft zum Souper, dann wieder zum Quinzespiel* oder zur „zwecklosen Unterhaltung." Der so sinnlos verbrachte Alltag zehrte zumindest an Lehndorffs Nerven ganz gewaltig: „Es gibt nichts Lächerlicheres als diese Lebensweise, die man hier führt … Man ist einzig damit beschäftigt, sich gegenseitig möglichst viel Geld aus der Tasche zu ziehen." Mochten solche Vergnügungen auch in krassem Gegensatz zum Ernst der Lage stehen, sie setzten sich so lange fort, bis der Hof 1762 wieder nach Berlin zurückkehren konnte.

Währenddessen kamen unterschiedliche Nachrichten von der Front. Auch weiterhin wechselten preußische Siege und Niederlagen einander ab. Amalie wollte sich allerdings nicht damit begnügen, das Kriegsgeschehen passiv zu verfolgen, sondern versuchte, das künftige Schicksal Preußens auf ganz besondere Weise zu beeinflussen. Durch den französischen Chronisten Thiebault erfahren wir nämlich, „dass Amalie während der ganzen Dauer des Siebenjährigen Krieges und besonders, wenn die Sachen bedenklich standen, ganze Tage lang für den König die Karten schlagen ließ, ohne jedoch seinen Namen zu nennen. Die Antworten auf diese Orakelfragen wurden regelmäßig dem König übersandt."


*„Vom exzentrischen Wesen dieser Prinzessin"*


Friedrich II., der weder mit dem christlichen Glauben noch mit dem Aberglauben etwas anfangen konnte, wird die überirdischen Vorschläge seiner Schwester wohl eher kopfschüttelnd zur Kenntnis genommen haben. Amalie aber stand mit ihrem Sinn für „Orakelfragen" keineswegs allein da. Aberglaube war nämlich die andere Seite des aufgeklärten 18. Jahrhunderts, in dem doch eigentlich die Vernunft das Maß aller Dinge sein sollte. Tatsäch-

---

* Quinze: Jeder Spieler würfelt so oft, bis er 15 Augen oder fast so viele erreicht hat. Kommt er über 15, hat er verloren. Gewonnen hat, wer 15 schafft oder am nächsten dran ist.

lich aber bot es eine phantastische Bühne für Geisterseher, Magnetiseure und Hellseher, die damals alle ein dankbares Publikum fanden.

Besonders in der zweiten Jahrhunderthälfte erlebten das Unerklärliche, das „Wunder" und das „Übernatürliche" eine erstaunliche Hochkonjunktur. Selbst Johann Wolfgang von Goethe schrieb 1782 in einem Brief an Charlotte von Stein, dass „der höchste Menschenverstand und der krasseste Aberglaube durch das feinste und unauflöslichste Band" miteinander verknüpft seien. Den zeittypischen Hang zur Magie und Alchemie machten sich damals zahllose Scharlatane zu Nutze. Einer der bekanntesten Namen ist zweifellos der des so genannten Grafen Cagliostro alias Giuseppe Balsamo. Geboren 1743 in Palermo war das Kind armer Leute früh ins Kloster gesteckt worden, wo es der Knabe schließlich zum Gehilfen in der Klosterapotheke brachte. Als man ihn später hinauswarf, hatte Giuseppe immerhin etliche Kenntnisse über Salben und Pülverchen erworben, die er in zeittypischer Manier für seine weitere Karriere zu nutzen gedachte. Er vertauschte seinen nichtssagenden Geburtsnamen mit einem klangvollen „Graf Cagliostro" und begann gemeinsam mit seiner Freundin Lorenza oder „Gräfin Serafina" Europa unsicher zu machen. Die beiden erwiesen sich als grandioses Gaunerpärchen. Während „Serafina" die Kundschaft mit ihren Reizen abzulenken versuchte, präsentierte sich der „Graf" als erfolgreicher Alchemist, Wunderheiler, Wahrsager und Geisterbeschwörer. Durch Handauflegen und spiritistische Sitzungen wurde er zum Star der Salons in ganz Europa – bis er schließlich im Dezember 1789 verhaftet wurde.

Ein weiterer Vertreter der okkulten Betrüger-Zunft gelangte unter dem Namen Graf von Saint Germain zu erheblicher Popularität. Europaweit rühmte man seine angeblichen Wundergaben und Zauberkräfte, zumal er behauptete, das Elixier des Lebens entdeckt zu haben und Silber in Gold verwandeln zu können. Saint Germain war ein regelmäßiger und gern gesehener Gast an den europäischen Fürstenhöfen und reiste 1777 auch nach Berlin. Ihm war zu Ohren gekommen, dass Prinzessin Amalie unter erheblichen Stimmungsschwankungen litt und er wollte ihr einen Wundertrank verkaufen, um sie von der Schwermut zu heilen.

Doch der angebliche Graf gelangte gar nicht erst bis zu Amalie, denn Friedrich II. warf den Schwindler kurzerhand raus.

Bekannt war auch der Leipziger Kaffeehauswirt Johann Georg Schrepfer, der sich auf Geisterzitationen spezialisiert hatte. Seine vermeintlich magischen Fähigkeiten demonstrierte er vorwiegend in religiös-liturgisch verbrämten Sitzungen, in denen er „die Geister Verstorbener" erscheinen ließ. Unterstützt von mehreren Gehilfen bediente sich Schrepfer einfacher Hilfsmittel wie der Laterna Magica, wie Hohlspiegeln, Laken, Kerzen und Rauch. Seine zahllosen Anhänger ließen sich bereitwillig täuschen, insbesondere wenn man ihnen zuvor reichlich alkoholische Getränke eingeflößt hatte.

All diese Täuschungsmanöver dürfen über eines freilich nicht hinwegtäuschen: Es gab durchaus ein „wissenschaftliches" Bemühen um Natur- und Gotterkenntnis, das sich insbesondere auf chemische, physikalische und medizinische Prozesse und Erscheinungen richtete. Der Glaube an das Übernatürliche und rationales Wissen gingen damals ineinander über und bildeten die Grundlage für die zwiespältige Bewusstseinslage des Aufklärungszeitalters. Insofern war auch Amalie ein typisches Kind ihrer Epoche, begierig zu erfahren, was es mit den Geheimnissen zwischen Himmel und Erde auf sich hatte.

Graf Lehndorff hatte seine diesbezüglichen Beobachtungen bereits im Januar 1758 aufgeschrieben: „Vom exzentrischen Wesen dieser Prinzessin möchte ich an dieser Stelle noch etwas berichten: Ich habe sie manchmal an ihrem Schreibtisch sitzen sehen inmitten von Büchern über Mathematik und Physik, und vor ihr menschliche Gliedmaßen, die sie seziert hatte, während sie über Politik schrieb; alles nur darum, um behaupten zu können, dass sie alles verstünde und nichts unversucht gelassen hätte. Auch sagte man von ihr, dass sie Untersuchungen über gewisse Unterschiede zwischen Negern und Weißen angestellt habe. Sie ist ein nach allen Richtungen außergewöhnliches Wesen. An einem Tage ist sie die Pracht, der Luxus selbst, am anderen bereitet sie sich ihr Essen selbst im Kamin und kleidet sich wie ein Mädchen auf der Gasse. Sie wohnt entweder in prachtvoll ausgestatteten Räumen oder in einem kleinen weiß getünchten Zimmer mit einem hölzernen Stuhl und Tisch. Ihre eigene Schwester, die Königin von Schweden, fragte mich eines Tages, ob es wahr sei, dass sie ein Kind geboren und dieses zerstückelt und im Kamin verbrannt habe. Was diesen Punkt betrifft, so bin ich gewiss, dass es Verleumdung ist; sie liebt Kinder viel zu sehr, um sie zu verbrennen. Sie liest sich solche auf den Straßen auf, um sie erziehen zu lassen, sie hat immer Kinder um sich und behandelt sie so zärtlich, dass die Leute behaupten, es seien ihre eigenen. So weiß ich dies von kleinen Juden, kleinen Negern und Bauernkindern."

Was auch immer an den Gerüchten stimmen mag, die über Amalie in Umlauf waren, Lehndorff zeichnet hier wie an anderen Stellen das Bild einer Frau mit einer äußerst zwiespältigen Persönlichkeit. Ob Amalie unter einer krankhaften seelischen Störung litt, sei dahingestellt, fest steht jedoch, dass sie im Laufe der Jahre immer seltsamer wurde.

*„Ihre körperliche Gebrechlichkeit hat großen Einfluss auf ihren Geist"*

Amalie war erst vierzig Jahre alt, als sich außer ihren psychischen Problemen verschiedene körperliche Leiden bemerkbar machten, sodass sie ernsthaft krank wurde. Zunächst hoffte sie noch auf Linderung und machte ausgedehnte Badekuren in Spa oder Aachen, doch die blieben wirkungslos. Am 26. Oktober 1764 musste Gräfin Camas, die mütterliche Vertraute Friedrichs II., dem Preußenkönig folgende Nachricht übermitteln: „Eure Majestät würden schmerzlich berührt sein, wenn Sie die Frau Prinzessin Amalie, welche sich so schrecklich verändert hat, wiedersehen. Was nutzen alle Bäder, die man am Ende der Welt aufsucht."

Der Chronist Thiebault teilt uns ein paar erschreckende Einzelheiten über Amalies Zustand mit: „Ich kann dazu zum Beweis eine wohlverbürgte, mir von ihrem Arzt selbst mitgeteilte Tatsache anführen: Dieser Arzt, Dr. Meckel, verordnete ihr gegen eine Augenentzündung, an der sie einmal litt, eine Flüssigkeit, die erhitzt werden musste, um in ihren Dämpfen die Augen zu baden, doch musste die Medizin selbst in einer Entfernung von sieben bis acht Zoll gehalten werden. Der Arzt legte ihr dringend ans Herz, ja nicht dem Gesicht näher heranzukommen und vor allen Dingen nicht die Augen mit der Flüssigkeit selbst zu benetzen, weil sie sonst Gefahr liefe, die Sehfähigkeit ganz zu verlieren. Kaum hatte sie die Medizin empfangen, so wusch sie sich kräftig die Augen damit! Die Wirkung war, wie der Arzt vorausgesagt hatte, so unheilvoll, dass sie beinahe blind geworden wäre; ihre Augen, die bis dahin sehr schön gewesen waren, traten zur Hälfte aus ihren Höhlen hervor und wurden abschreckend hässlich. Dass die Prinzessin ihre Stimme fast verlor, war, wie man versichert, ebenfalls ihre eigene Schuld. Sie konnte nur mit großer Mühe sprechen und es war für andere sehr schwer, sie zu verstehen. Sie brachte nur einen heiseren dumpfen Ton hervor, der wie aus einem Grabgewölbe hervorschallte oder der Stimme eines halb erdrosselten Menschen glich. Ihr Kopf wackelte hin und her und konnte kaum auf dem dünnen Halse aufrecht getragen werden. Für ihre Beine war selbst der abgezehrte Körper fast schon eine zu schwere Last; ihre Arme und Beine waren mehr als zur Hälfte gelähmt. Man fragt sich unwillkürlich: Welche Philosophie gab ihr die Kraft, solche Leiden zu ertragen? Was für eine Willensstärke muss in dieser Seele gelebt haben! Sicherlich ist die Prinzessin Amalie für den Beobachter eine außerordentliche und der größten Aufmerksamkeit würdige Erscheinung."

Thiebault tat Amalie allerdings Unrecht, indem er die Schuld an ihren verschiedenen Gebrechen ihr selbst zuschob. Heute wissen wir nämlich, dass es durchaus eine Krankheit gibt, die eben diese Symptome aufweist, unter denen Amalie litt, insbesondere auch die heisere dumpfe Stimme. Aller Wahrscheinlichkeit nach litt die Prinzessin unter der so genannten multifokalen Dystonie. Dabei handelt es sich um eine motorische Störung, die durch unwillkürliche und länger anhaltende Muskelverkrampfungen gekennzeichnet ist. Die Folge sind abnorme Bewegungen und Haltungen der betroffenen Körperbereiche. Bei Amalie waren es unter anderem Hals und Mund, sodass der Kopf wackelte und sie ihre Zunge nicht mehr kontrollieren konnte. Das erklärt auch die dumpfe „Grabesstimme", die Thiebault damals aufgefallen ist. Eine weitere Erscheinungsform dieser Krankheit sind Lidkrämpfe, die die Mimik des Patienten erheblich entstellen und die Sehfähigkeit stark beeinträchtigen können. Das war ganz offensichtlich auch bei Amalie der Fall, die unter massiven Sehproblemen litt und am Ende ihres Lebens so gut wie blind war. Die multifokale Dystonie, die auch heute noch nicht heilbar ist, hat ausschließlich organische Ursachen und ist keine psychische Erkrankung.

Amalies schweres Leiden mag daher so manches merkwürdige Gebaren der Prinzessin erklären. Nichtsdestotrotz litt ihre Umgebung ganz erheblich unter den „scharfen und strengen Urteilen, die sie zu äußern liebte", wie Thiebault beobachtet hat: „So kam es, dass die Prinzessin zuletzt sehr gefürchtet wurde. Prinz Heinrich hat sogar ganz laut und in großen Gesellschaften von seiner Schwester schlecht gesprochen. Hatte er irgendeinen besonderen Anlass, sich über sie zu beklagen? Das weiß ich nicht, aber er hat mir gegenüber niemals ihren Namen ausgesprochen ohne die Bezeichnung ‚Hexe' oder einen ähnlich klingenden Schmeichelnamen hinzuzufügen."

Amalie scheint sich tatsächlich alle Freiheiten herausgenommen zu haben. Vor der Hochzeit des preußischen Kronprinzen Friedrich Wilhelm mit Friederike Luise von Hessen-Darmstadt 1769 warnte Amalie ihre Freundin, Brautmutter Caroline, vor der gesamten Königsfamilie: „Ich kann unmöglich ein Vergnügen darin finden, die Schlechtigkeiten meiner Verwandten an die große Glocke zu hängen, aber, um die Wahrheit zu sagen und bei mir selbst anzufangen: Der ganze Laden taugt nichts!" Selbst Heinrich sah sich daraufhin gezwungen, das unglaubliche Verhalten seiner Schwester zu entschuldigen: „Was eine gewisse Äbtissin anbelangt, so haben die Zurückgezogenheit, in der sie lebt und ihre körperliche Gebrechlichkeit einen großen Einfluss auf ihren Geist", schrieb er im Frühjahr 1768 der „Großen Landgräfin".

In den nächsten Jahren ging es Amalie immer schlechter und sie zog sich mehr und mehr in die Einsamkeit zurück. Der Tod ihrer Freundin Caroline von Hessen-Darmstadt 1774 nahm ihr eine langjährige enge Vertraute und Briefpartnerin. Auch die Brüder wollten keinen Kontakt zu ihrer schwierigen Schwester. Friedrich II. lebte ohnehin meist auf Sanssouci und kam nur noch selten nach Berlin. Heinrich wollte von der „Hexe" erst recht nichts mehr wissen. Amalie vereinsamte und wurde zunehmend depressiv. Oft saß sie in einem verdunkelten Zimmer und wartete auf die Erscheinung der „Weißen Frau", die nach dem Glauben der Hohenzollernfamilie den bevorstehenden Tod ankündigte. Die glänzenden Hoffeste, Maskenbälle und Soireen gehörten längst der Vergangenheit an. Amalie selbst gab höchstens hin und wieder ein Abendessen oder Kammerkonzert in kleinem Kreis. Das bestätigt auch Thiebault, der seit 1765 am Berliner Hof lebte: „Man wird begreifen, dass die Prinzessin, kränklich und verkrüppelt wie sie war, dazu von jedermann gefürchtet, sehr zurückgezogen und beinahe einsam lebte. Man sah sie niemals bei einer der anderen Hofhaltungen, sie selbst empfing sehr selten Gäste … Ich glaube nicht, dass sie während meines gesamten Aufenthalts ein einziges Mal einen ihrer Brüder besucht hat." Tatsächlich aber machte sie sich hin und wieder auf den Weg nach Schloss Friedrichsfelde im Norden von Berlin, wo ihr jüngster Bruder Ferdinand mit seiner Familie lebte, bevor er 1785 nach Bellevue umzog.

Zeitzeugen haben immer wieder betont, dass Amalie ein Faible für kleine Kinder hatte, genauer gesagt für kleine Jungen, denn mit Mädchen konnte sie offenbar nichts anfangen. Angeblich soll sie selbst einmal gesagt haben, am liebsten wäre sie ein Mann geworden. Amalies ganz besonderer Liebling war allem Anschein nach ihr Neffe Louis Ferdinand, der 1772 geborene Sohn ihres Bruders Ferdinand. Der Kleine war nicht nur ein ausgesprochen hübscher und intelligenter Knabe, er verfügte außerdem über großes musikalisches Talent und machte schon früh erstaunliche Fortschritte am Klavier. Als Amalie am 14. Juli 1780 nach Friedrichsfelde kam, soll sie für den Neffen sogar ein kleines Lied komponiert haben, um ihm eine Freude zu machen. Ja, sie lachte anscheinend selbst dann, wenn sie von Louis Ferdinand frech „alte Hexe" genannt wurde. Leider kam Amalies „himmlische" Seite nur ganz selten zum Vorschein, und selbst die angebliche Liebe zu dem kleinen Louis Ferdinand hielt schließlich nicht, was sich die Familie versprochen hatte. Da Amalie keine Kinder hatte, wurde allgemein vermutet, sie werde ihr gesamtes Vermögen, die beiden Berliner Palais sowie eine umfangreiche Bibliothek, vor allem ihre wertvolle Musikaliensammlung eines Tages an Louis Ferdinand vererben. Doch das erwies sich als Irrtum.

Als Amalie am 30. März 1787 schließlich starb, war die Enttäuschung über ihr Testament auf Schloss Bellevue riesengroß, denn sie hatte ihrem Ruf, eine „Hexe" zu sein, ein letztes Mal alle Ehre gemacht: Louis Ferdinand ging leer aus – bis auf Amalies Vorrat an Schnupftabak! Stattdessen vererbte sie die beiden Palais dem Kronprinzen und seinem jüngeren Bruder Louis, zu denen sie nie eine besondere Beziehung gehabt hatte. Die wertvollen Bücher gingen, wie bereits erwähnt, in den Besitz des Joachimsthaler Gymnasiums über, auf das Amalie immer wieder Kinder „von Kunstreitern und Seiltänzern" geschickt haben soll, „um sie deren Einfluss zu entziehen und ihnen eine christliche Erziehung zu sichern." Das verrät uns Ferdinands Tochter Luise, die den Tod ihrer Tante selbst miterlebt hat: „Die Prinzessin Amalie starb ... völlig unvorhergesehen an einer Krankheit, die man für so ungefährlich gehalten hatte, dass wir von einem großen Diner bei meinen Eltern hinweg an ihr Sterbebett berufen wurden. Sie verschied in demselben Augenblick, in dem wir ihr Zimmer betraten ... Ihr Tod, ihr Testament und sogar die Art und Weise, wie sie die Hoffnungen ihrer Erben vernichtete, zeugten von ihrem wunderlichen Charakter."

Amalie wurde nicht wie die anderen Äbtissinnen in der Quedlinburger Stiftskirche beigesetzt, sondern fand ihre letzte Ruhestätte in der Hohenzollerngruft des Berliner Domes.

Auch die Tage des Quedlinburger Damenstifts waren gezählt. Im Zuge der Säkularisation fiel das Stift 1802 an den preußischen Staat zurück und wurde in seiner Funktion aufgelöst. Die letzte Äbtissin, Sophie Albertine Prinzessin von Schweden, Tochter von Amalies Schwester Ulrike, musste Quedlinburg verlassen.

# Nachwort

Als Amalie 1787 starb, lebten nur noch drei ihrer Geschwister, Charlotte sowie die Brüder Heinrich und Ferdinand. Heinrich starb am 3. August 1802 im Alter von 78 Jahren auf Schloss Rheinsberg, wohin er sich nach dem Ende des Siebenjährigen Krieges zurückgezogen hatte. Er hinterließ keine Kinder. Es ist noch nicht einmal klar, ob seine Ehe mit Wilhelmine von Hessen-Kassel, der viel gerühmten „schönen Fee", überhaupt vollzogen wurde. Ferdinand, der seinerzeit mit noch nicht einmal 30 Jahren den Militärdienst aus gesundheitlichen Gründen quittiert hatte – so zumindest die offizielle Version –, überlebte all seine Geschwister und erreichte mit nahezu 83 Jahren ein ähnlich hohes Alter wie Charlotte.

Friedrich Wilhelm II., Nachfolger des „Alten Fritz", blieb elf Jahre lang König von Preußen. Unter seiner Herrschaft erlebte das Land eine beachtliche kulturelle Blüte. Im Berliner Königlichen Nationaltheater übernahm der berühmte August Wilhelm von Iffland die Intendanz und setzte fortan nahezu ausschließlich deutsche Stücke auf den Spielplan. Auch hinsichtlich der Oper wurden deutsche Komponisten bevorzugt, Gluck, Mozart und Beethoven. Die anschließende Regierungszeit Friedrich Wilhelms III. stand jedoch unter einem weniger glücklichen Stern. Nach dem Sieg Frankreichs bei Jena und Auerstedt 1806 zog Napoleon mit Kanonendonner durch das Brandenburger Tor, jenes schicksalsträchtige, zwischen 1788 und 1791 von Carl Gottfried Langhans errichtete Wahrzeichen Berlins. Das jedoch hat keine der Schwestern Friedrichs des Großen mehr erlebt.

# Anhang

## Quellen- und Literaturverzeichnis

*Anderson, Invar*, Schwedische Geschichte. Von den Anfängen bis zur Gegenwart, München 1950

*Aretz, Gertrude*, Die Frauen der Hohenzollern, Berlin 1933

*Arnheim, Fritz*, Am Hofe Friedrichs des Großen, 2 Bde., Berlin 1912. – *Ders.*, Aus den Briefen der Kronprinzessin Ulrike von Schweden an die Königin-Mutter Sophie Dorothea (1645–1748), Leipzig 1889. – *Ders.*, Ein Memoirenfragment der Königin Luise Ulrike von Schweden über ihre Jugendzeit am Hofe Friedrich Wilhelms I., Leipzig 1892

Aus den Briefen der Herzogin Philippine Charlotte von Braunschweig (1732–1801), in: Quellen und Forschungen zur Braunschweigischen Geschichte Bd. VIII., Wolfenbüttel 1916

*Bachmann, Erich*, Neues Schloss Bayreuth, München 1955. – *Ders./Seelig, Lorenz*, Felsengarten Sanspareil, Burg Zwernitz, München 1985

*Biegel, Gerd*, Heinrich der Löwe. Kaiserenkel, Kaiserfreund, Kaiserfeind, Braunschweig 1996

*Biehringer, Frieda*, Herzog Karl I. von Braunschweig, Wolfenbüttel 1920

*Bechschmidt, Eva Renate*, Die Amalien-Bibliothek. Musikbibliothek der Prinzessin Anna Amalia von Preußen 1723–1787, Berlin 1965

*Bode, Wilhelm*, Amalie. Herzogin von Weimar, 3 Bde., Berlin 1908

*Bracker, Elisabeth*, Markgräfin Wilhelmine von Bayreuth und die geistige Welt Frankreichs, Erlangen 1940

*Brandes, Irma/Jauch, Ursula*, Nesseln und Jasmin. Frauen auf Fürstenthronen, Esslingen 1979

Braunschweig – Bild der Stadt in 900 Jahren, Hg. Gerd Spieß, Städtisches Museum Braunschweig Bd. 2, Braunschweig 1985

Braunschweig-Bevern. Ein Fürstenhaus als europäische Dynastie (1667–1884), Ausstellungs-Begleitband, Braunschweig 1997

*Bürger, Gottfried August*, Münchhausen, Wien 1991

*Cyran, Eberhard*, Trenck – Memoiren und Kommentar, Berlin 1966. – *Ders.*, Preußisches Rokoko. Ein König und seine Zeit, Berlin 1979

*Debuch, Tobias*, Anna Amalia von Preußen (1723–1787). Prinzessin und Musikerin, Berlin 2001

*Droysen, Hans*, Die Briefe der Königin Sophie Dorothea von Preußen, in: Hohenzollernjahrbuch 17/1913. – *Ders.*, Die Briefe der Königin Sophie Dorothea von Preußen, in: Hohenzollernjahrbuch 18/1914

*Fénelon*, Die Abenteuer des Telemach, Reclam Stuttgart 1984

*Feuerstein-Praßer, Karin*, Sophie von Hannover. „Wenn es die Frau Kurfürstin nicht gäbe", Regensburg 2004. – *Dies.*, Die preußischen Königinnen, Regensburg 2000

*Findeisen, Jörg*, Schweden von den Anfängen bis zur Gegenwart, Regensburg 1997. – *Ders.*, Das Ringen um die Ostseeherrschaft, Schwedens Könige in der Großmachtzeit, Berlin 1992

*Focht, Josef*, Die musische Aura der Markgräfin Wilhelmine. Musikinszenierung in der Kunst des Bayreuther Rokoko, Passau 1998

*Friedrich Wilhelm Prinz von Preußen u. a. (Hg.)*, „... solange wir zu zweit sind". Friedrich der Große und Wilhelmine Markgräfin von Bayreuth in Briefen, München 2003

*Gerkens, Gerhard*, Das fürstliche Lustschloss Salzdahlum und sein Erbauer Herzog Anton Ulrich von Braunschweig-Wolfenbüttel, Braunschweig 1974

*Gerste, Ronald D.*, Der Zauberkönig. Gustav III. und Schwedens Goldene Zeit, Göttingen 1996

*Gleichen-Rußwurm, Alexander von*, Die Markgräfin von Bayreuth, Stuttgart 1925

*Goerke, Hans*, Carl von Linné, Stuttgart 1966

*Günther, Horst*, Voltaire. Leben und Werk in Text und Bildern, Frankfurt a. Main/ Leipzig 1994

*Haffner, Sebastian*, Preußen ohne Legende, Hamburg 1979

*Hartmann, Karl*, Die Geschichte der Stadt Bayreuth in der Markgrafenzeit, Bayreuth 1949

*Hatton, Regnhild*, Georg I., ein deutscher Kurfürst auf Englands Thron, Frankfurt 1982

*Hein, Max (Hg.)*, Briefe Friedrichs des Großen, 2 Bde., Berlin 1914

*Hinrichs, Carl*, Friedrich Wilhelm I. König von Preußen, Hamburg 1941. – *Ders.*, Der Kronprinzenprozess. Friedrich und Katte, Hamburg 1936

*Jasper, Willi*, Lessing. Aufklärer und Freund, Berlin 2001

*Junkelmann, Marcus*, Gustav Adolf. Schwedens Aufstieg zur Großmacht, Regensburg 1993

*Karpa, Oskar*, Wolfenbüttel, München 1965

*Kästner, Erich*, Friedrich der Große und die deutsche Literatur, Stuttgart 1972

*Klepper, Jochen (Hg.)*, In tormentis pinxit. Bilder und Briefe des Soldatenkönigs, Stuttgart 1938. – *Ders.*, Der Vater. Roman des Soldatenkönigs, Stuttgart 1937

*Kluxen, Andrea M.*, Die Ruinen-Theater der Wilhelmine von Bayreuth, Erlangen 1983

*Kolb, Anette*, Wilhelmine von Bayreuth. Eine preußische Königstochter. Glanz und Elend am Hofe des Soldatenkönigs in den Memoiren der Markgräfin Wilhelmine von Bayreuth, Frankfurt a. M. 1981

*Koser, Reinhold*, Aus den letzten Tagen König Friedrich Wilhelms I., in: Hohenzollernjahrbuch 8/1904

*Krauss-Meyl, Sylvia*, „Die berühmteste Frau zweier Jahrhunderte". Maria Aurora Gräfin von Königsmarck, Regensburg 2003

*Krauske, Otto (Hg.)*, Die Briefe König Friedrich Wilhelms I. an den Fürsten Leopold zu Anhalt-Dessau, Berlin 1905

*Krockow, Christian Graf von*, Die preußischen Brüder. Prinz Heinrich und Friedrich der Große. Ein Doppelporträt, Stuttgart 1996

*Kunisch, Johannes*, Friedrich der Große, München 2004. – *Ders.*, Das Mirakel des Hauses Brandenburg, München 1979

*Lehndorff, Ernst Ahasverus Reichsgraf von*, Des Reichsgrafen Ernst Ahasverus von Lehndorff Tagebücher nach seiner Kammerherrenzeit, Gotha 1921

*Leitner, Thea*, Skandal bei Hof, Wien 1993

*Luise von Preußen*, Fürstin Radziwill. Fünfundvierzig Jahre aus meinem Leben (1770–1815), hg. von Fürstin Radziwill geb. von Castellan, Braunschweig 1912

*Mann, Golo*, Der letzte Markgraf von Ansbach, München 1980

Markgräfin Wilhelmine von Bayreuth und ihre Welt, Ausstellungskatalog, Bayreuth 1959

*Midelford, H. C. Erik*, Verrückte Hoheit. Wahn und Kummer in deutschen Herrscherhäusern, Stuttgart 1996

*Müller, Friedrich Ludwig*, Die Markgräfin. Aus dem Leben der preußischen Prinzessin Wilhelmine, Berlin 2003

*Müller, Peter (Hg.)*, Frauengeschichte(n), Stuttgart 2002

*Müller, Wilhelm (Hg.)*, Im Glanz des Rokoko, Bayreuth 1958

*Nelson, Walter Henry*, Die Hohenzollern. Biografie eines königlichen Hauses, München 1970

*Neumann, Hans Joachim*, Friedrich Wilhelm I. Leben und Leiden des Soldatenkönigs, Berlin 1993. – Ders. Erbkrankheiten in europäischen Fürstenhäusern. Habsburg, Hohenzollern, Romanow, Welfen, Wettiner, Bourbonen, Berlin 2002

*Noack, Paul*, Elisabeth Christine und Friedrich der Große. Ein Frauenleben in Preußen, Stuttgart 2001

*Oestreich, Gerhard*, Friedrich Wilhelm I. Preußischer Absolutismus, Merkantilismus, Militarismus, Göttingen 1977

*Oppeln-Bronikowski, Friedrich von*, Leben und Wirken des Soldatenkönigs Friedrich Wilhelm I., Jena 1934. – Ders., Liebesgeschichten am preußischen Hofe, Berlin–Leipzig 1928

*Oster, Uwe A.*, Der preußische Apoll. Prinz Louis Ferdinand von Preußen 1772–1806, Regensburg 2003. – Ders., Wilhelmine von Bayreuth, München 2005

*Pangels, Charlotte*, Königskinder im Rokoko, München 1976. – Dies., Friedrich der Große. Bruder, Freund und König, München 1979

*Panzer, Marita A.*, Die Große Landgräfin. Caroline von Hessen-Darmstadt, Regensburg 2005

*Paulus, Wilhelm*, Markgraf Carl Wilhelm Friedrich von Ansbach (1712–1757). Ein Zeitbild des fränkischen Absolutismus, Erlangen 1932

*Philipps, Carolin*, Caroline Mathilde von Dänemark. Die Geliebte des Leibarztes, München 2005

*Pleschinski, Hans (Hg.)*, Voltaire – Friedrich der Große. Briefwechsel, Zürich 1992

*Pöhlau, Fritz*, Staat und Wirtschaft in Ansbach-Bayreuth im Zeitalter Friedrichs des Großen, Erlangen 1934

*Raabe, Paul*, Spaziergänge durch Lessings Wolfenbüttel, Hamburg 1997

*Reck-Malleczewen, Friedrich*, Sophie Dorothea. Mutter Friedrichs des Großen, Berlin 1936

*Salentin, Ursula*, Anna Amalia. Wegbereiterin der Weimarer Klassik, Köln–Weimar–Wien 2001

*Schieder, Theodor*, Friedrich der Große. Ein Königtum der Widersprüche, Frankfurt–Berlin–Wien 1987

*Schirowsky, Isa*, Gelehrsamkeit und Geselligkeit. Abt Johann Friedrich Wilhelm Jerusalem (1709–1789) in seiner Zeit, Braunschweig 1989

*Schnadt, Georg (Hg.)*, Briefwechsel der Kurfürstin Sophie von Hannover mit dem preußischen Königshause, Berlin–Leipzig 1927

*Schumann, Günther*, Die Markgrafen von Brandenburg-Ansbach. Eine Bilddokumentation zur Geschichte der Hohenzollern in Franken, Ansbach 1980

Schwedt an der Oder, Hannover 1929

*Seelig, Lorenz*, Friedrich und Wilhelmine. Die Kunst am Bayreuther Hof 1732–1763, München/Zürich 1982

*Stamm-Kuhlmann, Thomas*, Die Hohenzollern, Berlin 1995

*Stern, Selma*, Karl Wilhelm Ferdinand. Herzog zu Braunschweig und Lüneburg, Hildesheim/Leipzig 1921

*Stettner, Thomas*, Ansbacher Lebensläufe, Ansbach 1921

*Süßheim, Karl*, Preußens Politik in Ansbach-Bayreuth, Berlin 1902

*Thiebault, Dieudonné*, Friedrich der Große und sein Hof, Stuttgart 1901

*Thiel, Heinrich*, Wilhelmine von Bayreuth, München 1967

*Thöne, Friedrich*, Wolfenbüttel. Geist und Glanz einer alten Residenz, München 1968

*Trenck, Friedrich von der*, Das merkwürdige und abenteuerliche Leben des Freiherrn Friedrich von der Trenck. Von ihm selbst erzählt, Berlin 2003

*Veh, Otto*, Markgräfin Friederike Louise als Schlossherrin von Unterschwaningen, Triesdorf 1985

*Vehse, Carl Eduard*, Die Höfe zu Preußen, 3 Bde., Leipzig 1993

*Venohr, Wolfgang*, Der Soldatenkönig, Berlin 1988

*Volz, G. B. (Hg.)*, Der Briefwechsel Friedrichs des Großen mit Wilhelmine von Bayreuth, Leipzig o. J. – Ders. (Hg.), Friedrich der Große und Prinz August Wilhelm. Des großen Königs Briefwechsel mit seinem Bruder, Leipzig o. J. – Ders. (Hg.), Friedrich der Große im Spiegel seiner Zeit, 3 Bde., Berlin o. J.

*Voss, Sophie Maria Gräfin von*, Neunundsechzig Jahre am preußischen Hofe, Leipzig 1900

*Walter, Jürgen*, Wilhelmine von Bayreuth. Die Lieblingsschwester Friedrichs des Großen, München 1981

*Wilhelmine von Bayreuth*, Memoiren, Leipzig 1923

*Winter, Ingelore M.*, Friedrich der Große und die Frauen, Esslingen 1985

*Zernak, Klaus*, Die skandinavischen Reiche von 1654–1772 (Handbuch der Europäischen Geschichte Bd. 4), Stuttgart 1968

*Zimmermann, Paul*, Abt Jerusalems Berichte über die Erziehung der Kinder Herzog Karls I., insbesondere des Erbprinzen Karl Wilhelm Ferdinand in: Jahrbuch des Geschichtsvereins für das Herzogtum Braunschweig 5/1906, S. 129–164

# Register

## Personen

238

# Orte

# Zwischen Mäzenatentum und Macht

*Hier reinlesen!*

Karin Feuerstein-Praßer

**Sophie Dorothea von Preußen**

Das Leben der Mutter
Friedrichs des Großen

Piper Taschenbuch, 320 Seiten
€ 10,99 [D], € 11,30 [A], sFr 16,50*
ISBN 978-3-492-30541-9

*Cover- und Preisänderungen vorbehalten

Königin Sophie Dorothea (1687–1757) war die Mutter Friedrichs des II. Sie wurde in das bedeutende Haus Hannover hineingeboren und heiratete den König von Preußen. Doch was bedeutete diese Machtposition für eine Frau im 18. Jahrhundert? Sophie Dorothea gehört zu jenen starken Frauen der Geschichte, die nicht an den Widrigkeiten des Lebens zerbrachen, sondern daraus scheinbar immer wieder neue Kraft schöpften und ihre Zeit bedeutend prägten.

**PIPER**

Leseproben, E-Books und mehr unter **www.piper.de**

# Einem Mythos auf der Spur

Brigitte Hamann
## Elisabeth
Kaiserin wider Willen

Piper Taschenbuch, 640 Seiten
€ 14,99 [D], € 14,99 [A], sFr 21,90*
ISBN 978-3-492-30180-0

Das übliche süße Sisi-Klischee wird man in diesem Buch vergeblich suchen – Elisabeth, Kaiserin von Österreich, Königin von Ungarn, war eine der gebildetsten und interessantesten Frauen ihrer Zeit. Schon vor dem Attentat, das 1898 ihr Leben beendete, war sie zur Legende geworden. Brigitte Hamann schildert in dieser zum Standardwerk gewordenen Biografie das wirkliche Leben der Kaiserin. Die virtuos erzählte und historisch präzise Geschichte eines ungewöhnlichen Lebens.

**PIPER**

# Ungewöhnliche Frauen und ihre dunkelsten Geheimnisse

Armin Strohmeyr

## Geheimnisvolle Frauen

Rebellinnen, Mätressen,
Hochstaplerinnen, 12 Porträts

Piper Taschenbuch, 304 Seiten
€ 9,99 [D], € 10,30 [A], sFr 14,90*
ISBN 978-3-492-30605-8

Kaiserin Sisi war für eine ganze Epoche Vorbild und Rätsel zugleich, Thérèse Humbert brachte als Hochstaplerin mit leerem Tresor den französischen Staat an den Abgrund und Greta Garbo verkörpert bis heute die Femme fatale. Obwohl sie Schläue und Unangepasstheit demonstrierten, hatte jede dieser beeindruckenden Frauen ein schicksalhaftes Geheimnis. In zwölf spannenden Biografien werden beeindruckende Lebenswege nachgezeichnet, wenig bekannte Tragödien enthüllt und große Schicksale beschrieben.

**PIPER**

Leseproben, E-Books und mehr unter www.piper.de

# Frauenbiografien

**KARIN FEUERSTEIN-PRASSER**

## »Ich bleibe zurück wie eine Gefangene«
Elisabeth Christine
und Friedrich der Große

Kurz nach der Thronbesteigung »verbannte« Friedrich der Große seine Gemahlin nach Schloss Schönhausen. Das Buch erzählt vom bewegten Leben dieser missachteten Königin.

*120 Seiten, 12 Abbildungen, kartoniert*
*ISBN 978-3-7917-2366-2*

**KARIN FEUERSTEIN-PRASSER**

## Englands Königinnen aus dem Hause Hannover (1714–1901)

Alle Könige aus dem Hause Hannover heirateten deutsche Prinzessinnen, deren Leben durch die Hochzeit völlig auf den Kopf gestellt wurde. Sechs Schicksale – sorgfältig recherchiert und packend erzählt: u. a. Victoria von Kent und Caroline von Braunschweig.

*152 Seiten, 7 Abbildungen, kartoniert*
*ISBN 978-3-7917-2568-0 / auch als eBook*

VERLAG
FRIEDRICH
PUSTET

Verlag Friedrich Pustet
Unser komplettes Programm unter:
www.verlag-pustet.de

Tel. 0941 / 92022-0
Fax 0941 / 92022-330
bestellung@pustet.de